约见资本人 II

从企业家精神到中国梦

深圳市全景网络有限公司　著

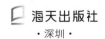

海天出版社

·深圳·

图书在版编目（CIP）数据

约见资本人.Ⅱ / 深圳市全景网络有限公司著. — 深
圳：海天出版社，2019.9
ISBN 978-7-5507-2725-0

Ⅰ.①约… Ⅱ.①深… Ⅲ.①企业家 – 访问记 – 中国
– 现代 Ⅳ.①K825.38

中国版本图书馆CIP数据核字(2019)第173183号

约见资本人 Ⅱ
YUEJIAN ZIBENREN Ⅱ

出 品 人	聂雄前
策划编辑	黄明龙
责任编辑	王　民
	胡小跃
责任技编	梁立新
责任校对	万妮霞
封面设计	邓晴心

出版发行	海天出版社
地　　址	深圳市彩田南路海天综合大厦　（518033）
网　　址	www.htph.com.cn
订购电话	0755-83460202（批发）　83460239（邮购）
设计制作	深圳市龙墨文化传播有限公司（0755-83461000）
印　　刷	深圳市新联美术印刷有限公司
开　　本	787mm×1092mm　1/16
印　　张	25.75
字　　数	335 千
版　　次	2019 年 9 月第 1 版
印　　次	2019 年 9 月第 1 次
定　　价	69.00 元

《约见资本人 II》编委会

梦想的力量

他们的梦想，从这个历史节点起步。

1992 年，深圳作为改革开放的前沿阵地，"时间就是金钱，效率就是生命"的标语牌在蛇口已矗立多时。

这一年，29 岁的张佩珂辞去令人羡慕的西安交通大学教职，南下深圳闯荡。在花光了随身携带的 350 元"巨款"后，"没钱、没工作、没户口"的他，只能到认识的同学处蹭吃蹭住。

即便"沦落"至此，当站在蛇口工业区，目睹涌动的上下班人潮，以及工厂里热火朝天的工作景象时，这位走出象牙塔的内地青年心潮澎湃、踌躇满志，感慨自己"来晚了"……

1990 年，身为安徽省计划委员会干部的张伯中争取到一笔来自大洋彼岸的奖学金，他暂别体制，成为该省省直机关干部中为数不多自费公派赴美留学者之一。

在美国四年多的时间里，尽管优厚的奖学金让张伯中在经济上无后顾之忧，但他强迫自己过上一种非常节俭的生活。四年多里，他从未买过一件新衣服，生活用品都是在打折时买的。等到毕业回国时，张伯中竟然从奖学金中省出了 2 万多美元，就这样他有了创业起家的本钱……

同一时代背景、恰巧同龄的两个人，在梦想的指引下做出了相似的选择。由此，也埋下了成长为成功企业家的种子。

九典制药董事长朱志宏在回忆自己年少当木匠学徒的经历时说："人，就是要有梦想和追求。如果没有梦想，我可能只是一名手艺普通的木匠，如果没有追求，我可能就是一名默默授业的老师。当然，木匠可以服务乡邻，老师可以为学生解惑，但那都不是我追求的人生。"

梦想仅仅是开端，从梦想到现实绝非坦途，更无捷径。踏上蛇口热土的张佩珂在 90 年代中期管理 PCB（印制电路板）企业时，不得不学会跟"老赖"斗智斗勇甚至斗狠，而在带领一手创立的企业跨过中间商，与国际客户直接合作时，曾在欧洲遭遇一笔约 150 万欧元的天价罚单。

张伯中直到现在依然每天只保持 4—5 个小时的睡眠时间，他说这是在美国留学时养成的习惯。"当年出国外语不行，计算机不行，晚上在大学计算机房里待到两点，早上六七点钟起来要背英文单词，才能在美国生存下来，没有机会睡很多觉。"

正如托尔斯泰名言，"幸福的家庭都是相似的，不幸的家庭各有各的不幸"，这句话用于企业身上同样奏效。失败的企业各有各的际遇，能够在激烈的市场竞争中夺得一席之地，成功登陆资本市场，甚至在风云变幻的环境中不断超越自我的企业，必有其共同的制胜法宝。

"约见资本人"系列图书第一辑《约见资本人——58 家上市公司创始人亲述创业之路》于 2017 年 11 月出版，该书出版后长时间高踞各大网上书店畅销榜前几名。其后，全景网团队在过去一年多时间里，马不停蹄地继续访谈了近百家上市公司的董事长、总经理等高管，以视频及文字特写的形式记录了这些企业家的创业历程、所思所想。本书所收录的公司，既有刚通过 IPO 登陆资本市场的新秀，也有包括美的集团、海康威视、宝钢股份、比亚迪等在内的一大批已成为各行业领头羊的明星企业。

在这些故事中，有起步于底层的逆袭与跨越，有永不满足的创新，勇于自我颠覆的转型涅槃，更有化危为机、抓住风口的智慧，精耕细作的坚守，以回馈社会为己任的胸怀，贯穿于其中不变的内核是执着于梦想、纯粹于当下的企业家精神。

弹指间，点燃无数人梦想、改变几代人命运的改革开放已经走过逾40个春秋。改革开放造就了一大批优秀的企业家。这些企业家在现实中砥砺前行，推动着改革开放不断向纵深发展，也共同构筑了新时代的"中国梦"。

作为人民日报社旗下权威的财经平台，全景网自1999年开启"网上路演"模式以来，见证、记录了数千家上市公司的发展历程，并逐渐形成了覆盖企业全生命周期、全产业链的资本市场综合服务平台。《约见资本人Ⅱ——从企业家精神到中国梦》的结集出版，也是全景网提高资本市场透明度、融通性的一份使命与坚持。

"我最大的优点就是做好决定后会把自己的后路断掉，这样才能以百分百的用心去投入，才能抓住机会去成长、去超越。"32年间四次创业均取得不俗成就的顶固集创董事长林新达，在总结自己创业经验时如是说。

或许，这是让梦想到达彼岸的最好方式。

《约见资本人Ⅱ》编辑部

2019年7月

赞誉与评论

《约见资本人Ⅱ——从企业家精神到中国梦》推荐语：

时代如潮，企业浮沉，企业家既是追梦人，也是践行者。《约见资本人Ⅱ》中50位企业家深情讲述创业历程、冷静分享商业思考，堪称读懂中国资本市场的活教科书。

——新浪网高级副总裁兼总编辑　邓庆旭

上市公司是资本市场的基石。全景网再次带大家走进上市公司，直面资本掌门人。转型、创新、民族品牌、工匠精神、企业家责任……每个故事虽不尽相同，但无一不彰显创业之艰辛、资本之力量。实现伟大中国梦，他们是追梦者，更是织梦人。本书故事鲜活，值得创业者和广大投资者参考借鉴。

——中证中小投资者服务中心副总经理　黄勇

从企业家精神到中国梦，本书讲述的多个梦想照进现实的商业故事令人热血沸腾，为这些发端于梦想、在现实中砥砺前行的企业家点赞！

——资本市场学院副院长　张韶辉

中国正面临百年未有之大变局，中国资本驾驭者历史性地成了时代的弄潮儿。寻找资本、创造资本、管理资本，中国资本人如九级浪中的船长，终将驾驭着这个承载着民族复兴梦想、人民富裕愿望、企业发展宏图的资本之方舟，达到理想之岸。每个资本人都将经受事业之考验，人性之考验。《约见资本人II》为我们呈现的资本人奋斗之路，也是我们普罗大众的人生之路。

——南开大学金融学院常务副院长 范小云

改革开放以来，中国涌现出一批批优秀的民营企业家，他们大多数白手起家，在创业路上不断尝试探索，用勤劳和智慧创立一家家公司。他们在积累财富的同时，也改变了河流的方向。本书通过对上市公司企业家的深度专访，将他们的创业故事生动展现在我们面前，是中国商业领域最真实的教科书。

——耶鲁大学金融学博士、长江商学院金融学教授、杰出院长讲席

教授、金融MBA项目副院长 李海涛

本书以全景视角，记录并见证了改革开放大潮中一批创业者鲜活的不凡历程。在每一位拓荒者的心底，都有一个天真倔强的小孩，用清澈的眼睛看见机会，用不讨巧的方式选择路径，用近乎疯狂的坚持穿越迷障，用纯真的笑容拥抱世界。

——长江证券总裁 刘元瑞

本书从亲历者角度看待中国资本市场发展，从鲜活的案例看待中国

经济的奇迹，更务实，更生动，更直观。

——经济学家、如是金融研究院院长　管清友

优秀的企业家是国民经济的脊梁，他们的不懈努力是推动中国梦早日实现的动力。从一位位成功企业家身上，我们可以学到弥足珍贵的创业精神和经营智慧。巴菲特认为，优秀的上市公司离不开诚实的管理层。通过约见资本人，可以选出真正的优质公司进行投资，而这正是我一直大力倡导的价值投资理念！

——前海开源基金董事总经理、首席经济学家　杨德龙

谁是价值的创造者？谁是科技创新的引领者？谁是工匠精神的践行者？谁是中国经济转型的推动者？谁将是可以承载我们信任的实干家？谁将成为我们用"货币选票"选择出来的优秀企业家？通读这本书，相信，这一切问题的答案，您都可以找到。

——招商证券首席宏观分析师　谢亚轩

《约见资本人——58 家上市公司创始人亲述创业之路》读者评论：

现在是中国最好的创业时代，我们比任何时期都更需要创业和创新精神。我做了二十多年投行看过太多上市公司，现在转身创业做 VC（Venture capital，风险投资）又见证了众多创业者的起起伏伏，深刻

理解创业的魅力和艰辛。从创业到上市，企业九死一生，极度考验企业家精神。这本书介绍了58家公司的创业和上市之路，对于当下的创业者以及企业管理者都很有借鉴意义，非常值得一读。

——洪泰基金创始人、洪泰资本控股董事长　盛希泰

大道至简，知易行难，知行合一，得到功成，我想这是《约见资本人》所要表达的观点。通过历数众多企业家的创业历程，来为创新创业者们传"道"解"惑"。凡事表面简单，实则不易，言之简单，行之困难，成功的道路上洒满了智慧和汗水！

——顺鑫农业总经理、董事会秘书　安元芝

市场经济时代，人们对企业家有一种莫名的向往，对IPO尤甚，也因此驱动着一波又一波的创业者前赴后继！《约见资本人》一书，层层揭开创业者们所不为人知的经历以及背后的付出、坚持，也由此向人们呈现了另一层面的企业家精神：坚韧向上、逆境反弹、自律自力、激情拓取、接厉向前……真正的英雄，精神永不死！《约见资本人》除了故事与模式，更是传播了让人奋进值得学习的企业家精神，感谢全景商学院带给我们的宝贵财富！

——深物联智能空间专委会执行会长、深圳星汉智能空间科技有限
公司总经理、深圳市名雕装饰股份有限公司原副总经理　周淮滨

市面上关于企业家传记和商业经验的书籍很多，但集中了如此之多上市公司创始人亲述创业经历的书籍，并无先例。作为投资机构负责

人，我认为此书可以作为公司和行业研究的必备参考书。

　　——云南省能源投资集团深圳云能基金管理有限公司副总经理、深
　　　圳总部总经理　余英栋

　　对机遇的把握，对品质的执着，对事业的追求，对市场敏锐的洞察力，对员工和社会责任的担当，是这些企业家成功的重要因素。《约见资本人》凝集了 58 位成功企业家从创业到 IPO 上市的心路历程，在人力资源管理方面给我许多珍贵的启示，可以说是当代青年迈向人生更高层级的引航灯。

　　——深圳前海新富资本管理集团人力资源总监　鞠丽苹

　　我们是初创型公司，买了 11 本，员工人手一本，看看前辈们怎么大浪淘金的，也让大家有点经验和盼头，一起努力奋斗！！！

　　——全景网用户　137★★★★6350

　　拿到书还没全部读完，只读了部分，所有人没有谁是容易的，这些老板们在创业过程中都遇到了各种各样的困难和挫折，但是他们却都克服了，然后带领企业走上了资本市场。虽然说生活不易，但是只要不抛弃不放弃，平凡的生活也能绽放出小花来，很有意义的一本书，大家可以买来一读。

　　——全景网用户　189★★★★3110

真的值得一读！除了很多创业经验的分享，更是中国改革开放的缩影，可以通过这本书看到大时代背景下，想要成功就必须坚持不懈、敢担当、敢为人先……到手就已经读完第一篇。

——当当网用户 青青子衿

书中深度挖掘了近两年 IPO 的上市公司创始人的创业历程，不只是详实的数据，还有令人感动的创业故事，是我 2018 年重点储备的精神食粮。看得我热血沸腾，心中燃起一股创业的冲动。

——京东用户 和代

目　录

第一章　追梦人

　　"人，就是要有梦想和追求。如果没有梦想，我可能只是一名手艺普通的木匠；如果没有追求，我可能就是一名默默授业的老师。当然，木匠可以服务乡邻，老师可以为学生解惑，但那都不是我追求的人生。"

　　"勘测煤矿的时候，我们跋山涉水，钻过涵洞、爬过坑道，后来从事珠宝行业再累再辛苦都觉得没什么。"

——周大生董事长、总经理　周宗文

　　"每个人创业都有很多困难，看你怎么理解这个困难。如果把这个困难和坎迈过去，反而觉得自己很兴奋，而且很成功。"

——中环环保董事长、总经理　张伯中

　　"我反复问自己，我的人生目标是什么？人生的意义又是什么？是小富即安，还是富而求进，再上台阶？"

—— 九典制药董事长　朱志宏

第二章　创新！创新！还是创新！

"我们的创新，不是为了创新而创新，我们所有的产品、所有的解决方案，都是实实在在的创新，创新一定要和客户的需求结合起来。"

第三章　要么转型，要么等死！

"作为传统制造业，你必须转型升级，你不转型就没有出路，因为过去的模式没有未来。"

第四章 一切都是最好的安排

> "当时很多朋友质疑，说2008年金融危机你创业，必败无疑。但我觉得危机危机，有'危'就有'机'。"

第五章　守住风口

第六章　打造民族品牌

"宝武重组实际上有三层意义：第一是积极推进国内钢铁行业供给侧结构性改革；第二是将国企、央企做强做大；第三是打造一批国际级公司，要成为世界范围内占有重要行业地位的企业。"

——宝钢股份原董事长　戴志浩

第七章　工匠精神

"能做事和能把事情做好完全是两码事。"

第八章　企业家责任

"我们从来不敢把企业的财富视为己有，我们小心翼翼地掌管好，然后让它回到它应该去的地方，比如说我们的扶贫，就是它应该去的地方。"

第九章　铁打的营盘铁打的兵

第十章　美丽中国的愿景

第一章
追梦人

　　"人，就是要有梦想和追求。如果没有梦想，我可能只是一名手艺普通的木匠；如果没有追求，我可能就是一名默默授业的老师。当然，木匠可以服务乡邻，老师可以为学生解惑，但那都不是我追求的人生。"

从地质工人到珠宝大佬

"勘测煤矿的时候，我们跋山涉水，钻过涵洞、爬过坑道，后来从事珠宝行业再累再辛苦都觉得没什么。"

——周大生董事长、总经理　周宗文

初见周大生（证券代码：002867）董事长周宗文，他身材高大，头发略有斑白，着装庄重且注意细节，讲话缓慢却十分笃定。访谈中，他几次停下来调整到最佳状态，访谈结束后还觉得自己表达得不够完美，要求重新来过。——正如他自己所说："我是个感性的双鱼座，也是个完美主义者。"

从地质工人到珠宝商人

周宗文出生在福建福清，这是福州市辖的一个地级市，与台湾新竹仅距 84 海里。福清旅居海外的华侨和新移民近百万人，遍布世界近 120 个国家和地区，是著名的侨乡。用周宗文的话来说："我海外的亲戚比国内的亲戚还要多。"

周宗文生于 1962 年，中学时代遭遇"文革"动乱，高考恢复后，他考上中国地质大学，毕业后被分配到地质勘测一线勘测煤矿。"我们

周宗文接受
全景网专访

勘测队有个宝石分队，专门寻找蓝宝石、石榴石，我也帮他们找过黄金和宝石，我大学学的是地质专业，对宝石有一定的认识。"他说，"勘测煤矿的时候，我们跋山涉水，钻过涵洞、爬过坑道，后来从事珠宝行业再累再辛苦都觉得没什么。"

改革开放之前，黄金都是计划供应的，中国珠宝企业几乎为零。1988 年，下海经商风潮兴起，周宗文的海外华侨亲戚有很多从事珠宝行业，在他们的指导和帮助下，周宗文进入了珠宝行业。"最开始的珠宝市场，是解决'有'还是'没有'的问题；后来供应量上来了，大家开始追求款式、造型和质量。"他说，"我们第一代珠宝商人还是蛮幸运的，经历了消费者需求的觉醒过程。"

1993 年之后，黄金市场化改革，中国珠宝行业开始加速发展，一批优秀的珠宝企业进入中国市场。经过十年的积累，周宗文做过珠宝的加工、零售、批发、海外贸易、品牌宣传等一系列工作，做到宝石厂、首饰厂厂长，吃透了中国珠宝产业链。20 世纪 90 年代末，他觉得时机成熟了，开始考虑创建自己的品牌。

1999 年，恰逢北京王府井商场重新装修，周大生争取到在一楼中间的最好位置设立专柜,迈出了创业第一步。

"北京是中国的中心,王府井是北京的中心,我们的店铺在王府井最好的位置。周大生占据这个制高点,以此为样板店,中心爆破,进而辐射全国。"周宗文说,"事实证明,首家店铺的选址是正确的,后来,全国的连锁店都以此为标准,铺陈开来。"

1999 年到 2008 年是中国珠宝行业发展的黄金十年。2003 年,贵金属制品市场全面开放,珠宝行业进入快速发展的时期。凭着努力经营,又借着行业的东风,周大生迅速扩张。2006 年,周大生自营店达到了 150 家左右。

"自营 + 加盟"策略占领全国

自营模式对珠宝首饰企业的资金实力和扁平式渠道管理能力要求较高,包括门店开业、渠道拓展、员工管理、市场营销以及库存控制等。周宗文分析,单凭自营店去发展,速度上还是提不起来;加盟模式有利于品牌扩张、迅速抢占市场份额,但要求企业具有较好的加盟商管理能力和品牌维护能力。

2006 年,公司把所有的区域经理、部门经理集中起来,召开"大加盟工程研讨会",开始推行"千店计划"。

"加盟店只要设计好分成模式、合作模式,管理好加盟店团队,就能把加盟商的人力、场地、资金等资源都整合起来;调动加盟商的积极性,等于多了几千个老板,跟你一起操心、奋斗、经营。"

2010 年,周大生完成"千店计划",门店数达到 1000 家,这并不仅是简单的数量相加,而且有一定的组织结构。大城市开店成本高,竞争激烈,以自营店为主;小城市开店成本较低,竞争较小,以加盟商为主。

"在一、二线城市的高端商场,我们用自营店去做样板,在核心商圈周边形成骨干加盟商，在三、四线城市核心商圈引进骨干加盟商，周边或者五线城市铺设一般加盟商，形成核心内圈＋周边外圈布局，组成一个有机的'自营＋加盟'体系。"周宗文介绍。

加盟店盈利模式、管理模式标准化之后，迅速复制、扩展，推动周大生加速发展。仅仅三年后，周大生门店就增加到 2000 多家。"周大生模式在加盟商体系中是很先进的，每年增开 300 多家，店铺质量不但没有降低，反而提升了。通过相互沟通和学习，加盟商经营水平和管理能力也得到迅速提高。"

截至 2016 年 12 月 31 日，周大生拥有自营店 294 家，加盟店 2162 家。自营店的经营区域主要为直辖市、部分省会城市等大中型城市的主城区，其他区域主要由加盟商经营。2016 年，自营店营收达 8.81 亿元，占总营收比重的 31.25%；加盟店营收达 17.17 亿元，占总营收比重的 60.92%。

目前，周大生门店主要集中在中部和东部沿海地区，两广、海南、西藏、青海、宁夏和吉林市场较为薄弱。未来两年内，周大生将继续在全国 21 个省（区）、36 个市开设 120 家自营店，为加盟店的铺设打下基础。

"未来我们将在薄弱地区的核心商圈布局自营店，搭建地区品牌战略框架，再在周边设立加盟店，最终全面占领市场。这也是我们的一贯战略。"周宗文说，"另外，目前一、二线城市中还有一些高端商场周大生尚未入驻，我们将在一、二线城市核心商圈布局 59 个自营店，充分占领核心城市的'制高点'。"

近些年，全球经济下行，很多行业不景气，但珠宝行业却在显著增长。根据中宝协统计，2016 年，我国珠宝首饰零售规模超 5000 亿元，过去五年复合增速约 13%，是规模增长最为迅速的可选消费品类之一。

"以前，人们买珠宝是为了送礼或者结婚使用，随着收入水平的提高，人们越来越讲求生活质量：不同场合佩戴不同的首饰、根据衣服搭配首饰，越来越多人给自己购买珠宝。珠宝越来越生活化，不再是一生只买一两件的奢侈品。"周宗文说。

"在国外，情人节、纪念日甚至过生日，人们都会买首饰送人、送自己；外国的女孩子，首饰柜里有几十款首饰……我们首饰消费规模现在远远未达到，中国珠宝市场还有很大的发展空间。"

周大生IPO募集资金中，有9.69亿元用于营销服务平台建设，将在北京、西安、南京、郑州、成都、沈阳6个城市建立区域营销服务中心。

"区域营销服务中心有营销、品宣、物流、培训、售后五大功能，主要为自营店和加盟店服务，以增强周大生在全国区域的渗透力，拓展重点区域的销售网络，也是未来给加盟商创造更多价值、利润的战略措施。"周宗文说，"我们将打好基础，迎接周大生上市后的第二轮大发展。"

谈起珠宝"互联网+"如数家珍

2013年以来，周大生抓住互联网发展新机遇，开始布局珠宝零售的线上业务，并成立创新经营中心负责线上销售。目前，周大生已经在天猫、京东、亚马逊等第三方平台上开设旗舰店。IPO募集资金中也有1.3亿元用于信息化系统及电商平台建设。

说起电子商务，这位60后如数家珍，滔滔不绝，丝毫不输90后："互联网是人类社会的历史性变革，必然会带来经济的变革，颠覆传统的生产、销售模式，无处不在且势不可挡。电子商务可以突破时间、场地的限制，一个实体店要投资三五百万元，但网店只需要图片或者样品就行了；实体店须雇五六个人，电子商务的话一个客服中心便可以管理很多店。"

"但珠宝非常贵重，跟其他商品不太一样，顾客需要现场体验来增强对产品的感知，而后才能决定是否购买。因此，跟其他行业比起来，珠宝电子商务发展相对慢一点，但这只是因为珠宝 O2O 的模式尚未找到，一旦找到，将会迅速占领市场。"周宗文分析道。

周大生也在积极寻找珠宝线上、线下融合的模式，现在正在研发的"魔镜"就是一款增强线上客户体验感的 AR 系统（增强现实技术，Augmented Reality，简称 AR）。它能实时计算摄影机影像的位置及角度并加上相应图像、视频，建立 3D 模型，在屏幕上把虚拟世界套在现实世界上并进行互动。

"在系统中输入资料之后，'魔镜'会记得你，以后每次来都能叫出你的名字并跟你打招呼，你想看哪一款产品，在系统内选择。比如，你看中一个戒指，选取之后戒指会跳出来，你把手放上去，戒指就会戴在你（屏幕中的影像）的手指上。"周宗文说。

从董事长兴奋的状态中不难看出周大生对电子商务的重视，虽然周大生珠宝电商模式仍在探索中，但已取得不错的成绩：2014 年、2015 年、2016 年，周大生电商收入分别为 2241.56 万元、12259.19 万元和 22069.99 万元，占主营业务收入的比例从 2014 年的 0.85% 增加到 2016 年的 7.83%，处于加速成长的状态。

品牌无价　老板有情

周大生曾荣获"中国驰名商标""中国名牌"两项全国品牌最高荣誉，是家喻户晓的珠宝品牌。根据中宝协出具的证明，2014 年到 2016 年，周大生品牌市场占有率在境内珠宝首饰市场均排名前三。

在周大生的 IPO 招股书中，品牌管理优势位列公司主要竞争优势的首项。周大生围绕"中高端女性流行珠宝首饰"的品牌定位，选择电视、纸媒、网络、户外等多种媒介，实行全国、省、城市、店面四级广

周宗文与形象代言人
Angelababy（杨颖）

告联动，构建了全方位、立体式品牌整合营销战略。

"近些年，随着人们消费水平的增长和搭配意识的增强，珠宝消费群体越来越年轻化，周大生品牌代言人也从成熟优雅的林志玲更新为更年轻新潮的 Angelababy（杨颖）。"周宗文说，"Angelababy 很受年轻人欢迎，听说请她当代言人的时候，公司的小姑娘们都开心得尖叫起来！"

随着新媒体的兴起，周大生也与时俱进开展互动营销，通过微信、微博、门店会员活动，与消费者零距离互动，提升用户的黏性。

2013 年，周大生与深圳市珠宝协会联合举办首届"中国流行风"商业珠宝设计大赛，在推动原创设计的同时，也加强公司在珠宝设计概念、趋势、行业工艺方面的引导力，提升品牌影响力。

"每年都有这样那样的珠宝设计比赛，但大多浮于概念，设计一些好看却不能佩戴的首饰；要么走向另外一个极端，实用却很平庸。搞这个比赛的初衷就是为了在这两个极端中寻找平衡，推出既有设计美感，又能被市场接受的新产品。"周宗文说。

"获奖作品经过筛选会投入生产，按销售额给设计师分成，事实证明这些产品卖得确实不错。'中国流行风'就是要风潮中国市场，不能曲高和寡，比赛结束作品就束之高阁是没有意义的。"

品牌的发展当然离不开真金白银的推广费用。周大生 2014 年度、2015 年度及 2016 年度广告宣传投入分别是 2668.96 万元、3935.43 万元及 4385.34 万元，占营业收入的比重分别为 1%、1.44% 及 1.51%。

银子是白花花的，但钱不是白花的。随着品牌知名度的提升，周大生越来越受到消费者的青睐，公司净利润从 2014 年的 3.24 亿元增加到 2016 年的 4.27 亿元，复合增长率达 14.8%。

自 2011 年起，公司连续五年获得世界品牌实验室（World Brand Lab）"中国 500 最具价值品牌"称号，品牌价值从 2011 年的 75.25 亿

2017 年 4 月 27 日，
周宗文在深交所敲响
上市宝钟

元上升到 2016 年的 238.69 亿元，位居大陆地区珠宝品牌前三位。

"品牌价值有自己的测算方法，这个价值是相对的，现在让谁掏238 亿元来买周大生这个品牌，他肯定要掂量掂量；但即使有人要买，我也不卖，对我来说，周大生这个品牌是无价的。"周宗文说，"上市之后，周大生的品牌价值肯定还会飙升，而且还会多一个'市值'作为衡量的参数。公司做大做强之后，市值攀升，品牌价值肯定还会随之增长，未来达到两三千亿元都有可能。"

周宗文坦言，上市之后，周大生成为公众公司，他感到身上的担子更重，压力更大了。借助全景网这个平台，他对投资者说："我能从你们投资的每一分钱上感受到爱和信任，我会用我的责任和奋斗加倍回报你们！"

扫码观看周大生专访视频

连续创业成功者的情怀和秘笈

"每个人创业都有很多困难，看你怎么理解这个困难。如果把这个困难和坎迈过去，反而觉得自己很兴奋，而且很成功。"

——中环环保董事长、总经理 张伯中

中环环保（证券代码：300692）2011 年 12 月成立，2017 年 7 月通过 IPO 审核，从设立到上市用时不到六年。而这一系列顺畅的资本运作是公司董事长张伯中的手笔。他的前半生充满个人选择的色彩，每一个决定和身份转换，张伯中都游刃有余：从体制内到体制外、从公务员到企业家。

大学毕业本可以端着政府机关的"铁饭碗"，他却单枪匹马跑出国门去留学。学到了国外的环境保护理念，他更想在国内实践。2001 年，城市污水治理开始市场化运作，他终于有机会实现自己的理想。如今，中环环保成功上市，他说未来还有很长的路要走。

暂别体制 自费公派赴美留学

20 世纪 90 年代，全国掀起了一股公务员辞职下海潮。人社部数据显示，仅 1992 年一年就有 12 万公务员辞职下海，1000 多万公务员处于停薪留职状态。

1990 年，张伯中是安徽省计划委员会的一名干部，那一年他只有 27 岁。时代浪潮在涌动，这位年轻人也在计划暂别体制内，最终他争取到一笔来自美国的奖学金和单位的借款，成为安徽省省直机关干部中为数不多的自费公派赴美留学者之一。

省吃俭用　带 2 万多美元回国

在美国的留学生涯，张伯中每个月可以拿到 900 多美元奖学金，远远超过他在国内工作时的可支配收入。要知道，出国以前，张伯中在安徽省计划委员会每月的工资只有 70 元人民币，折合 10 美元。

"当时，在中国每个月拿的工资在美国只能换 10 美元。10 美元只够吃一两顿比萨。后来，美国大学一个月给我 900 多美元的奖学金，学费也免了。900 多美元一个月就相当于中国十几年的工资，所以那个时候谁都想出国。"

年轻时的张伯中

尽管富足的奖学金让张伯中在经济上无后顾之忧，但他却强迫自己过上一种非常节约、朴素的生活。在美国四年多时间，他说："我买的生活用品都是在打折时买的，所有的家具都是在地摊买的。我在美国没买过一件新衣服，都是旧衣服。"

等到毕业回国时，张伯中竟然从奖学金中省出了 2 万多美元，在当时，这十几万元人民币已经是一笔巨款，就这样，张伯中有了创业起家的本金。

"那时候，我就想存钱带回中国。我一年如果能存 5000 美元，相当于在国内工作几十年的积蓄。谁不想存那个钱？我毕业以后带着 2 万多美元回到中国，2 万多美元折合十几

张伯中和外国友人在一起

万元人民币，当年就算不少了，就是我起家的本金。"

毅然投入创业　摸着石头过河

回国后，尽管作为省直机关的一名公务员，工作一帆风顺，生活舒适安逸，但张伯中的心中始终有另外的渴望。毕竟经过四年多的海外学习和生活，他的价值、知识、经验、人脉都有了一定的变化和积累，或者说他拥有了更多选择的资本。

主观上，张伯中在美国感受到了中美之间巨大的经济差异，并且也通过观摩资本主义社会的运作，看到了商业机会；而现实中，他的妻子因为去美国陪读，回国后失去了在政府机关的工作。

于是，在各种主客观因素的共同作用下，张伯中和妻子选择了家庭创业。"一开始是有什么做什么，都是摸着石头过河。我们做的项目比较杂，事情比较多，什么挣钱做什么。"他们卖过电脑，也办过报纸，还做过新型材料加工。

有成功的尝试，如卖电脑。创业初期，张伯中夫妇与几个朋友在合肥步瑞祺商场合伙开办电脑城，做 IBM、TOSHIBA 等几个一线品牌

的安徽总代理。由于摸准了 IT 业的发展时机，仅用了几年时间，便将步瑞祺商场打造成了合肥地区第一个电脑专业市场，成为当时合肥乃至安徽最大的电脑主机及配件"集散地"。

也有失败的创业，如办报纸。张伯中从美国的免费投送式报刊模式中衍生了这个创业念头，并投资了《安徽市场信息报》，但当他试图把这种模式落地植入到安徽时，才发现中美两国的媒体环境迥异，在中国私有制报纸根本难以生存。

凭一份情怀和责任 涉足环保业

早在 20 世纪 90 年代，那时张伯中刚从美国留学回来，作为一个学环保的人，他对中国的环境很忧心，"即使在 21 世纪的今天，我们中国人在外面扬眉吐气，但是大家一讲到中国的环境，都觉得很悲哀，有种好像低人一等的感觉。作为一个企业家，作为一个学环保的人，我感觉到这是我的一种社会责任。"

20 世纪 90 年代中后期，张伯中成立中辰集团，同时开展多项业务。在中辰集团的商业版图中，房地产、银行、金融投资是最赚钱的项目，但张伯中却一直将不赚钱的环保业务当做主业来经营，甚至不惜源源不断地通过房地产项目的输血来解决环保资金困难的问题。2004、2005 年，中辰集团开始涉足污水处理和环境工程领域，专注做小而精的项目，不刻意追求规模优势，对项目都是有选择性地投资、收购、投标。

"我们在工业废水治理这块有很多专利，特别是在高浓度废水深化方面。我们的技术方案投资比较省钱，而且运营成本比较低。同样的工艺，我们污水治理成本可能 5 块钱 1 立方米或者 4 块钱 1 立方米，有些国有大公司可能成本要 8 块、9 块。在这种情况下，我们的技术还能够保证稳定达标排放，这就是我们的优势。我们在规模不大的情况下，更强调每一个项目方案的成熟性、先进性。"

2011 年 12 月，张伯中将水处理业务从中辰集团剥离，成立了安徽中环环保科技股份有限公司，主营业务为污水处理业务及环境工程业务。这是一家自诞生就奔着上市去的公司，张伯中自组建公司开始，就要求公司不管是规范性还是运营模式，都要依照上市公司的标准来做。他太清楚上市对于发展到这个阶段的中环环保有多重要。

"资本市场的平台，对中环环保意义非凡。我们这种水污染治理或者环境工程类企业是资金推动型，只要有资金，就能扩大规模，只要有规模就有固定的收益，而且是有利润的收益。其次，现在的市场竞争非常激烈，特别是在我们这个行业，门槛很高。一般小的公司很难生存或适应下去。现在行业里都是国际知名的水环境公司、水务公司，或者央企、上市公司。我们只有上市了，才能跟他们站到同一个起跑线，在同一竞争水平的情况下 PK。"

过去，中环环保运营管理的污水处理厂集中于山东、安徽省，业务也一直在这两地发展。但这几年，张伯中敏锐地感觉到水环境行业将迎来一个广阔的市场，而要想获得更多市场份额，吃到蛋糕，就需要进入到 A 股中去，利用资本力量进行布局。

"十八大以后，总书记提出建设美丽中国、绿色家园，这其中对环境治理的要求非常高。尤其是国家还从立法上对环境治理、水污染治理、PPP（政府和社会资本合作），制定了一系列利好政策，这些政策就促使这个市场未来将是很大一块蛋糕。我们如果想在这个蛋糕中分到更多，拿到更多份额，就必须靠资本市场助力。"

招股说明书显示，中环环保公开发行不超过 2667 万股，实际募集资金金额为 2 亿元，主要投资于桐城市南部新区污水处理厂及配套污水管网工程、PPP 项目、桐城市城南污水处理厂二期工程、夏津县第二污水处理厂及配套管网工程等四大项目。

桐城污水处理厂奠基仪式

"我们在创业板上市以后，项目范围将扩大到全国甚至世界范围，我们不能再仅限于华东地区，不光是做熟悉的市场，还要做我们不熟悉的市场，不但在地域上要开拓其他省份的市场，更要进入更多高精尖的污水处理领域，包括一些河道生态恢复、黑臭水治理、海绵城市建设，这些都是未来中环环保潜在的市场和我们要开拓的领域。"张伯中说。

乐天派张伯中的创业秘笈

2017年8月21日，中环环保首次公开发行股票并在A股创业板挂牌上市，上市仪式在深圳证券交易所隆重举行。

现在，张伯中每天只保持4—5个小时的睡眠时间，他说这是在美国留学时养成的习惯。"当年出国时外语不行，计算机不行，晚上在大学计算机房里待到两点，早上六七点钟起来背英文单词，才能在美国生存下来，没有机会睡很多觉。"

与其他很多创业故事中的主人公不同，在过去20年的创业生涯中，张伯中尽管也有焦虑，却少有绝望的时刻，他说自己是一个乐观派。

"每个人创业都有很多困难，看你怎么理解这个困难。如果把这个困难和坎迈过去，反而觉得自己很兴奋，而且很成功。我在创业过程

中环环保上市仪式

中，为跑一个项目，为筹一笔钱，也会整天整夜睡不着觉，这种情况都有。但是我从另外一个角度讲，每个人都有创业艰辛的一面，你想到还有人比你更艰辛的时候，就不觉得有多痛苦和有多艰难了。"

讲到创业成功的秘笈，张伯中觉得有两点最为关键：行业、团队。只要战略或者方向选对了，加之有好的团队，那么企业就不会失败，只会成功。

"第一，创业选的行业很重要。作为一个企业老板，你选择的这个行业，要具有很好的成长性；第二，团队很重要。团队是人才队伍，他们决定企业能不能做好，能不能上市。要成功上市，功劳是整个团队的，所以要带好这个队伍。"

扫码观看中环环保专访视频

一个想当医生的木匠

"我反复问自己，我的人生目标是什么？人生的意义又是什么？是小富即安，还是富而求进，再上台阶？"

—— 九典制药董事长 朱志宏

1976 年，夏日炎炎。在湖南南县的一家乡镇手工业联社里，一个叫朱志宏的不满 14 岁的少年，操着沉重的木工工具，开始了木匠的学徒生涯。

埋头于刀锯斧凿的木匠活中，一天下来，身体累得有点吃不消，内心深处的积郁也无处排解，整天与斧头和锯子为伴的日子，远非少年的梦。

这个心气很高的男孩将目光投向远方，决心要改变自己的命运。

40 年后回到家乡，朱志宏的身份变成了九典制药（证券代码：300705）的董事长。

近两年，朱志宏带领着九典制药借力资本市场快速发展，2017 年 10 月 10 日，九典制药登陆创业板，成为行业内并不多见的以研发驱动的医药制造企业。

朱志宏接受全景网专访

恢复高考改变命运　从辍学木匠到化学研究生

1962 年，朱志宏出生在湖南南县一个并不富裕的工薪家庭，父母亲都是乡镇医生，家里共有兄妹三人。朱志宏从小好学上进，却在读初中时因为家庭经济拮据而辍学，父母商量着给他找了一名木匠师傅，希望他学一门手艺谋生。

尽管实在不喜欢一眼就看到尽头的木匠生涯，但为了减轻家庭负担，他仍然咬牙坚持着。1977 年恢复高考，他顿时感觉一束阳光照进了生活，在父母的鼓励和支持下，朱志宏又重新回到了校园。木匠没有当成，但一年多的学徒生活让年轻的他尝尽了生活的艰辛与不易，再次回归校园，朱志宏迸发出了强烈的求知欲望，他用了比别人多几倍的时间和精力来追赶荒废的功课。那时他唯一的愿望，就是考上一所医学院，日后成为一名受人尊敬的医生。

功夫不负有心人。1980 年夏天，朱志宏如愿收到了湖南师范大学化学系的录取通知书，然而他却没有想象中的高兴与喜悦，因为这个专业与他想当医生的志向相去甚远。

"我根本就没填，我填的所有志愿都是医学院，但最后来了这样一份录取通知书，当时是很吃惊的，也不知道是怎么回事。"

拼尽全力才赢得的高等教育机会，朱志宏不敢轻言放弃，因为他没有条件重来。他在大学期间继续保持勤奋的学习状态和钻研精神，不知不觉中竟发现自己爱上了化学。

"进大学以后，我发现我还是喜欢化学的，特别是有机化学，并且我的思维也适合学化学。"

1984年，大学毕业时，他被分到南县一中任教。现实的困顿浇不灭他追梦的决心。任教期间，他除了完成繁忙的教学工作，每天还抽出时间自学。1986年，朱志宏顺利通过研究生考试，进入兰州大学化学系。

1989年，朱志宏的研究生毕业照

"人，就是要有梦想和追求。如果没有梦想，我可能只是一名手艺普通的木匠；如果没有追求，我可能就是一名默默授业的老师。当然，木匠可以服务乡邻，老师可以为学生解惑，但那都不是我追求的人生。"

下海创业只为做好新药研发

1989年，朱志宏硕士毕业，进入湖南医药工业研究所，从事新药研发，从此与药结下了不解之缘。

20世纪90年代初，国家的新药研究刚刚开始，从政策法规到技术指南几乎是一片空白。加之科研体系限制，基本是按人头拨款，经费非常有限，很多科研人员都难以充分发挥自己的专长。

朱志宏不允许自己在按部就班中消磨锐气。他开始反思，为什么中国的新药研发及专利申报总处在世界的后面？为什么新药大都是欧美人的专利？为什么中国不能自己研制新药？按照国家当时的法律法规，国外已上市而国内没有的药品也属于新药，昂贵的进口药和仅在国外上市的药品如果能在国内仿制，不也是利国利民吗？想到这些，他一头埋下去，将时间和精力全部献给了新药实验课题。

"那个时候没有钱搞科研，政府也没有课题，都是自己找项目来做。下班后我仍然在实验室，节假日绝大部分时间我也在实验室里度过，连同学聚会也很少参加。"

勤奋刻苦终结硕果。朱志宏与同事合作成功研发出多款新药，填补了国内许多空白，并发表了多篇学术论文。然而，要将科研成果变成可上市销售的药品还有十万八千里路要走，事业单位体制和经费方面的局限让他的很多想法和成果难以付诸实施，也使他的满腔热情降到了冰点。他开始进行激烈的心理斗争，是继续在事业单位图个安逸，还是放弃铁饭碗，迎接挑战，自己出来创业？

人生的机会之窗再次开启。邓小平南方谈话之后，政府鼓励科研人员下海创业，同时，随着改革开放的深入，国内许多药厂迅速发展。但由于知识产权保护意识薄弱，一些药厂对研发不看重，他们更青睐"短平快"的方式，主要生产销售一些市场常见的老药；而一些新兴的药厂，目光高远，希望推出更多疗效好、安全性高的新药，多数却因研发能力不足，工艺水平有限，急需技术引进或委托研发。这时朱志宏发现自己正好可以发挥特长，为药厂研制新药，这也是他的兴趣爱好所在。

"那个时候，愿意投入做研发的企业我进不去。我能够去的企业却没有实力，也没有兴趣投入金钱来进行新药的研发，所以我决定了，那就自己做吧。"1997年，朱志宏开始了自主研发新药、仿制药的艰辛之路。

二次创业　让实验室与车间零距离

创业之艰难，即使未曾有过创业经历的人或多或少都能理解；但科研之辛苦，没有科研经历的人却很难体会到。真正的科研来不得半点虚假，实验是枯燥单调的重复。为了研制一种新药或得到一个数据，朱志宏亲自做过的实验难以计数。有时，一个枯燥的实验一遍又一遍重复做，有时通宵达旦，甚至几天几夜都不可以休息。

"失败时，失落的心情难以言表，成功时，喜悦的心情无以名状，往往一个新药研究课题做下来，人都累瘦了。"

创业初期，各种困难接踵而至，既缺资金，又缺渠道，朱志宏既当研究员，又当销售员，经常在实验室、客户和药厂之间连轴转，忙得昏天黑地，全凭当学徒时养成的钻研劲和韧性才能够坚持下来。

他着重开展仿制药的研发，仿创结合。慢慢地，有药厂向朱志宏的研发企业预定一些新药品种，他的药品研发事业逐渐步入了正轨，新的市场机会也开始出现。

九典制药生产车间

"当时，我们的新药品种有原料药、有制剂，但转让的时候有一些制药企业只有制剂生产线，没有原料药生产线，所以这些原料药落不了地。我们就考虑，既然原料药他们不能生产，那么我自己来搞个厂，来生产一些原料药。"

更重要的是，朱志宏目睹自己公司研发转让的品种，给一个个药厂带来了可观的经济与社会效益，相比之下，自己的研发企业获益并不多。这让朱志宏萌生了一个更加大胆的想法——创建一家医药生产企业，实现实验室与车间零距离，同时进一步扩大创业规模，获得更广阔的发展天地。

"当时，很多人都不赞成我办实体企业，认为这风险太大，也太辛苦，每年研究几个新药品种卖出去，不愁没钱用。这时，我反复问自己，我的人生目标是什么？人生的意义又是什么？是小富即安，还是富而求进，再上台阶？"

不安分的朱志宏最终决定跳出自己熟悉且相对稳定的科研地带，实现由科研人员向企业家的真正跨越。

"过亿没有给我留下什么印象"

2001年，朱志宏带着他创立的九典制药，正式落户浏阳生物医药园。从一个小有积累的民营科研所到一个高科技的现代化药厂，光有激情、技术还远远不够。开弓没有回头箭，攻坚克难勇向前，既然选择了改变，再多的困难都要扛下来。

办厂期间，从前期的厂区规划到实际建设，朱志宏都身体力行，有时就吃住在工地。六月的夜晚，蚊子很多，工棚里热得像蒸笼，他挥汗如雨，与工友们一起讨论图纸，修改方案。在朱志宏和同事们的努力下，新建的药厂终于通过了国家GMP（良好生产规范）认证，正式生产销售。

从浏阳河起航，九典制药逐步建立起从原料药到药品制剂，从药用辅料到植物提取物的有机产业链，公司业绩也一路向上。目前，九典制药研发生产的药品涵盖抗感染药、抗过敏药、消化系统药、呼吸系统药、心脑血管药、妇科药、补益类药、镇痛药等领域。其中，主导产品盐酸左西替利嗪、奥硝唑、地红霉素等原料药及制剂的市场份额位居行业前列。

"公司营收过亿是哪一年？"

"我没有特别的感觉，这真不是我考虑的。过亿又怎么样，我觉得这是小目标。过亿没有给我留下什么印象。"

对于营收数据并不特别在意，这是典型的朱志宏风格。但这并不影响九典制药在过去几年中的持续增长，交出的是令人满意的业绩答卷。

2014—2016 年，九典制药实现营业收入分别为 2.66 亿元、2.90亿元、3.76 亿元，净利润 3778.67 万元、4464.28 万元、5452.73 万元。

做不成最好的医生　就研制最好的药

"九转中西、典诺健康"，是九典制药的企业理念，也是朱志宏的人生抱负。

"九转"来自道家。道家炼制金丹，分一转至九转，丹以九转为贵。转数越高，药效就越好，也寓意着通过艰苦的努力达到更高目标。

"中西"，代表九典制药的两大主业，化学药和中药。"典"，则为药典，是一个国家记载药品标准、规格的法典。

朱志宏希望通过传承中医文化，再引进西方先进的科学方法，将两者结合，研发生产出更高品质的化学药和中药，改善世人的健康水平。

"其实无论是谁，当自己生病了，或者是家里人生病了，到医院以后，第一句话就会说，给我请最好的医生，给我用最好的药，即便是平时对医疗费用有一些抱怨的人，一旦进了医院，头脑里首先想到的也是这个。所以我就希望能够生产出最好的药，让生病、住院的人用到最好的药。"

朱志宏说，中药在疗效方面得到越来越多国内外患者的认同。特别是对于慢性病，当化学药疗效不佳，甚至弊大于利的时候，中药就显示出它的独特作用。九典制药现在有一些植物提取物已经出口到国外，也通过了国外的药品监管部门的认证，今后还会加大中成药的研发和生产力度。

但现阶段，朱志宏会把主要精力放在化学药品上，以尽快适应国家的"仿制药一致性评价"政策。根据政策要求，已批准上市的仿制药品，在质量和疗效上与原研药品必须一致，临床上与原研药品可以相互替代。目前，九典制药正在对重点类别产品，综合市场覆盖范围、市场占有率等因素，确定不同品种所处的位置，分类、分批次完成一致性评价工作。

"一致性评价有助于规范国内仿制药市场，对于具有研发优势、规模优势的制药企业属于政策利好和市场机遇。"

除了一致性评价，根据国务院 2016 年发布的"两票制"政策，九典制药近期也着力调整客户结构和销售模式。两票制，简而言之，就是药品从药厂卖到医药经销商开一次发票，经销商卖到医院再开一次发票，以两票替代目前常见的多票，减少流通环节以降低药价。对此，朱志宏表示，两票制在长期来看将在流通层面给药企更多主动权。

"我们前面一直采取的都是招商代理方式。产品上市后招商代理推进比较快，销售费用会低得多；实行两票制以后，我们就会选择资金实力比较雄厚，配送范围比较广，而且终端开发能力比较强的配送商来进行合作。推广方面，我们更多地与专业推广机构合作。"

接受全景网专访时的朱志宏略显拘谨，但专访结束，状态放松的朱志宏就迈开大步，径直向前，一如他一路走来的人生姿态。

既然选择了远方，就要一路风雨兼程。

对于朱志宏来说，企业和人生都没有终点。

"我还谈不上成功，总感觉企业发展得太慢。做企业的人，没有谁会说已达到了自己的理想状态，或者说就保持在那个状态吧。就像逆水行舟，不进则退，没有止境。"

扫码观看九典制药专访视频

左手设计，右手跨界

"成为跨着设计边缘行走的人。"

——风语筑董事长、总经理　李晖

在众多上市公司中，2017 年上市的展览馆设计行业龙头——风语筑（证券代码：603466）的名称显得很特别，既有自然现象"风"，又有传递思想的"语"，还包含人类居所"筑"。作为这家公司的掌门人，

李晖接受全景网专访

李晖也是特别的，不仅因为他身上那股夺人眼球的"潮范儿"，也因为他是 A 股少有的建筑设计师出身的创业家。

2017 年 10 月，李晖带领风语筑登陆 A 股市场，风语筑成为国内首家数字展览行业沪市主板上市企业。从一名从事理工科与艺术相结合的建筑设计师，成为一名成功进入资本市场的创业家，李晖如何完成生命中的一次又一次跨界，又如何在城市展馆设计行业追梦不懈？

建筑科班出身　却跨界房地产模型

毕业于我国建筑设计"老八校"之一同济大学的李晖，对建筑设计行业怀有难舍的情结。由于擅长数理化，同时又向往艺术，李晖早在中学时代就为自己选择了建筑这门艺术与技术相结合的专业。与许多或转行或出国的同学不同，在同济大学就读期间，李晖通过大量学习和实践，感受到设计的吸引力来源于对美的需求，从而坚定了在建筑领域发展的志向。

作为一名建筑科班毕业生，与许多同学一样，李晖选择加入一家国营建筑设计院，来到处于改革开放潮头的深圳。他认为，作为一个新兴城市，深圳是一个充满"诱惑"的地方。"时间就是生命，效率就是金钱"，深圳建筑每天都在以"深圳速度"发展，呈现出日新月异的面貌，为建筑设计师带来丰富的灵感来源。

然而，对开放和自由的追求，推动着李晖向更广阔的空间发展。对于当时的心境，李晖回忆，可以用演员、导演黄渤的一句话"每个人都是自己的导演，走出去拥抱世界"来形容。怀着对跨界的渴望，李晖放弃建筑设计院稳定的工作，回到上海开始创业，乘着我国房地产"黄金十年"的东风，创办起建筑规划领域内专业模型设计制作的模型公司。用李晖自己的话来说，就是成为"跨着设计边缘行走的人"。

机缘巧合　跨界进入城市展览馆

模型公司的创业经历是成功的。随着房地产市场的爆发式发展，公司规模一度做到全国最大。或许是骨子里潜藏着不安分的基因，又或许是时代浪潮总在不经意间推到渴望改变的人面前，随着我国城镇化的推进，李晖与跨界的契机再次不期而遇。

在为上海市下属一个镇设计规划模型期间，李晖偶然间收到打造规划展览馆的邀请。深思熟虑后，他接受了这份不期而至的工作，成为第二次跨界的出发点。从此，李晖在城市场馆设计领域一发而不可收。2003 年，风语筑成立，专注于城市规划展览馆设计领域，填补了国内该领域的空白。

关于跨界，李晖摸索出一套独特的"方法论"，那就是在主业基础上不断跨界，可以给公司带来更多收益。在城市展览馆设计领域，李晖的思路也是如此。从传统的展馆装修出发，风语筑为城市展览馆不断加入创新元素，比如包括各种声光电效果和多媒体内容在内的数字文化展示技术，乃至最近兴起的人工智能技术。

在李晖看来，风语筑的发展是相对轻松的，公司成立仅两年，就实现营业收入过亿的"小目标"。在他看来，标志风语筑成功的一个重大事件，是 2013 年公司迁入风语筑大楼。此后，公司业务发展势不可挡，规模迅速扩大。

获姚明青睐　完成上市征程

时至今日，风语筑已经成为城市规划展览馆行业的龙头，包揽从设计到施工的每一个步骤。公司以设计师为核心，再配以灯光摄影、多媒体软件、布展平面等多部门技术人员，在互相交流中碰撞出更好的创意和展示方案。

随着规模扩张、行业影响力提升，李晖感受到风语筑与资本市场对接的必要性。除了在企业信用方面获得背书以外，上市对一家公司在管理规范及风险规避方面的作用是难以替代的。2017 年 10 月 20 日，李晖带领风语筑完成上市征程，在上交所敲响上市钟声。

在当晚举行的 IPO 庆功会上，李晖重新定义了"风语筑"的含义："风"代表风向标，"语"意味着

李晖与到访风语筑的姚明

话语权，"筑"的意思是资本市场的地标性建筑，不一定最高、最大，但一定很特别。李晖认为，一定是风语筑有种特别的气质，才吸引了众多基石投资者关注，包括知名投资机构宏鹰资本和鼎晖投资，以及世界篮球巨星姚明。

2018 年中报显示，作为公司第六大股东，姚明持有风语筑股份 130 万股，占总股本比例 0.45%。李晖透露，姚明曾在公司内部的篮球场打过篮球，感受到风语筑年轻向上的氛围，与他的性格一致，因此立马拍板对公司投资。

经过 15 年发展，如今风语筑的展示系统产品与服务已经涵盖了城市馆、园区馆、博物馆、科技馆、企业馆、商业体验馆、主题馆和综合展览馆等多种类型。同时，由于具备设计优势和较强的实施整合能力，

公司建立起一套独特的一体化运作模式，涵盖策划、设计、实施及售后服务的一体化展示服务。这也令风语筑在国内展馆设计领域得以占领中高端市场，并逐步建立品牌优势。

上市再出发　拓宽新赛道

不负众望，风语筑上市后第一个完整的季度，就向投资者交出一份亮丽的成绩单。2018 年一季度，风语筑实现营业收入同比翻倍，净利润增长超过 1.5 倍。李晖认为，数字只是一个方面，转型成果才是更能反映一个企业发展潜力的证据。

他指出，上市是动力也是压力。有了资本的翅膀，企业具备更大力量，得以完成更多事业。但相伴而来的是增长的压力，出于企业发展和对投资者负责的态度，除了继续努力工作以外，李晖必须思考事业新的布局。

谈及风语筑未来的发展计划，李晖又一次提到那个对他影响至深的词：跨界。他强调，未来风语筑要打造的主题展馆，将不仅限于城市规划展馆，而将包括博物馆、科技馆、纪念馆，遍布生活各个方面、社会各个行业，他将这种行为定义为"拓宽赛道"。

举例来说，风语筑参与的成功案例包括上海中心大厦的观光体验厅、中国中车企业展馆、玖龙纸业博物馆为代表的上市公司展馆，以快递为主题的快递博物馆，甚至在上交所交易大厅也设计过展馆。李晖表示，上述与传统城市展馆有别的展馆设计将是风语筑未来的主业，公司主要盈利将来源于此。

同时，风语筑还开辟了更多新赛道，其中之一是商业领域的展馆。2018 年 5 月，风语筑入股新媒体艺术公司良晓科技，该公司旗下互动创意工作室 Wonderlabs 主要服务跨国品牌在中国的大型发布会、展览展会、品牌活动、店内展示等，客户包括耐克和阿迪达斯等著名品牌。此外，风语筑在文化旅游行业的模拟展馆，以及植入电影院线概念的展览院线都开始了布局。

在李晖看来，这些业态都属于"大展览"概念。尽管目前我国还没有大范围培养起展览行业的消费习惯，但李晖认为，这对风语筑这家以展馆设计为主业的专业公司来说既是机会，也是社会责任。我国人口基数庞大，未来观展消费市场一旦成熟，展馆行业的想象空间将无可限量。

颜值与能力并重　盈利与梦想齐追

作为 70 后，李晖可以说是同龄人中的"潮人"，无论是外表还是思想，都呈现出年轻、富有活力的面貌。李晖认为，这其实是风语筑整体企业气质的外化，公司全体员工的共同点就是既有颜值，又有实力；

既能感知潮流趋势，又能为公司创造价值。

体现在精神层面上，这种"潮"的气质可以用公司口号"好玩的时候才刚刚开始"来阐释。何谓"好玩"？李晖认为，脱离日常生活、工作的表象，人类对"好玩"的追求实质上是对梦想的执着。他举例解释，比如美国硅谷的许多知名创业家，包括特斯拉的埃隆·马斯克、亚马逊的杰夫·贝佐斯，其共同特点是一个"追梦人"，除却企业巨大的盈利，他们还拥有更宏伟的追求，那就是通过发明创造，为人类发展创造更大价值。

这是超脱世间芸芸众生的思想境界，是由无数如风语筑一般稳健、创新的企业所打下的盈利基础，以及如李晖一般勤勉、锐进的企业家所追逐的梦想，共同缔造的正循环。李晖认为，这是一家企业所肩负的责任与使命。

扫码观看风语筑专访视频

西北贫困县民办教师的逆袭之路

"我很清楚，如果没有自己的牧场，就不能控制奶源，产品质量无法保证，企业就无法活下去。"

——庄园牧场董事长　马红富

民勤县地处河西走廊东北部，除西南一角与金昌、凉州区相接外，其余均被腾格里和巴丹吉林沙漠包围，是一个半封闭的内陆荒漠区。

就在这样一个国家级贫困县，一个民办教师靠着报纸上的信息，将贸易做到上海、福建甚至东南亚，赚到第一桶金。1998年遭遇东南亚金融危机，贸易生意被迫中断，他果断转行进入乳制品行业，将一个地处县区

马红富接受全景网专访，他身材高大，皮肤黝黑，是一个淳朴的西北汉子

的小企业做成西北地区乳制品龙头老大，并带领公司成为乳制品行业A+H第一股。他就是庄园牧场（证券代码：002910）创始人、董事长马红富。

靠报纸信息赚到第一桶金

1984年，年仅18岁的马红富在甘肃省民勤县昌宁小学担任民办教师，由于没有正式编制，一个月只有40块钱。民办教师每天代的课比公办教师多得多，但收入却很少。

年轻气盛的马红富觉得心里有点不平衡，想多赚点钱。思维活跃的他和同事在工作之余搞了一个副业——创办《信息报》，实际上就是把全国各地报纸上的供求信息集中起来，印刷成2页纸，再贩卖给当地县城集贸市场有需求的商户，一年只收8块钱。

"那时每个乡镇都有一个邮递所，我家刚好就在邮递所对面。这个邮递所只有一个人，他每年都有订报纸的任务量，我跟他关系特别好，就在他那订报纸。在报纸上我发现有很多供求信息，就把这些信息集中起来做成小广告一样的册子，一个月印刷1本。"马红富回忆。

20世纪80年代，信息很闭塞，尤其是在民勤县这样的西北小城。民勤县本地出产很多农产品，外面很多地方需要这些东西，但由于信息闭塞，供需双方没有办法对接。马红富靠着全国各地的经济报纸掌握了供求信息，萌生了自己下海创业的想法。1986年，他辞去民办教师的工作，开始做起了小贸易。

一次，马红富在上海的报纸上了解到一个信息：上海的一家食品厂需要民勤县这边出产的大白瓜子。当时改革开放了，但贸易信息基本上被供销社垄断，民勤县农户产的大白瓜子到达上海需要经过乡镇供销社上交到县里供销社，再通过省里的供销社，才能发往外地的供销社，物流环节非常繁琐。

　　了解信息的马红富直接来到上海找到这家企业，跟对方说我们有大白瓜子，然后签下合同，每年供应多少吨。每年到这个季节，马红富就组织货源通过火车发货到上海。他通过邮订全国几十份经济报纸掌握了供求信息，积累了一批客户。

　　农贸小生意慢慢做大，马红富开始有了想法和抱负。他注册成立甘肃省民勤县宏昌农贸公司，由个体户升级为农贸公司董事长、总经理。马红富的生意越做越大，客户从上海拓展到广东、福建，还跟一个台湾人在民勤合资建了一个很大的农产品初级加工厂，产品出口到中国台湾、泰国、菲律宾等地区和国家，最远的甚至出口到乌拉圭。通过十多年的农贸生意，马红富积累了第一桶金。

遭遇金融危机转行乳业

　　1998 年，东南亚爆发金融危机，对世界贸易影响巨大，东南亚国家的货币大幅贬值，宏昌农贸公司的业务几乎全部断送。

　　"说实话，那个时候我对世界形势不了解，没想到东南亚的金融危机居然影响到我们甘肃民勤这个偏僻的地方，居然影响到我，我一下子变得无所适从了。"马红富说，"另外，那时候已有一点积累，想寻求转型。当时考虑很多，做贸易受市场影响太大了，不可控因素太多了，就考虑往实体经济转型。"

　　一个偶然的机会，马红富发现身边喝牛奶的人慢慢多了起来。马红富参观了好几家国营乳品厂，去市场上调研这些乳品厂能卖出去多少，能赚多少钱。他意识到乳制品产业刚刚起步，很有发展前景。

　　"事实证明当时这个选择是对的，那两年中国的乳制品市场刚刚起步，是一个朝阳产业，我们刚好赶上一个好时间。"马红富说，"我们甘肃经济相对其他省份比较落后，但畜牧业却很有优势，国家和省里对畜牧业有政策扶持。"

2004 年，庄园牧场创业初期员工合影

了解到这些情况后，马红富申请到一个项目，甘肃省给了一部分补贴，再加上前期积累的资金，成立了庄园乳业（庄园牧场的前身）。

当时，兰州已经有大大小小 12 家乳制品企业，除了 2 家国营企业，其余规模都比较小，而庄园乳业是最小的一个。

虽然规模小，庄园乳业并没有降低标准。马红富参观北京、上海先进的乳制品企业，引进它们的管理模式；2000 年，跟国际先进牛奶饮料设备、技术供应商瑞典利乐公司合作，引进最先进的技术设备。

"我们是全国第四家引进利乐设备的，花了 800 多万元，那时伊利、蒙牛都没有引进。"马红富说，"用这套设备做出来的产品让人耳目一新，受到消费者的欢迎，迅速占领市场。第二年，我们的销售额达到四五千万元，一跃成为兰州三大乳制品企业之一。"

控制奶源建立自有牧场

2000 年到 2008 年，受益于人均可支配收入的大幅增长，乳制品消费需求高速增长。中国乳制品行业进入大规模扩张阶段，大大小小的乳制品企业像雨后春笋般涌现。

乳制品产业链很长，最上游就是奶源。那时养牛是一个大家看起来比较低端的产业，而且成本很高，乳制品企业基本没有自己的牧场，都是收购奶农的鲜奶再进行加工制作。

随着乳制品的普及，乳制品企业之间开始价格混战，竞相压低生鲜乳收购价格，但与此同时却订立了较高的收奶标准，这使得生鲜乳的收购质量不断下降，引发了一系列食品安全问题。

"市场需求一下子变大，奶源跟不上，一些企业收购鲜奶时还定一些指标，比如蛋白质含量多少，多一个指标加多少钱。一些奶农没有法律意识，为了多赚点钱，往牛奶里添加化学蛋白，最终导致了'三聚氰胺事件'的爆发。"马红富说。

"事件爆发后，监管部门成立食品安全委员会，对行业进行整顿，国家也出台一系列引导政策，鼓励标准化、公式化养殖模式。我很清楚，如果没有自己的牧场，就不能控制奶源，产品质量无法保证，企业就无法活下去。"

2009 年，庄园牧场第一个规模化牧场在青海成立，投入资金 5000 多万元。目前，庄园牧场采取"公司 + 基地 + 农户"模式收购生鲜乳。马红富表示："虽然自建牧场投资很大，但现在看来还是一个非常重要的投资。当时很多企业受到'三聚氰胺事件'的影响，市场占有率急剧下降。但我们经过国家、省、市、县四级检测，没有出过任何食品安全问题，庄园牧场的品牌一下子成长起来，营收总额增长到 3 亿多元。"

截至 2017 年末，庄园牧场共有 8 个养殖牧场，占地 1449.5 亩，存栏奶牛共 10074 头，其中自有奶牛 6972 头，签约农户奶牛 3102 头。2017 年，公司自有养殖牧场供应生鲜乳 40751.49 吨，占生鲜乳用量总量的比例达到 62%。2017 年，庄园牧场 IPO 募集资金中将有 2.6 亿元用于 1 万头进口良种奶牛养殖建设项目，该项目投资总额为 4.76 亿元。

除了控制奶源，庄园牧场在生产环节有严格的质量管控流程，奶源部、质检中心和生产技术部三个部门围绕产品质量互相监督制约：奶源到工厂后，首先要经过质检中心检验签字才能投入生产；生产环节生产技术部在线监控；如果在流通环节出现质量问题，有一套流程去召回、销毁。

目前，国家监管部门采取强势监管策略，比如飞行检验政策：山东的监管部门到甘肃，甘肃的监管部门去四川，直接到市场上采样检验，如果产品不合格，马上列入黑名单。另外，地方监管部门监管力度也很大，派遣监管员驻厂监督，每周都有例行检查。

"民以食为天，作为食品行业从业者，本身就应该为市场、为消费者提供安全、健康、合格的产品，这是我们的职责。"马红富说。

乳制品行业 A+H 第一股

马红富坦言，资金问题一直是贯穿公司发展的最大困难。早在 2006 年、2007 年，行业出现大规模价格战，毛利率下降，企业利润下降，加上前期投资很多，庄园牧场的资金链变得非常紧张。自建牧场后，引进奶牛又是一笔大投入，一头进口奶牛需要两三万元，每头奶牛的黄金产奶期只有 6 年左右，收回奶牛成本就需要 2 年多的时间。作为西部民营企业，融资难成为制约庄园牧场发展的大问题。

2015 年，庄园牧场成功在 H 股上市，为企业融到 1.86 亿港

2017年10月31日，庄园牧场成功登陆A股中小板

元，用于建设鲜奶亭、引进奶牛、推广品牌等项目，这促成了庄园牧场的一波发展高潮：2014年到2016年，营收分别达到5.98亿元、6.26亿元、6.66亿元，净利润分别为6540.81万元、7324.73万元、7591.06万元。

目前，庄园牧场已成为集奶牛养殖、乳品加工、销售为一体的专业化乳制品生产企业。拥有巴氏杀菌乳、灭菌乳、调制乳、发酵乳、含乳饮料等各类液态乳制品，有"庄园牧场""圣湖""永道布"系列七大类60多个品种，能够满足不同消费者的需求。

除了常规乳制品，庄园牧场的全资子公司青海湖乳业还用海拔2000米以上生态牧场的生鲜乳做原料，生产高原特能乳、青稞奶茶、藏咖奶茶等产品，地方特色显著，深受消费者喜爱。

2017年10月31日，庄园牧场成功登陆A股中小板，成为乳制品行业A+H第一股。由于生鲜乳生产的区域性和低温乳制品严格的物流配送期限、半径限制以及保质期限制，使得乳制品加工业具有一定的区域性特征。长期以来，庄园牧场的品牌知名度和市场占有率在西北地区很高，但在全国其他地方相对较弱。

"通过这次上市，庄园牧场的品牌知名度会大大提升。依托公司在青海、青藏高原独特的牧场优势、市场优势，我们下一步将推动全国市场的品牌建设，将庄园牧场由西北推向全国。"马红富说，"此外，庄园牧场还借助互联网，在京东、天猫上开展电商业务。希望不久的将来，全国人民足不出户就能喝到庄园牧场原汁原味的高原酸奶。"

扫码观看庄园牧场专访视频

初中毕业的焊接工，要做自动秤领域的奔驰宝马

> "2004、2005 年前期的研发、生产和推广投入很多，几乎花光了我们几个股东多年来打工攒下来的钱，但市场还没有打开，那是我们最艰难的时期。"
>
> ——海川智能董事长、总经理　郑锦康

记得小时候，在小卖部里买瓜子、豌豆等零食，贪吃的小朋友们都要挑挑拣拣，找出分量最大的那包。不知道从什么时候开始，这些食物的包装都开始统一，重量相差不过几克，要想挑出一包更重的糖果，几乎不大可能。

原来，随着工业科技的发展，过去的人工称重已经被智能组合秤分装取代。企业引入智能组合秤进行定量称重，不仅节省大量人工，还能降低称重误差，节约原材料成本。

作为中国第一家成功自主研发智能组合秤的公司，海川智能（证券代码：300720）从创业伊始到现在已经走过了 13 个年头。经过多年的技术研发与市场开拓，公司在自动衡器行业已具有较高知名度，能够为客户提供散装物料动态组合称重和连续自动计量混合供配料综合解决方案，产品远销美洲、欧洲、东南亚、中东、非洲等地区。

郑锦康接受全景网专访，他总是乐呵呵的，非常开朗

海川智能董事长郑锦康进入衡器行业35年，从一个初中毕业的打工仔一步步成长为上市公司董事长。从17岁到52岁，他又有怎样的创业故事？

从焊接工到职业经理人

1982年，17岁的郑锦康初中毕业后去了伦教电器设备厂做工人。这是佛山顺德一家做水泥、陶瓷自动称重配料机器的民营企业。郑锦康最开始做的是焊接工，后来做装配工。

"做装配工需要看图纸，在从焊接工到装配工的过程中，我学会了怎么看机械图纸。会看以后，就学着画图纸。自学了一段时间后，我觉得还是要专门系统学习提升一下，于是自费到华南理工大学接受机械设计培训。"郑锦康回忆。

回来之后，郑锦康开始在广东华普电器集团做设计员，负责自动衡器结构设计。从装配员到设计员，他对自动衡器的设计、制作以及成本控制都有了深入了解。更重要的是，不同于做国企大厂的螺丝钉，在私企郑锦康还耳濡目染学会如何经营管理公司。

1996年，郑锦康跳槽到佛山科迪工控设备有限公司担任总经理，

在勒流饲料厂测绘

1989 年，郑锦康（上）
在广东华普电器集团任设
计员期间在勒流饲料厂进
行测绘

开始做起了职业经理人。"在华普我学会了怎样做机器，而在科迪我学会了怎样卖机器，掌握了展览销售等一系列营销的套路。"

从初中毕业的焊接工到总经理，不断学习突破自身局限，这并不是所有人都能做到的，郑锦康将原因归功于自己的家庭环境。"小时候家里做小生意，十来岁的时候我就跟着父母一起去采购原料，做出来再拿去卖。可能受家庭环境的影响，我从小就知道怎么去做这些事情。"

即使成为总经理，也只是执行公司股东的决议，并不能按照自己的想法去经营公司，郑锦康有一些更专业的想法却得不到实现。而此时他已经掌握了自动衡器研发、制作、销售的全套流程，认为自己有把握去做好一个公司，于是辞职创办了佛山市顺德区海川智能机器制造有限公司，即海川智能的前身。

创业 2 年花光多年积蓄

郑锦康将创业目标瞄准了自动衡器。2004 年，国内的自动衡器比较简单，智能组合秤科技含量很高，只有发达国家才能生产，对大家来说是一个高不可攀的产品。但郑锦康偏偏想要挑战这个不可能。

智能组合秤又称微机组合秤、电脑组合秤，由多个独立的进料出料结构称量单元组成，通过多个称量单元对相应的载荷进行组合计算，最终将载荷的组合作为一次装料输出。研发这种秤不仅需要懂机械原理，还需要懂计算机知识。郑锦康找来了熟悉计算机的梁俊（目前为海川智能股东、技术总监兼开发总工程师）做搭档，弥补自己的不足。

当时，国内还没有生产智能组合秤的能力，作为第一个吃螃蟹的人，郑锦康花费巨资购买全球顶尖公司生产的产品，学习别人是怎么做的。

"智能组合秤的高端产品都是国际大公司生产的，价格很昂贵，我们花了100多万元购买瑞士、德国、日本等国的顶尖公司的产品，经过半年的分析研究，才开始自己做软件、搞开发。"

然而，2005年，智能组合秤好不容易研发出来了，市场推广却遇到了麻烦。那个年代，人工很便宜，但智能组合秤却要二三十万元一台，食品厂老板都认为买机器不如请工人划算。因此，智能组合秤的国内市场一直打不开。

国内不行，那就去国外。郑锦康带领团队去德国、美国参加展会，还在阿里巴巴上做外贸推广。"我们是阿里巴巴第一批用户。"他笑称。

"2004、2005年前期的研发、生产和推广投入很多，几乎花光了我们几个股东多年来打工攒下来的钱，但市场还没有打开，那是我们最艰难的时期。"

当时，只有日本、德国、意大利、丹麦等国的六七个工厂生产智能组合秤，价格非常昂贵。海川智能的产品虽然没有国际大牌那么完美，但价格只有它们的三分之一，非常有吸引力。而且当时中国基础工业发展很快，制造业得到欧美国家的认可，加上中国加入WTO，中国企业在国际上生意好做了很多，海川智能一下子就打开了国际市场。

"我们的产品并不是面向终端用户的，而是卖给设备生产商，他们把智能组合秤买回去，安装在自己的机器上，再卖给食品厂等。如果他们要继续生产或者加大产量，还需要类似的机器，因此，我们有很多回头客。"郑锦康介绍，"创业初期，我们90%的产品都是出口，因为产品在国内很难卖得动，海川的客户大多都在国外。"

2007年、2008年，海川智能的智能组合秤在国内开始走俏，有很多回头客，年营收达到五六千万元。目前，智能组合秤是公司最主要的产品，占2014—2017年各期营业收入的比例均在75%以上。2016年，海川智能的智能组合秤销量为1979台，在国内销量排行第一。

捡起失重秤　多管齐下

除了智能组合秤，公司还有一款重要的产品——失重秤。"其实早在2006年，我们就开始研发失重秤了，但那个时候苦于资金、人力紧张，就先把失重秤放下了。2011年，公司靠智能组合秤赚到了钱，又重新捡起失重秤这款产品。"郑锦康说。

失重秤是通过控制称量容器内的物料输出速率，来达到连续给料的重力式自动装料衡器，它适用于粉料、球料、片料、颗粒料和各种纤维的动态计量。

失重秤的市场准入门槛很高，因为它是用来进行连续动态配料的，如果出现问题，这一天生产的产品都是废品，损失巨大。因此，工厂购买失重秤非常慎重。失重秤在中国的应用只有10年左右的历史，目前我国失重秤仍然以进口为主，国内失重秤企业的市场份额较小。

2011年，郑锦康开始带队研发失重秤，购买全球先进的失重秤样机进行测试研究，经过2年的努力终于研发成功。2014年到2016年，海川智能失重秤的销量分别为24台、38台和310台，2017年上半年销量为125台。虽然目前占总营收的比重比较小，但增长非常迅速。本次IPO募集资金中，将有1.03亿元用于两层智能组合秤及失重秤扩产项目。

除了智能组合秤和失重秤，海川智能还积极研发螺旋填充机等计量设备，还有检测设备如重量分选机、金属检测器、检测一体机等。2015 年之后，公司在丰富产品线的同时，加大高技术附加值产品的研发和推广：公司三层智能组合秤实现量产并销售，打破了国外企业对三层智能组合秤的垄断，是国内少数几家拥有三层智能组合秤相关技术、生产工艺及配套生产规模的企业。

"客户购买组合秤的时候，大多数还需要购买配套的机器，如果我不做的话，他们也会去找别人买。而我们生产这些配套设备只需要在原有基础上发展就可以了，不用另外拓展销售渠道，也不用多增加人手。"郑锦康笑着说，"同一批客户，同一个技术平台，何乐而不为？"

作为中国较早专注于重力式称重技术研究的公司之一，海川智能在科研上非常舍得投入。2014 年到 2017 年，公司在研发上的投入分别为 794.68 万元、737.37 万元、971.68 万元和 932.45 万元，占当年营业收入比例分别为 6.80%、6.54%、7.13% 和 6.19%。2017 年，公司研发部门共有研发、技术人员 88 人，占公司员工总数的 17.81%。IPO 募集资金中，将有 3911 万元用于定量智能称重技术研发中心扩建项目。

"我还是研发组组长，现在仍投入三分之一的精力去做研发。研发人员拿到专利、提出好的设计理念我们都会给相应的奖励，鼓励大家去搞创新、做研发。"郑锦康说。

经过多年的发展，海川智能建立了计量设备和检测设备涵盖六大类产品的较为完整的产品线，能够为客户提供散装物料动态组合称重和连续自动计量混合供配料综合解决方案，得到客户的广泛认可，产品远销美洲、欧洲、东南亚、中东、非洲等地区。

2014 年到 2016 年，海川智能的营收分别达到 1.17 亿元、1.13 亿元、1.36 亿元，净利润分别为 3146.69 万元、3182.82 万元、3788.22 万元，2017 年营收达到 1.51 亿元，净利润达到 3814.6 万元，并通过严格的审核，成功登陆创业板。

关于未来，郑锦康还有一个大想法——将海川智能做成国际中高端品牌，实现国外市场的产品替代。

2017 年 11 月 6 日，郑锦康在深交所敲响上市宝钟

"虽然现在我们的产品在国内已经实现进口替代，而且超过半数出口海外，但相对于日本、德国等国的顶尖品牌，我们还是比较中低端的品牌。"郑锦康说，"未来我希望用十年时间将海川智能打造成国际中高端品牌，在全世界，如果要买自动秤，大家就会想到海川，就像大家一提到好车，就想到奔驰、宝马一样。"

扫码观看海川智能专访视频

和父亲赌气出走当搬运工，却踩准时代节拍

"奥士康的英文缩写就叫ASK。作为民营企业家，我没读过大学，如果不学习，怎么能把一个PCB大厂搞好？"

——奥士康董事长　程涌

1992年，邓小平南方谈话，程涌1993年来到深圳；20世纪90年代，贸易生意很好做，他创建了PCB原材料贸易公司；2000年以后，PCB行业大爆发，他2001年开始办厂做PCB……

奥士康（证券代码：002913）董事长程涌说，他觉得自己特别幸运，每一步都踏得特别准。

程涌接受全景网专访

从搬运工到年营收超 10 亿元的上市公司董事长，他靠的仅仅是幸运吗？

和父亲赌气到深圳做搬运工

程涌出生于湖南益阳一个农村家庭，在家里排行最小，有三个姐姐和一个哥哥。父亲在村里当了 46 年的党支部书记，家教十分严格，用程涌的话来说就是"吃饭、穿衣、睡觉都要讲规矩"。1993 年，20 岁的程涌高中毕业进入叛逆期，跟父亲吵架，赌气来到深圳一家公司做搬运工。

这家工厂主要生产 PCB 的原材料，程涌的工作就是随车到 PCB 厂将盐酸、硝酸、氢氧化钠等原材料搬下来。做了两年的搬运工，程涌觉得很辛苦，又学不到东西，与父亲之间的"赌气"也消散得差不多了，就想干脆回老家算了。

"辞掉工作后，我想自己在深圳这么久，居然没有出去玩过，我一定要玩两个月再回家。"程涌说，"厂长跟我私下关系比较好，在这段时间里，他跟我说，你要不别回去了，搞一点钱做点小生意。"

但程涌那个时候没有钱，老厂长对他说："要不你用身份证做抵押，我从厂里赊 10 万块钱的货给

少年时期的程涌（右二）

你，你再想办法卖出去赚了钱还我。"就这样，程涌做起了 PCB 原材料贸易生意。

1995 年，对程涌来说，不仅是事业的起点，也是他爱情的开端。在深圳闲玩的两个月中，他遇到后来成为自己妻子的贺波（现任奥士康董事、总经理）。"我老婆也是湖南益阳的，我俩同一所高中，我们一边做生意一边谈恋爱。"

"如果回老家的话，我只能种地，顶多做一个小村长，我想抓住机会在深圳开创一番事业。"程涌说，"我那时没啥钱，老婆家是我们镇上的大户人家，她心疼我压力大，说服父亲借钱给我。二三百万元在 1996 年算是巨款了，加上我做贸易赚的一点钱，创立了深圳开富达实业有限公司。"

"如果失败我就开的士养活你"

PCB 原材料贸易生意主要依靠信息不对称，程涌从原料工厂进货，卖给 PCB 厂，赚取中间的差价。1999 年，公司的月营业额在 100 万元左右。但随着信息传播的发达，程涌的贸易生意慢慢被一些"厂对厂"的采购方式吃掉，他认识到这种贸易生意没办法持续，做不大。

"我还要在深圳继续做下去，做什么？肯定选我最熟悉的。我的货基本上是送给 PCB 厂，认识了很多开 PCB 厂的朋友。我开始在 PCB 厂做调研，从小小的代工开始，一边做一边学习。"程涌说。

但做实业和做贸易不同，需要人力、厂房、设备，要投入大量的资金。1998 年，程涌刚结婚，全部家底只有二三百万元，他对老婆说："开电路板厂你一定要支持我，不然我没法干。我的车开得好，如果我失败了，我就在深圳开的士养活你。"

而对于 PCB 市场，程涌表示不担心："我跟一些 PCB 行业的朋友经常一起聊天，他们也支持鼓励我做这方面。全部身家都投进去了，如

程涌（左二）与妻子贺波（左三）

果心里没底我也不敢做。"

PCB 的制造工序很长，一开始资金不足，程涌就从钻孔做起，人手不足，就拉哥哥姐姐来帮忙。通过给别人代工，他边做边学习，慢慢积累了资金和技术，一步一步将最开始的小作坊做起来。

2003 年，工厂初具规模，有 100 多名员工。但 PCB 厂会产生废水等污染物，像程涌这样的小工厂在深圳很难申请到污水处理牌照，为了解决这个问题，他将工厂搬到了申请条件相对宽松的惠州。2005 年初，惠州奥士康成立。

创业初期，PCB 行业主要是做单面板，而且技术已经非常成熟，可以完全实现自动化生产。如果这个时候再去做单面板，奥士康就无法与成熟的企业抗衡了。而双面板制造技术刚起步，成本和单面板差不多，售价却是单面板的 10 倍。于是，程涌决定直接从双面板做起。

恰好此时康佳集团将 CRT（阴极射线管）电视升级为平板电视，需要全新的双面板。"当时康佳还怀疑我们能不能做好，抱着尝试的心态跟我们进行了一次合作，结果对我们很满意，我记得很清楚，那是公司的第一笔大订单。"程涌说，"直到现在，我们还跟康佳保持良好的合作关系。"

"花多大代价都要把多层板搞起来"

2007 年，经过多年发展，做双面板的企业越来越多，获利空间不断被压缩。此时，多层板技术开始起步，程涌意识到，如果不抓住多层板这块业务，将会失去很多市场，"无论花多大代价，都要把多层板搞起来"。

多层板制造需要建内层线、压合线，还要做磨边、封边，需要投入很多资本，6 万平方米的多层板至少需要投入 5000 万元到 7000 万元。虽然已有一定资金积累，但对于程涌来说，这还是一笔巨大的投入。

"我跟供应商谈，说我们没那么多钱，5000 万元的设备我给你 500 万元首付，一边生产一边按期还款，我们用这种简单的融资方式开始了多层板的生产。"程涌回忆道。2017 年上半年，多层板的销售收入已经占到奥士康产品总收入的 72.85%。

除了加大多层板研发、生产的投入，奥士康还苦练内功，通过 ISO14001 环境管理体系认证，建立了一整套完善的品质体系。2008 年，奥士康开始参加一些国际展会，用程涌的话来说就是"刷刷存在感"，而真正打开海外市场，是从与夏普的合作开始。

现任公司董事、副总经理的徐文静是老牌的日本留学生，下海后被奥士康挖来负责市场工作。一次偶然的机会，徐文静碰到夏普一个退休的老工程师。"他俩用日语交流了很久，之后这个老工程师将信将疑来到惠州工厂看了一圈，说，你们很像日系工厂，5S（注：起源于日本的一种管理办法）做得非常好，员工精神状态非常好，对产品的把控也非常好。"程涌回忆，"这个老工程师帮我们牵线，尝试把夏普这个世界级客户引到奥士康来。我们用一年的时间把夏普的认证、考试全部搞定，2009 年下半年，夏普的订单就过来了，带动公司收入迅速增长。"

与夏普的合作就像星星之火，燎起国际市场这片巨大的草原。奥士康开始频繁出现在国际展会上，如拉斯维加斯的 CES 展览会、日本的 GPCA 展览会……松下、戴尔等国际知名企业陆续成为奥士康的客户。

随着客户需求的增加，奥士康的产品种类也逐步由消费电子延伸到计算机和汽车电子领域，产品产量逐年提升。2010 年，公司 PCB 月产量达到 5 万平方米。

2008 年，湖南益阳市政府向奥士康抛出了橄榄枝。出于家乡情结和对公司整体战略布局的考虑，程涌决定建立益阳奥士康，规划一个更大的生产基地。

2011 年，随着益阳生产基地大批量投产，奥士康 PCB 业务已具备全方位发展的能力，产品应用领域逐步拓展到通信设备、工控设备以及医疗电子等领域。另一方面，公司开始逐步淘汰一些产品附加值较低、回款周期过长的客户，重点开发规模较大的优质客户，现友产业、富士康、联想、Mobis、Brother、创维等众多境内外知名企业成为公司的客户。2016 年，公司 PCB 月产量达到 20 万平方米。

哪里不足补哪里

从代工小作坊到 PCB 行业巨头，奥士康成功蜕变的背后也有挫折和痛苦。

2011 年，奥士康产能开始扩大，急速发展中的公司经历了人才流失、干部故步自封不学习不成长等问题。程涌坦言那两年"很被动，人才跟不上"。发现问题就解决问题。从 2011 年开始，奥士康每年都从湖南大学、长沙理工大学、华南理工大学引进一批优秀毕业生作为储备干部培养。

"人才培养是一个长期的过程，要两三年才能培养出一个稍微能上手的工程师。在工厂工作枯燥又辛苦，这期间年轻人会面临很多诱惑，比如会跑出去做金融、做投资等。几年后留下来的大概只有20%到30%，但留下来的都是中坚力量。"

"有个圆圆脸的年轻人叫李卓涛，是华南理工大学的，2013年进入公司。我问他：'阿涛，你能不能顶得住啊？做电路板很辛苦，你们广东人又有钱。'"程涌回忆，"他说：'我要干下去，在学校我学习并不是特别好，学校里那一关我没做好，工作这一关我一定要扳回来。'这孩子从工程师做到科长，现在已经是我们奥士康惠州工厂的副经理了。"

除了人才培养，奥士康的信息化建设也是在挫折之中成长。2012年，公司为了省一点钱，买了一批便宜的软件，在处理客户资料的时候发生了错漏，生产出来的产品跟客户要求的版本对不上，而且产品是一次性交付的，导致整批货不合格，被客户扣了100多万美元。

"这是伤疤，但我们必须要把它晒出来，牢记这次教训，防止以后再出现类似的事情。"程涌说，"这次事件暴露了公司信息化建设落后的问题，给产能刚开始扩大的公司踩了个急刹车，从那时开始我们就把信息化建设作为公司的头等大事来抓。"

经过5年的信息化建设，目前，公司成立了IE综合作战室，开发了公司独有的通道软件，通过与市场订单评审系统、工程设计系统、在线ER系统以及财务系统，尤其是与在线自动化设备软件端口的对接，能够实现市场预测与订单分析、产品工程设计特性分类、主辅物料备库优化、设备稼动率的合理配备、WIP在线及时滚动生产监控、人力资源配备分析、产品交付时间分析、各站收益核算等模块的优化，帮助实现智能分配与运行，大大提高了生产效率，优化了产品的制程结构。

公司还与长沙理工大学、电子科技大学、广东工业大学签订产学研协议，积极进行科技研发。在信息化的基础上，奥士康的工艺水平迅速提高，主要体现在"大排版""高速度"和"标准化"三个方面。公司是国内最早采用24.5英寸×28.5英寸的PCB板厂之一，也是目前唯一能够量产这么大尺寸PCB的工厂，能够高效率完成作业，生产高质量、标准化的产品。

虽然高中毕业就出来打工，但程涌从未停止学习，直到现在他还去优秀的公司参观学习，还要求高级经理以上的干部每个月都要出去学习。他说："奥士康的英文缩写就叫ASK。作为民营企业家，我没读过大学，如果不学习，怎么能把一个PCB大厂搞好？"

每天都去工厂巡查两次，上午一次，下午一次，跟三四个基层员工交流一下工作，一天至少一个会议，程涌说这是他每天的标准工作版本。"我们做实业的就是这个辛苦命，一天不去工厂，心里就空落落的，好像这个宝贝会被人挖走一样。"

2016年，奥士康营业收入13.12亿元，较2014年增长46.31%。

2017年12月1日，程涌在深交所敲响上市宝钟

2017 年上半年，奥士康营业收入达到 7.64 亿元，净利润 7423.91 万元。2017 年 12 月 1 日，公司成功登陆中小板。经过十几年发展，公司已成长为 PCB 板行业全球百强公司。

"1992 年，邓小平南方谈话，我 1993 年来到深圳；20 世纪 90 年代，贸易生意很好做，我成立了开富达做 PCB 原材料贸易；2000 年以后，PCB 行业大爆发，我 2001 年开始做 PCB……我觉得我这个人特别幸运，每一步都踏得特别准。"程涌说，"未来，我希望借助资本市场的力量，踩准上市这个节点，带领公司超过日韩企业，走上国际高端市场的舞台。"

扫码观看奥士康专访视频

电路板梦想家的"文攻武略"

"我开个五十铃的货车，一边给人送货，一边要账。我扛着大箱子，爬好几层楼送货，跟'老赖'斗智斗勇甚至斗狠，什么都得会，简直是'全武行'。"

——明阳电路董事长 张佩珂

电影《无问西东》里张果果说："如果提前了解你们要面对的人生，不知你们是否还会有勇气前来？"如果用这句话问 26 年前的张佩珂，即使他知道来深圳后自己会变成"三无"人员，沦落到寄宿同学家，还要与"老赖"斗智斗勇，甚至公司将在转型时亏损……他的回答也一定是肯定的——是的，他还是会做出与当年一样的选择。

张佩珂接受全景网专访

也正如四胞胎一家没有辜负张果果的善良一样，时代也没有辜负张佩珂的勇气：虽然失去了高校教师的"金饭碗"，但获得了为之奋斗半生的事业；虽然公司在转型时亏损，但最终净利润过亿元并登陆资本市场……

从手捧"金饭碗"到"三无"人员

张佩珂本科、硕士均毕业于西安交通大学机械系，20世纪90年代初，硕士毕业的他留校任教，这在当时是非常令人羡慕的"金饭碗"。但作为那个时代的知识分子，张佩珂有自己的思考，他不甘于过着数十年如一日循规蹈矩的生活，渴望另外一种自由的人生。

"我是学理工的，我觉得自己应该去做生产、做制造来报效党和国家，而不是躲在象牙塔里做一名教师。"张佩珂回忆，"1992年，恰逢邓小平南方谈话，掀起又一轮改革开放的浪潮，深圳成为当时中国有思想、有追求的人的一个圣地。我也受到影响，带着350块钱'巨款'心潮澎湃地来到了深圳。"

现在看来似乎很寻常，但在分配工作的20世纪90年代，脱离单位完全跳出体制是一件很疯狂的事情。

张佩珂大学时期

张佩珂在西安交大的工资每个月只有 119 块，350 块钱对他来说是一笔巨款。没想到来到深圳后没几天这"一大笔钱"就花完了，吃饭都成了问题。"生活远比想象中艰难，没钱、没工作、没户口，我从一名国家干部变成了一个'三无'人员。我到这个同学家住两天，到那个同学家蹭一蹭，度过了最初来深圳的日子。"

一天，同学拿了一份报纸给张佩珂，说有一家叫至卓飞高的外资企业招人，这家公司在 PCB 行业还挺知名。迫于生计和对外资企业的好奇，张佩珂去了这家公司面试，成功应聘上品质工程师的职位。

"很多人问我，你是学机械的，为什么会从事 PCB 行业？我只能说，这非常随机，是历史的大潮将我推向了 PCB 行业。"

张佩珂最初在深圳的落脚地是蛇口，虽然生活很艰难，但回忆起那时的生活，他仍然感慨自己"来晚了"。

"那时，蛇口刚从一个小渔村变成现代化的工业区，思想很活跃。布局像大学城一样，分为办公楼和宿舍区，名字也很好听，有槟榔园、紫竹园、爱榕园等等，我就住在紫竹园。一上班，大家都从宿舍出来；下班的时候，大批的人从工厂出来，有一种打工大军的感觉。"张佩珂回忆，"那时订单多得不得了，我们都是 7 天 24 小时倒班，每天研究怎么把产品做得更好一点、更快一点。整个园区那种积极向上的精神状态，我现在想起来都非常激动。"

跟"老赖"斗智斗勇斗狠

在至卓飞高担任品质工程师的两年里，张佩珂对工厂包括硬件、软件在内的整个工艺流程有了全面了解，对整个 PCB 行业也有了一定的认识。

当时，张佩珂有一个美国上司叫大卫·罗金斯基（David Rodzinski）。罗金斯基后来离开至卓飞高，1994 年开始和一家 PCB

企业——健鑫电子合作。罗金斯基拉着几个英语比较好的同事一起做，张佩珂就是其中之一。在健鑫电子，张佩珂担任了厂长。

"那个年代，美国人都觉得自己高人一等，甚至我们中国人自己都这样认为。但罗金斯基不是这样，他认为人人都是平等的，看工人宿舍没有热水供应，就给我们改善住宿条件，这在很大程度上影响了我的人生观和价值观。"张佩珂说，"如果没有罗金斯基把我推向商业管理的道路，我可能现在仍然只是一名工程师。虽然目前跟罗金斯基失去了联系，但我仍然非常感激他。"

一年之后，罗金斯基离开了中国，张佩珂成为健鑫电子实际上的管理者，需要处理公司方方面面的事情：接订单、接待客户、打理各方关系……最令他头痛的当属收款。那时虽然公司订单很多，但很多款项收不回来，三角债很严重。后来应收账款越积越多，股东很着急，张佩珂就跟股东商量："我来承包工厂，工厂出多少货，我就给你交多少钱，款收不收得回来跟你没关系，收回来就算我的，收不回来我承担。"

"我开货车一边给人送货，一边要账。我扛着大箱子，爬好几层楼送货，跟'老赖'斗智斗勇甚至斗狠，什么都得会，简直是'全武行'。当时，PCB 行业学历高的并不多，要账对我们这种文人来说真的挺难，但也是必须要补的一课。"

在健鑫电子的 7 年，张佩珂懂得了如何经营一个企业。他坦言，如果没有当厂长这 7 年，自己是没有能力一上来就做好明阳电路的，还要懵懵懂懂往前走一段。"这是一个很重要的创业预备阶段。"他说。

劝退亲戚　聘请职业经理人

2001 年，深圳城市化改造，当时的健鑫电子在泥岗村，政府要求搬走。张佩珂觉得与其换一个场地，不如新开一家工厂，做一个真正属于自己的 PCB 公司。

明阳电路（证券代码：300739）刚成立时缺钱、缺人，张佩珂拉来自己的姐姐、叔叔、堂妹、堂妹夫等一大批亲戚帮忙。但随着公司的发展，他发现这种家族经营的模式越来越不适应企业的发展，于是在2003年将亲戚们全部劝退，用高于市场价的薪资聘请了一位职业经理人，这个人就是后来公司的总经理孙文兵。

"家里的人，成本最低，最忠诚、最拼命地给我干活，收入也不高，可以说他们是为公司默默奉献又没有享受过成果的一批人。但企业发展需要规范化，这也是一种历史的必然。"张佩珂说。

孙文兵来到公司后进行了大刀阔斧的改革：制定规章制度、组建团队、培训员工……而张佩珂从公司烦琐的日常事务中解放出来，主抓公司的战略导向，制定公司的发展目标，然后由孙文兵来执行。

明阳电路成立之初，主要从事印制线路板的研发、生产和销售，主要面向电子仪器仪表、计算机外设、VCD（激光压缩视盘）等国内中低端市场。中低端市场竞争很大，价格很低，回收账款也非常难。偶然做了几笔国际订单后，张佩珂发现国外的企业给的价格高，又不拖欠账款，虽对产品要求比较高，但这正符合他一直以来的经营理念：做别人不能做的产品，卖更高的价格。

那个时候，国内的PCB企业做国际订单并不是直接跟国外客户接触，而是主要通过我国台湾的中间商联络。这些中间商接到欧美企业的订单，把需求给到大陆企业，拿到产品后印刷各种语言的说明书，提供保险和资质，包装成国际通行的规范产品，再以高价出售给欧美企业。

"中间商把一整套规则给你消化好了，给你吃的都是半成品，我们不知道订单从哪儿来，也不知道产品要到哪儿去。虽然跟中间商合作不费力就能赚到钱，但他们阻隔了我们对国际市场的认识。2006年的时候，我认识到这种一条腿走路的方式不是长久之计，温水煮青蛙会自废武功。"张佩珂说。

喝"头啖汤" 做中小量

为了了解整个国际市场和 PCB 行业未来的发展趋势，2006 年，张佩珂撇开公司事务，专门跑到美国参加一个 MBA 课程。除了学习，他还跟一些国际同行交流，思考什么样的商业模式、什么样的企业能在未来的竞争中活下来。

张佩珂认识到，当初国际产业大转移的时候，欧美国家将科技含量低、劳动密集且污染严重的大批量 PCB 制造产业转移到了中国，本国留下的是科技和服务含量高的中小量，而这些才是 PCB 行业竞争真正的核心部分。

认清楚这个趋势以后，张佩珂当机立断，换掉设备、人员，砍掉大批量相关业务，PCB 的月印刷量从三万平方米锐减至一万平方米，并且开始亏损。"当时不缺订单，大批量一开机哗啦啦印刷，跟印钱一样。我们砍掉大批量业务的时候，很多人不理解，笑话我们有钱不赚瞎折腾。"张佩珂说。

在向中小量板转型的同时，明阳电路还在尝试跨过中间商，与国际客户直接合作。由于没有经验可循，明阳电路摸着石头过河，面临国际商业生态、法律规则甚至是语言环境等诸多挑战。由于中国没有产品责任险，在国外很容易吃罚单，明阳电路就曾在欧洲遭遇一笔约 150 万欧元的罚单。

"得知这个消息后我很心疼，毕竟这么大一笔钱，我拎着包就去了。那时候连国际机票都不知道怎么买，费了很大周折。到了那里之后，我据理力争，连说带比画，逼着他们做实验，按照国际标准跟他们讲道理，最终把 150 万欧元的罚单谈到了 4 万欧元。"张佩珂说，"最初几年我就像个救火队员，哪里有问题就奔到哪里，把我逼得语言能力都提高了，国际规则也吃透了。外国人吃惯了我们中国企业的'豆腐'，动不动就罚我们，我要让他们知道我们不是好欺负的。"

目前，明阳电路采用直销为主的模式，分别在美国、德国、中国香港设立销售子公司，并组建了本地化的营销团队，成功实现对北美洲、欧洲等区域的销售辐射，在对海外客户的业务拓展、前期沟通、后期服务、技术支持等方面形成了差异化的竞争优势。

2014 年到 2016 年，公司主营业务毛利率分别 为 28.08%、27.18% 以 及 32.83%，在 行 业 中保持在较高的水平。

张佩珂（第二排中）与德国团队

"明阳现在走的是中小量、重服务的模式，吃的是'头啖汤'。接到客户需求后，我们会反复沟通，设计打样，做出客户满意的产品。我们的产品科技含量高、服务好，客户对价格不敏感，因此能卖出较高的价格。"张佩珂说，"此外，如果海外客户需要更大批量此类产品，可以由明阳国内工厂直接承接大批量制作，不用再另找工厂重新打样。"

目前，公司出口销售占总营收的 95.48%，主要业务市场成功从国内转移到海外。明阳电路的产品结构也逐步由大批量板市场转移到小批量板市场，确立"小批量、多品种、定制化、海外市场为主"的战略定位。

情怀与追求：摘掉 PCB 污染的帽子

虽然前期转型中小量的时候遭遇亏损，但时间证明张佩珂的选择是正确的。2014 年到 2016 年，公司营收分别为 5.63 亿元、6.33 亿元以及 8.16 亿元；净利润分别为 4516.58 万元、5959.65 万元、1.23 亿元。2017 年上半年，公司的营收和净利润分别为 5.06 亿元和 5918.01 万元。2018 年 2 月 1 日，明阳电路在创业板上市，正式登陆资本市场。

2018 年 2 月 1 日，张佩珂在深交所敲响上市宝钟

虽然公司上市后张佩珂身家暴增，但他表示自己做 PCB 行业并不仅仅是为了"养家糊口"，还有情怀和追求。"20 多年前，欧美把这个污染严重的行业转移给我们，现在很多企业都上市了、赚了大钱，甚至在国际上有了一定的地位。但 20 多年过去了，如果我们还延续一成不变的工艺，那就太没有追求了。"张佩珂说，"作为当代 PCB 人，我希望能在职业生涯内用高科技把 PCB 行业污染的帽子摘掉。"

怎样才能消除污染？张佩珂介绍，PCB 制造有很多环节都会用到水，如果用 3D 打印和增材制造技术制作 PCB，就会减少甚至消除对水的污染。目前，美国和以色列等国的一些机构正在紧锣密鼓地研究

PCB 3D 打印技术，如果研发成功，可能会颠覆整个行业。"如果中国企业继续原地踏步，那么中国占整个世界半壁江山的 PCB 产能可能会被完全废掉。"他说。

"PCB 行业的 3D 打印和增材制造技术需要基础研究，并不是一两家企业能够担负起来的。我在行业内多次呼吁，我们应该寻求一种共识，然后围绕这个共识来分工，有人做硬件，有人做软件，还要有人重点研发基础材料……最后还得有客户允许我们尝试。"张佩珂说，"希望 PCB 行业未来由中国人来改变，给世界留下一个印记、做出一种贡献。"

扫码观看明阳电路专访视频

让医疗从医院走进千家万户

"希望明德能够成为新型医疗方式的原动力，这是作为一个创业的医生，最希望能够实现的。"

——明德生物董事长、总经理　陈莉莉

在众多创业家中，无论从哪个角度看，明德生物（证券代码：002932）董事长兼总经理陈莉莉都是特别的存在：在创业这场硬仗中，她是为数不多的"女斗士"；在商场上，她是罕见的学者型商人。

不同于人们对商界女性"铁娘子"的固有看法，陈莉莉给人最强烈的印象，是身上无法掩藏的知性气质。大学毕业于华中科技大学同济医学院，并赴德国海德堡大学深造获得博士学位，医生出身的她是典型的学者型创业者。2018 年，陈莉莉带领企业在 A 股 IPO 审核中闯关成功，成为国内 POCT（point-of-care testing，即时检验）行业中第三家登陆 A 股的公司。

是一种怎样的情怀和动力，让陈莉莉放弃医生这份受人尊敬的职业，全身心投入创业，直至带领一家高新技术企业上市？回首来路，答案呼之欲出。

2018 年 7 月 10 日，明德生物成功登陆中小板

陈莉莉接受全景网专访

一个医者的创业初心

中国体外诊断行业起步于 20 世纪 80 年代，经过 30 年高速发展，目前市场规模占全世界比重不足 10%，仍具有广阔发展空间。而属于体外诊断行业的 POCT，在国内分级诊疗制度逐步实施的背景下，更是大有用武之地。在这个学术与实业相结合的领域，陈莉莉走到了台前。

作为一名临床医生，陈莉莉的"进阶"之路是相对顺畅的：先从华中科技大学同济医学院毕业，任职临床医生；再赴德国深造，取得海德堡大学博士学位；追求卓越的她又于 2010 年赴美国波士顿大学，进行博士后研究。学术上的精益求精，为日后创业打下坚实的基础。

陈莉莉（前排左一）与公司另一位创始人王颖（前排中）在德国

因缘际会，在海德堡大学读博期间，陈莉莉参加了教育部和科技部举办的第一届"春晖杯"中国留学人员创业创新大赛，并凭借自主研发的"海特 TM 心脏型脂肪酸结合蛋白（H-FABP）快速检测试剂盒"项目，荣获大赛二等奖，从此与实业结下不解之缘。这仿佛为陈莉莉打开一个窗口，让她意识到，医学上一些好的项目和技术，是可以进行商业转化的。

而在国内，身为执业医师，陈莉莉有机会发现潜在的市场需求，那就是当时国内的快速诊断市场与海外相比，仍然存在比较大的差距。即使在硬件水平和医生诊疗软件水平都非常高的同济医院，身患急性心肌梗死这样的急危重症病人通常在送到医院的时候，也已经错过了黄金救治期。同时，武汉留学生创业园对海归人才创业的扶持政策，也吸引着她。

国内实际情况、自身学术实力以及优惠的政策待遇，在多种因素合力召唤下，陈莉莉产生了将研究成果推向临床使用的初步想法，走上归国创业的道路。

初涉实业　坚定决心

2008 年，武汉明德生物科技有限责任公司在武汉留学生创业园正式成立。陈莉莉回忆，从当年到 2011 年，属于她的思考和探索期。按她一开始的理解，快速诊断从技术转化为产品的市场需求是真实存在的，也是非常有意义的，但在第一个产品实际上市后，学者出身的陈莉莉遇上了市场的"打头风"。

她发现，一个快速诊断试剂，要从实验室走向市场，其考量指标不仅限于医学上的意义，还牵涉到用户，也就是医疗机构的接受程度。例如，同样针对幽门螺旋杆菌的感染情况，与以人体血液为标本的抗体试剂相比，以大便为标本的抗原试剂效果更为直观、明朗，但由于操作复杂，在医院检验科室不受欢迎。

对这段经历，陈莉莉总结说："早期的时候，其实我们还是带着医生的思维去做产品，并没发现市场需求和市场发展阶段之间有偏差。所以说，是当一个企业家还是科学家，这中间差别还是比较大的。"

不过，经过这番波折，陈莉莉选择创业的决心反而坚定下来了。2010 年，陈莉莉赴美进行博士后研究，对国外体外诊断行业发展有了更深入的了解，认为在当时的国内，POCT 定量检测领域还是非常有机会的，因而毅然决定回国全身心创业。

飞速发展　差异化生存

进入 2011 年，明德生物进入快速发展期。公司主要从事 POCT 快速诊断试剂与快速检测仪器的自主研发、生产和销售。自公司成立，陈莉莉就指出，产品的创新力要成为明德生物高速发展的主要驱动力。

她发现，当时国内市场已有的 POCT 检测平台均为单卡式产品，在临床上具有局限性。从差异化角度出发，明德生物在 2012 年上半年，率先在国内推出高通量、智能化 POCT 检测平台，不仅操作简单，还可以进行全血检测。因此，这款产品一经推向市场，就立刻在客户体验上与已有产品拉开差距。

2012 年，明德生物全年实现营业总收入 709.6 万元，是上一年度的近 6 倍。陈莉莉回忆，当年年底，整个团队也就 30 多号人，实现这样一个销售额，主要就是依靠这款产品的创新力；后面几年明德的高速发展，也是依靠这款产品驱动的。

对于公司创立初期的成功之处，陈莉莉谈到，就是聚焦细分领域，根据市场特定客户的需求，推出极度差异化产品。同时，在指标选择上，注重医疗诊断需求与市场适用性相结合，关注国内市场动态，选择已实现销售并在各省有现成收费标准的指标。

据此，明德生物推出了第一个定量检测试剂产品——降钙素原（PCT）定量检测试剂。这是一个脓毒症和细菌感染的辅助诊断指标，除了现成收费标准之外，公司对其进行差异化改进，搭建在公司自主研发的高通量、智能化 POCT 检测平台上。借此，明德生物成功实现突破，在 POCT 免疫类检测的细分领域树立起品牌。

竞争激烈 如何将 POCT 蛋糕做大？

我国体外诊断行业虽然起步较晚，但经过 30 年的高速发展，已形成覆盖面广、综合竞争力强的产业链，国内市场竞争亦日趋激烈。尽管在目前的市场竞争中，已经出现了常见的"价格战"苗头，但陈莉莉的眼光显然不限于此。

她看到，在国内 POCT 市场的现状下，协同的意义显然远远大于竞争。陈莉莉指出，首先，国外的 POCT 占整个体外诊断行业比重达

30%，有些国家甚至高达 40% 以上，而在国内这一比重大概只有 10% 到 15%，显而易见，中国的 POCT 市场还有很大的发展空间。

其次，她看到，国内分级诊疗的推进，也为 POCT 带来可期待的发展空间。近年来，随着医疗资源不平衡的加剧，分级诊疗成为医改的重要课题。研究机构认为，在此过程中，适用于基层医疗的检测设备、基础药品都将在此轮医改中持续受益。由于医改进程非一朝一夕可以完成，因此，无论是产业还是公司的发展周期都可以看得更长，其中首先受益和确定受益的，就是体外诊断行业。

陈莉莉认为，无论是救治急危重症的胸痛中心，还是基层医院，POCT 作为快速诊断工具，由于其集成化、小型、性价比高的特点，都将发挥越来越大的作用。她希望，参与 POCT 的企业以及政府主管部门、医疗机构共同制定行业规范、界定质量管理规则，把国内 POCT 的蛋糕做大。

宏伟愿景：新型医疗方式原动力

10 年创业，一朝上市，陈莉莉带领的明德生物经过近几年的快速发展，公司收入规模持续增长，已经成为国内体外诊断领域，尤其是 POCT 领域主要供应商之一，在该细分领域取得比较明显的竞争优势。在取得如此显著成就的今天，陈莉莉心中仍然怀有宏大的愿景，这与她作为一名临床医生的出身有关，也与一名企业家的责任感和眼光有关。

在她看来，在明德生物的 POCT 整体解决方案中，未来检测设备一定是为支撑医疗服务而存在的，目前产品渗透处于医疗机构这一层级，而未来市场下沉的方向将会是家庭。一个令人们扼腕叹息的例子，是移动医疗企业春雨医生创始人张锐的结局。从一个医生的角度看来，陈莉莉认为，张锐的溘然长逝，严格意义上不应为毫无征兆的，因其在事发前一段时间就表现出身体不适的症状，而起因很有可能正是心肌梗死一类的疾病。由此可见，POCT 领域的应用空间，仍有可能再上一个量级。

谈及明德生物的战略规划，陈莉莉表示，在每一个阶段，公司都有着清晰的战略目标。在 2011 年到 2016 年的第一阶段，明德生物提出的愿景就是成为高通量 POCT 的领航者。而在目前 2017 年到 2022 年的第二阶段，公司对自身的定义是成为一家为医疗机构提供创新领先产品和服务的龙头企业，这个目标需要借助上市的契机，利用资本市场工具与公司内生性发展来共同实现。她希望，通过目前这个阶段，明德生物的产品和服务能帮助医疗机构提高诊断和决策环节的效率，减少对宝贵的救治时间和力量的消耗。

而对于未来的第三个阶段，陈莉莉有着更为大胆的想法，希望明德生物在 to B 的基础上，能够研发出适合家用的产品，借助医疗机构延伸出来的网络，为更多个人提供保障和服务。

"希望明德能够成为新型医疗方式的原动力，这是作为一个创业的医生，最希望能够实现的。"通过科技与资本的结合，让医疗最大化地接近家庭、接近个人，是陈莉莉最朴素，也最远大的理想。

扫码观看明德生物专访视频

第二章

创新！创新！还是创新！

"我们的创新，不是为了创新而创新，我们所有的产品、所有的解决方案，都是实实在在的创新，创新一定要和客户的需求结合起来。"

全球安防龙头的成长密码

> "市值增长不是我们关心的事情。我们关注的是产品能不能满足客户需求，技术能不能保持领先，方案有没有竞争力。"
>
> ——海康威视总经理　胡扬忠

　　一家公司从创立到登顶行业龙头的位置需要多久？海康威视（证券代码：002415）给出的答案是：15 年。

　　这家 2001 年创建于钱塘江畔的中国安防企业，自 2007 年进入全球知名的工业媒体《安全 & 自动化》杂志公布的全球安防 50 强榜单以来，每年的排位都在前移。2016—2017 年，海康威视已蝉联该榜单第一位。这家安防龙头的成长密码是什么？

创新！创新！还是创新！

　　"领袖和跟风者的区别就在于创新。"苹果公司的创始人乔布斯曾说过。

　　2001 年，视频监控正处于由模拟向数字转型阶段，面对历史机遇，中国电子科技集团公司旗下中电 52 所将核心业务瞄准了视频监控，在长期探索企业化运作的基础上，由彼时在中电 52 所已经干了

胡扬忠接受全景网专访

15 年的胡扬忠牵头，带领开发二部的 27 位同事以创业者的心态组建了海康威视。

　　海康威视成立伊始，就通过技术合作的方式，推进企业研发创新，并引入外部民营资本，成为国有控股企业中少有的中外合资的混合所有制案例。从呱呱坠地起就享受到了制度创新红利的海康威视，创新的基因可以说是与生俱来。

　　在十几年的企业发展过程中，海康威视一直把创新当成自己的核心战略。"因为产品要保持竞争力，你必须要创新，不创新就没有竞争力了。"胡扬忠说。

　　在视频监控数字化时代，海康威视率先把 H.264 的算法带入产品。同时，海康威视也是中国本土企业里面率先做 ISP 算法的公司，用自身的 ISP 技术做出高清网络摄像机。

　　"我们的创新，不是为了创新而创新，海康内部所有的产品、所有的解决方案，都是实实在在的创新，创新一定要和客户的需求结合起来。"

　　"客户需求"这个词，在一个多小时的专访中，胡扬忠提到了 20

多次。"海康威视是国有控股的混合所有制公司,我们的市场化程度非常高,客户就是我们的衣食父母。市场在变化,客户的需求在变化,竞争对手在变化,供应商也在变化,别人在变化的时候,我们就要学会应对这样的变化。"

一个典型的案例是,海康威视的透雾技术,最早的应用是在豆制品厂。由于豆制品厂生产线的蒸汽多,导致视频看不清,对这项技术需求极为迫切。随着各行业客户对此项技术需求的增多,海康威视将这项技术逐步完善,也应用到其他场景,还拓展出电子透雾、光学透雾等不同的方式,做了很多延伸,满足了不同行业的需求。

很多客户对海康威视的评价是:"效率比民企还民企!"

在这样的战略指引下,海康威视成立第四年就把核心产品DVR(硬盘录像机)的市场份额做到了全国前列;2007年,公司入围全球安防50强;2010年,登陆中小板;2013年,销售突破百亿元大关;2016年,营收突破300亿元,成为全球安防龙头企业。

谈到超越海外强劲对手时,胡扬忠很淡定。"我觉得很自然,这是必然的。因为我们增长的速度比他们增长速度快很多,中国企业对于企业的成长和发展更加地渴望,的确有超越他们这样的一个动力在。我们成长的速度也是比他们快,也知道什么时候会超过他们。"

研发投入 11 年增长逾百倍

任何的创新背后都是高额的成本付出,在高科技领域体现得尤其明显。

关注财报的投资者不难发现,海康威视2006年的研发投入仅有3000多万元,而2017年这个数字达到了31.94亿元,11年时间增长了106倍。

如此持续大手笔的投入,公司的信心来自哪里?"对市场的信心!"

胡扬忠自信地说，"这个市场客户的需求在那儿，技术变化快发展也很快，对海康来说，不做技术的投入，它就没有存在的价值了。"

"研发投入强度"是指企业的研发投入费用占销售收入的比重，是衡量企业研发投入的重要指标。我国 2016 年研发经费投入强度达到 2.11%，超过欧盟 15 国 2.08% 的平均水平。海康威视 2017 年的这一指标达到 7.62%，绝对数额占据业内前茅。

"7% 到 8%，我们认为是一个合理的数。"胡扬忠表示，他进一步解释说："这要从两个角度来看，第一个角度，一个技术型的公司如果说在研发的投入上低于这个数的时候，就可能存在竞争力不够的问题，就是后劲不足。从另一个角度来说，还是客户的需求，你要满足客户的需求，有那么多事情要去做，未来有很多的不确定性要去面对，所以需要技术的、产品研发的投入。"

多年来坚持大手笔研发投入带来的回报是深厚的。最直观的就是公司在知识产权上的爆发性增长。2010 年，海康威视刚上市时，只拥有 65 项软件著作权和 20 项专利，而仅 2017 年一年，公司就新增专利 684 项，新增软件著作权 165 项。截至 2017 年底，公司累计拥有专利 1959 项，拥有软件著作权 769 项。

人才是海康威视最重要的财富

一部电影有句经典台词："二十一世纪什么最贵？人才！"海康威视的高管们也显然意识到了这一点，而且还加了个限定语——年轻的。从 2008 年公司校招开始，大量的 80 后、90 后优秀新生力量加入进来。

在海康威视的展厅，习近平总书记 2015 年 5 月视察海康威视的照片上，身处一群年轻工程师中的习总书记满面笑容。在这次视察中，当听说公司几千研发人员的平均年龄才 28 岁，习总书记点赞道："看到这么多年轻的面孔，我很欣慰。"

两年过去，2017 年底，海康威视的研发团队已经扩充至 13000 余人，而平均年龄还是在 28 岁。

"对海康来说，最重要的可能是人才，它是一个技术型的公司，技术要能够跟上客户的需求，要能跟上技术的进步，就需要很多的工程师，这些产品到市场才能够被客户认可；需要我们的销售人才，能够把产品推广到市场上面去。"胡扬忠说。

如今，海康威视的员工总数已超过 26000 人，公司先后推出"新人训练营""鹰系列——飞鹰计划、鹘鹰计划""孔雀翎——翎眼、翎心、翎羽"、核心人才培养机制等制度，已经构建起完整的人才培养体系，不断帮助员工发现自己的发展方向。

"人才管理就是将心比心，以身作则，身先士卒，言传身教，而身教更重要。" 对于如此庞大人员队伍的管理，胡扬忠有自己的心得，"人要有梦想，要有做事情的激情，这是最重要的。我们在管理上也有包括薪酬、奖金，以及股权激励等措施。"

海康威视在 2012 年、2014 年、2016 年连续推出三期股权激励计划，涉及员工近 5000 人次，如此大规模的股权激励在整个 A 股市场都是不多见的。"我们在考虑股权激励的时候，更多考虑覆盖的面，向一线的骨干员工倾斜，也使我们能做的范围尽可能广一些，让更多的员工能够分享公司成长的成果。"

公司年年增长的业绩，以及可观的利润分配，让参与股权激励的员工都有了实实在在的不菲回报，2012 年首批参与的员工，如今浮盈已经超过了 10 倍。

企业发展需要创新，只有在创新中才能成长，而合理的激励机制，有助于最大限度发挥创新的效果。在"持续改革、持续创新"的指导思想下，经过长时间构思，2015 年，海康威视管理层提出了"创新跟投"的方案，公司和员工按 6 : 4 的股权比例共创子公司，将核心员工和技术骨干变成"创业合伙人"，共享创新业务发展带来的成果。

胡扬忠说："在创新跟投的制度里面，它的核心就是利益分享、风险共担，就是员工跟公司一起来承担创新的风险，也能分享创新的成果，这样就把员工的命运、员工个人的财富和公司的利益、公司的成长紧密地结合起来。"

2016 年是"创新跟投"落地的第一年，海康威视将萤石网络公司转成以智能家居为核心的创新业务，成立机器人公司以工业自动化为核心的创新业务，成立汽车技术公司以汽车智能化为核心的创新业务。2017 年，基于互联网应用的萤石业务，突破 10 亿元销售，第一次实现了年度盈利。机器人业务也有了突破。2016 年 11 月的第三届世界互联网大会上，海康智能泊车机器人亮相乌镇，成为全球首例真正落地的机器人智能停车应用案例。目前，海康威视移动机器人产品已广泛应用于电子设备制造、汽车制造、电商快递、零售、第三方物流、食品饮料、光伏与医药等众多行业。传化智联、华域视觉等都有海康机器人的落地应用。

"这是海康长期持续健康发展一个很重要的基础，海康能够从安防行业拓展到其他领域去，这些新业务的培育对海康未来发展是非常重要的。"胡扬忠说，"这个制度实践的时间不是太长，但是大家的积极性和期待都很高。团队也很稳定，大家能够静下心来，不太受到外面的诱惑。我们在这么短的时间内推出那么多的创新产品，包括家用的相机、智能锁、机器视觉工业相机、AGV 小车、无人机、360° 全景环视、行车记录仪、存储产品，也包括很高端的热成像的产品，也都推出来了，所以我们这一块进步非常快。对未来创新业务的发展，我们是非常有信心的。"

海外拓荒　唯快不破

自从"9·11"事件后，全球反恐形势日益严峻，安防需求居高不下。作为一家专注安防领域的企业，是不可能忽略庞大的海外市场需求的。但当时作为一家名不见经传的中国企业，海外拓展压力可想而知，回想起当年的"拓荒"过程，胡扬忠直言："挑战非常大！"

"刚开始走向海外的时候，我们销售人员都是背着产品去参加展会、拜访客户，要求回来的时候要带回订单，至少把路费赚回来，不能无功而返；出海的过程中要本土化，要招当地员工。但当时，外籍员工怎么会愿意到一家中国公司去工作？"他表示。

胡扬忠说："实际上我们从 2003 年就开始做海外的业务，到 2006年的时候我们决定要做自主的品牌。我们毕竟是一家中国公司、中国的品牌，到海外市场拓展，拓展的时候不论是在发展中国家，还是在发达国家，对自身都是一个重新认识的过程。"

2007 年，海康美国公司设立，这是海康威视在海外的第一家分支机构，当年海外业务收入仅有 2 亿多元。

天下武功，唯快不破。"为了保持竞争力，我们开发一代产品，一般是一年到一年半的时间，我们在海外的主要竞争对手，他们开发产品的速度可能是两年，甚至两年半，所以他们产品的竞争力就弱了。"

依靠产品的快速迭代和规范的行事风格，海康威视逐渐在海外站稳了脚跟。甚至有海外的同行从业人员主动找上门来，要求为公司工作。

"2011 年，有个行业内的意大利人知道我们要成立分支机构，他主动找到我们，说他来给我们工作，他要做得怎么样，他准备怎么做。我们认可他，就成立了这个团队。意大利公司的员工全部是意大利人，从成立到现在，成长得非常好，我们在意大利市场，仅仅三年时间，差不多到 2014 年就成为这个市场最大的视频监控产品供应商之一。"

经过多年高速发展，海康威视 2017 年全年的海外业务增长至 122 亿元，已冲破百亿元大关，其海外分支机构拓展到 37 个，产品和解决方案应用在 150 多个国家和地区。

胡扬忠说："如果坚持做一家技术型的公司，在技术的研究和开发上面持续投入的公司，是会有比较好的回报的。"

未来已来　不忘初心

以视频监控为主的传统安防产业在数年前因为激烈的市场竞争被视为一片红海，随着人工智能技术的快速发展和应用，行业现在迈向智能化发展的阶段。在行业转变过程中，海康威视业绩不仅没有受到影响，每年的净利润增速都保持在 25% 以上，而且市场份额还稳步增长，在多个细分领域做到了全球前列，这到底是怎么做到的？

"海康威视很专注，过去这些年来只做视频监控，其他的，我们都没有做。"面对这样的疑问，胡扬忠回答得很坚定，"我们非常专注于自己的主业，在这个过程中间，我们预测这个技术变化的拐点，然后提前布局。"

对于海康威视而言，人工智能（AI）并不是一个概念，它已经是实实在在的东西。

海康威视在 2006 年的时候就建立了自己的智能化算法团队，这些算法于 2008 年、2009 年在交通抓拍机等产品上获得了广泛的应用，而近年来，随着人工智能和深度学习技术取得突破性进展，海康威视先后推出了基于 GPU（图形处理器）和深度学习技术的海康"猎鹰"视频结构化服务器和海康"刀锋"车辆图片结构化服务器、海康"超脑"系列 NVR、海康"神捕"系列智能交通产品、海康"脸谱"人脸分析服务器以及人工智能摄像机等等。

运用新的技术手段可以代替以往人海战术进行视频内容检索、检测异常信息，用更高效及直接的方法让监控从事后追溯转向事中报警、事前预判。

"我们最关注的目标是车和人，车有车牌、车型、车的颜色，以及一些其他特征，我们在提取这些特征以后，就可以做检索、布控。人也一样，人有人脸的识别，知道这是谁，穿什么颜色的衣服，背了什么样的包，有没有戴眼镜，头发怎么样等这些属性。利用人工智能技术从流式数据以及视频图像里提取这些特征以后，生成文本信息，就演变成可使用的大数据了，所以大数据业务未来在监控或者在视频中，也会得到比较好的发展。"胡扬忠描述了人工智能应用于大数据的场景。

"我们原来提起监控，就想到安全，现在的应用远不止安全，它从安全领域进入到了管理领域，在很多的管理上，视频监控技术都成为重要的手段和工具。这个业务，以前我们称为可视化管理，现在我们叫智慧业务。"

目前，海康威视正在通过智能视频技术赋能各传统行业数字化转型：在公共服务领域，服务智慧出行，打造绿色和谐生态；在商业领域，帮助业主优化产品和服务，提升经营效率；在金融领域，赋能精准营销，提升用户体验；在教育领域，实现智慧教育，创新教学管理等等。

回顾海康威视这十几年走过的路程，胡扬忠用了"幸运"这个词。"这十几年实际上是整个中国经济快速发展的一个时期，是中华民族复兴的一个重要时期，也是中国企业发展的机遇期。在这个大潮中，海康是被卷起来的一朵浪花。"

这朵浪花，在2017年10月的市值一度突破3400亿元，超越一票主板老大哥成为深市市值第一，但胡扬忠对此看得很淡，他给这家千亿市值安防龙头未来的目标就是三个字："活下去！"

"市值增长不是我们关心的事情。我们关注的是产品能不能满足客户需求，技术能不能保持领先，方案有没有竞争力。"无论资本市场如何起伏，海康威视的管理层始终把立身之本放在最重要的位置。"希望这个公司十年、二十年、三十年以后还活着。我相信，在中国这样一个发展的过程中，一定有一批高科技公司成长为世界级的企业。"

扫码观看海康威视专访视频

永远不待在舒适区

"希望通过云轨业务，再造一两个比亚迪。"

——比亚迪董秘 李黔

2017 年，深圳坪山新区，比亚迪（A 股证券代码：002594）总部，六角大楼，国内国外考察者进进出出。"很多人来考察调研云轨，几乎每天一个市长来。"比亚迪董秘李黔表示。

比亚迪总部门前的空中小火车，展示试运行的"云轨"，颇为吸睛。2016 年 10 月，宣布试运行云轨业务的比亚迪，目前已签署意向订单超过 10 个城市，并在积极争取更多城市订单。

云轨业务是比亚迪的又一次创新和勇气，也是又一次的雄心和野心，"希望通过云轨业务，再造一两个比亚迪"。

在自己的传统强项电池领域，比亚迪也有大动作：准备开放自己的动力电池业务，向其他车辆制造商供应其电池。

横跨于 IT、汽车、新能源、轨道交通四大产业，这家以技术创新为基因的企业一次次敢于先人一步。

李黔接受全景网专访

比亚迪 23 年成长简史

1994 年成立的比亚迪，以做二次充电的镍电池起家。到了 1997 年，比亚迪开始做锂电池，相比较镍电池，锂电池的技术要求很高，当时比亚迪的年销售额只有几千万元，面对的竞争对手是三洋、索尼、松下这样的日本知名企业。

这是比亚迪的第一次转型。2000 年，比亚迪拿到在手机界有如今天苹果地位的摩托罗拉的电池订单，2002 年，又拿到诺基亚的电池订单，由此一举成为电池大王。

2002 年，比亚迪股份（证券代码：01211.HK）在香港上市，发行价格是 10.95 港元，当时是 54 只 H 股里面最高发行价记录，当时的 H 股都是 1 港元、2 港元，算是给中国企业争了一把脸。

2002 那一年，比亚迪的销售额是 22 亿元。

不甘心在手机电池领域舒适区待着的比亚迪，又把目光标准了手机零部件，很快便在这一领域闯出名堂。2005 年，手机零部件供给当时如日中天的诺基亚，2005 年到 2007 年，比亚迪的手机零部件业务快速成长。2007 年，分拆出比亚迪电子（证券代码：00285.HK）在香港上市，如今一年销售额有 400 亿元。

在电池和手机零部件业务之外，比亚迪更为出位的举动是去做汽车，和自己原有业务完全不搭边。

2003 年，比亚迪收购秦川汽车牌照，开始自己生产汽车。这是比亚迪的第三次转型。此后，比亚迪的传统汽车业务也做得风生水起。

2007 年，比亚迪又把眼光瞄准了电动汽车，此时，电动汽车根本不被业内人士看好，比亚迪是最早进入新能源汽车的企业，国家政策也不明朗。比亚迪终于造出"一个概念型的电动汽车"，当时没有人相信它能够产业化。2008 年，巴菲特接触比亚迪公司和比亚迪创始人王传福，看中其研发和制造能力，以及比亚迪"前瞻性的梦想"。同年巴菲特投资比亚迪，比亚迪的关注度越来越高。

2008 年，比亚迪向市场推出第一台真正的双模电动车 F3DM，到了 2010 年，推出纯电动出租车，2011 年，开始推出电动大巴。之后，比亚迪电动车开始逐步得到广泛的运用。2011 年，比亚迪从 H 股回归 A 股，实现 A 股和 H 股两地上市。2013 年，比亚迪电动汽车销售额达 10 亿元。此后，伴随着新能源汽车产业政策红利，2014 年比亚迪电动汽车销售额 70 亿元，2015 年 190 亿元，2016 年 341 亿元，年复合增长率超过 100%。

2016 年度，比亚迪营业收入突破千亿元，利润总额为 65 亿元，成为中国资本市场最具成长性的上市公司代表之一。

新能源汽车龙头的国际化之路

比亚迪前几年的发展是新能源汽车业务唱主角，也是增长最主要的动力。2017 年上半年，受到补贴退坡、产品准入规则调整等政策影响，比亚迪新能源汽车收入同比增长仅为 1.97%。

李黔表示："我们作为这个行业的领导者，我们有信心，一方面带动这个行业的高速成长，另外一方面，我们对自身也有非常强的信心，自身也会高速地成长。"

最近，新能源汽车再迎政策利好，乘用车"双积分"政策出台，李黔对此解读为："会对未来电动汽车发展，起到非常大的作用，应该讲是一个里程碑的事件。"

按照比亚迪的战略规划，新能源汽车 2020 年在比亚迪汽车业务中将占到 90%，到 2030 年，将完全实现私家车电动化。

在国内新能源车企当中，比亚迪率先走出国门，在"国际化的道路上遥遥领先"。2013 年，比亚迪开始在美国建立生产电动大巴工厂，之后是巴西、匈牙利、法国、厄瓜多尔等。2017 年 10 月初，比亚迪宣布其在美国加州的纯电动巴士工厂竣工并投产，该工厂年产能 1500 台，也是北美地区最大纯电动大巴工厂。

尽管比亚迪的营业收入超过九成是国内市场，但在国际市场，比亚迪同样吸睛。比亚迪以公共交通为突破口，不断推进新能源汽车在城市公交和出租车领域的发展和应用。

比亚迪董事长兼总裁王传福表示，在电动大巴领域，比亚迪在美国市场上罕有竞争对手。

在全球销售市场，比亚迪的电动大巴在包括欧美、日本等发达国家不断斩获新订单，目前已在全球 50 多个国家的 200 多个城市运行。

李黔说："比亚迪的电动汽车在海外的认可度从某种程度上是比国内的认可度还要高一些，国际化肯定是一个非常大的方向。"比亚迪的国际化业务已经有了好的开头，慢慢地将有一个逐步开花结果的过程。

"未来几年，我们可以陆陆续续看到，比亚迪的整个电动汽车在海外的量的提升过程，可能呈现一个加速的过程。前面几年只是探路，是用小批量进行试运行。"李黔表示。

纵深拓展电池　布局原材料

比亚迪以电池起家，电池业务是一块重要基石。并且公司在动力电池领域是两条腿走路，三元锂电池和磷酸铁锂电池都在发展。但作为国内动力电池行业的龙头企业，比亚迪的动力电池过去一直只供应给自己。2017年5月，比亚迪宣布将具有核心技术的动力电池业务开放，向其他新能源汽车制造商供货。

李黔表示，公司电池产能扩张，有了富余产能，此时把供应链打开，有利于带来收入、利润。

比亚迪本身就是新能源汽车厂商，其他新能源车企会愿意采购比亚迪的动力电池吗？"一些国内、国际的领导汽车厂商，他们对于比亚迪电池是非常渴求的。"李黔认为，"目前电池，从整个供应链体系来看，还是属于一个有瓶颈的环节，我们来把这个链条环节打开，对整个行业的推动还是非常大的。"

动力电池的竞争力，一方面是要技术创新，另一方面要考虑如何控制电池成本。2017年8月份，比亚迪牵手国轩高科共同成立新合资公司，主要从事锂离子电池三元正极材料前驱体项目。这被外界解读为，比亚迪加强在三元电池领域布局。由于三元电池的循环充放次数和稳定性快速提升，需求量大幅上涨，汽车动力电池生产商纷纷布局三元锂电池。

原材料方面，动力电池原材料价格一直居高不下。2016年，比亚迪在青海投资建设年产10GWh动力锂电池项目、年产2万吨动力电池材料生产及回收项目。青海的锂资源储量居全国首位。

布局云轨轨道交通　再造比亚迪

2016年底，比亚迪正式宣告进军城市轨道交通领域，城市轨道交通业务被列入公司未来发展的战略方向之一。1000多人的研发团队，历时 5 年，累计投入 50 亿元，比亚迪成功打造的"云轨"由此进入公众视野。

比亚迪云轨效果图

截至 2017 年底，比亚迪已经与 10 多个城市签约。比亚迪第一个商业化运行的云轨——银川云轨已于 2017 年 9 月 1 日通车。

王传福曾表示，比亚迪开发云轨，开发立体化交通，用以解决城市拥堵问题。未来比亚迪从电动车到云轨，希望通过技术把一些社会问题解决。

云轨属于中小运量的轨道交通，可以运用到三、四线城市的主干线，一、二线城市的机场线和旅游线。云轨除了电网供电，自身也带有储能系统，车列全部是阻燃设计。据介绍，相比地铁，云轨造价更低，云轨在上下坡、急转弯的地方非常适用，适应性强，运行的噪音相比地铁钢轮要小。云轨可以 2 到 8 节灵活编组，每节运量可达 160 到 200 人。中运量的云轨单向一小时运输量为 1 万到 3 万人，符合三、四线城市运量需求。

做电池和汽车，再去做轨道交通，比亚迪的跨界是否太大了？市场前景如何？李黔表示，云轨本质上也是一个电动汽车，"它也是靠电机驱动，云轨从技术上与公司其他业务还是有非常强的协同性。"

"假如一个三、四线城市交通里程有200公里，一公里平均2个亿元，一个城市的规模就是400亿元，中国地级城市大概有273个，这就是万亿元的市场，而这万亿元的市场才刚刚起步，所以说我们比亚迪也对云轨做好了充分的准备，我们非常有信心。这在未来10年属于一个高速增长的产业，希望云轨能够再造一个，甚至再造两个比亚迪。"

一直坚持创新，从电池到汽车，从传统汽车到新能源汽车，从新能源汽车到云轨，比亚迪一直带着技术创新的基因和理念前行，多年来围绕着新能源领域，如今迈入跨行业全产业链时代。李黔认为，"多年来，比亚迪主要走的是内生性增长的道路，企业靠自身的研发、拼搏，再创新、再拼搏，来推动公司整个成长。"

扫码观看比亚迪专访视频

走到前面才能赚到前面

"我几十年的创业经验，如果用一句话表达，就是走到前面才能赚到前面。"

——蓝盾股份董事长　柯宗庆

如果中国互联网信息安全行业要写一个发展史的话，蓝盾股份（证券代码：300297）的创始人柯宗庆、柯宗贵二人将榜上有名。一个是1978 年的老牌大学生，一个是马化腾的师兄，柯氏兄弟在大家还不知道网络是什么的时候，就开始做网络安全，还一度被误会为"做建筑防火材料的"。

一边输出产品，一边进行信息安全教育，柯氏兄弟为中国信息安全"新长城"添砖加瓦。见证着行业变迁的同时，他们也带领着蓝盾股份一路成长。

近 20 年来，蓝盾股份构建了以安全产品为基础，覆盖安全方案、安全服务、安全运营的完整业务生态，为客户提供一站式的信息安全整体解决方案。2012 年 A 股上市后，公司在"技术升级""空间拓展""IT 层级突破"三个维度进行布局，通过"自主研发 + 投资并购"双轮驱动的方式，构建了完整的"大安全"产业生态版图。

国内最早接触计算机的一批人

蓝盾股份董事长柯宗庆生于 1956 年，父亲是小学老师，母亲是中华人民共和国成立前的老初中生，虽然生长在农村，但家庭文化氛围比较浓厚。由于特殊历史时期的关系，柯宗庆 18 岁高中毕业后就在农村待业，本想就此好好当一个农民，没想到 1977 年高考恢复，在县城教书的父亲得知消息，建议儿子参加高考。

"当时父亲跟我说，到大海里可以捞到大鱼，在小沟小池里只能捞小鱼，你不能总待在农村。"柯宗庆回忆说。由于父母重视教育，柯家兄弟姐妹 7 个，5 个考上了大学。

1978 年，柯宗庆用了 3 个月时间复习，以汕头市高考物理第一名成绩考上了华南师范大学物理系。大学毕业后，他被分配到本校生物系配合一位老教授研究脑电波。在那里，柯宗庆了解到，人脑里存在电波，左脑控制右手，右脑控制左手。脑袋指挥着全身，就像电脑一样。

20 世纪 80 年代，计算机刚刚兴起，热爱前沿科学的柯宗庆对此非常感兴趣。1984 年，他的一位同学在华南师范大学微电子所担任实验工厂厂长，邀请柯宗庆过去做经营部长。

"在微电子所我分管业务，但如果我不懂技术的话，肯定做不好业

柯宗庆接受全景网专访

务，于是我开始学习编程技术，还编写了一个财务管理、仓库管理的软件。"

受哥哥柯宗庆影响，1988 年，柯宗贵（现任蓝盾股份副董事长兼总裁）考入深圳大学电子工程系无线电专业。"刚上大学我哥就给我买了主板、机箱等电脑配件，我非常开心，抱着这套东西回到学校宿舍拼命安装起来，从此就爱上了计算机。"他就跟同系计算机专业的同学借书自己学习，大二的时候通过了计算机软件资格考试。

柯宗贵最初的梦想是成为一个科学家。大四的时候，柯宗贵被选为英国中央兰开夏大学交换生，在他要去英国实现科学家梦想的时候，由于当时的中英政治关系，那一届交换生计划被停掉。无奈之下，柯宗贵只好去找工作，被香港中银电脑（深圳）软件开发中心录取。直到今天，他还遗憾地说，自己"怀揣着科学家的梦想，最后沦落成商人"。

在中银工作几年后，柯宗贵觉得工作太重复。他平时喜欢看一些创业的书，如日本的松下幸之助、美国食品大王白手起家的书，看完后热血沸腾。

"伟大的企业家也都是一点一滴做起来的，我想如果我们努力去创造，也可以成为大企业家。"柯宗贵说，"于是，我辞职跑到广州去找我哥，我俩一起创业了。"

兄弟携手创业

由于经营理念不同，1992 年，柯宗庆离开微电子所下海创业，先后创办了一些小企业，直到 1995 年弟弟柯宗贵加盟，二人才一起真正成立一个公司——"水晶球"（广东水晶球技术发展有限公司、广州水晶球信息技术有限公司已于 2010 年被转让给无关联的第三方），主要研发计算机软件在金融行业的应用。

"水晶球"做的一款比较成功的产品是股票机。20 世纪 90 年代，由于网络不发达，股民炒股都要挤到交易所里看行情，很不方便。柯宗贵通过电脑卡把寻呼机金融台里的信息转接到电脑里面，股民在家里通过电脑就可以看到股票行情，类似今天的行情软件。

柯宗贵坦言开发这个股票机得益于自己的母校。"就像现在的手机一样，那时是 BP 机的天下。全国 80% 以上的寻呼机播出系统都出自深圳大学通信研究所，当时我的毕业设计就是寻呼机的解码器。马化腾是我们电子工程系 1989 级计算机专业的，算起来我还是他的师兄。他用软件思维做了互联网寻呼，说白点就是我呼一下你，你呼一下我，这就是 QQ。其实，我们的总源头是一样的，都来自深圳大学通信研究所。"

弟弟负责研发，哥哥负责经营销售，股票机受到股民的欢迎，成本 300 块钱的产品零售价可以卖到 4800 元。20 世纪 90 年代的那一波牛市让柯氏兄弟赚到第一桶金，但 2000 年以后，股市持续低迷，股票机市场一蹶不振。他们开始跟公安系统合作，做 BP 机监控业务，曾经帮助北京公安局破获了三个银行打劫案。他们由此走上了信息安全的道路。

2000 年，广东天海威数码技术有限公司（蓝盾股份前身）成立，开始研发防火墙产品。当时，做信息安全的中国企业只有天融信、启明星辰等寥寥几家。

公司开发的第一款防火墙产品名为"蓝盾"，虽然产品开发出来了，但在那个大多数人都还不会上网的年代，推广网络安全产品相当困难。

"我们推广防火墙的时候，客户经常会问我们是不是做建筑防火材料的。碰到稍微懂点的客户，还会被问，我们是不是像保险公司那样，如果他们的数据丢了，我们来赔偿？"柯宗贵回忆说，"2005 年之前，我还要参加行业的研讨会，给政府单位、大企业讲信息安全、黑客攻击的案例，让他们知道自己的网络是多么脆弱。"

虽然不好销售，但一套防火墙系统可以卖到 50 万元，一个月卖出一两套就能盈利。贵州茅台集团就是蓝盾防火墙的早期客户。

爱国之心促成蓝盾"大火"

熟悉中国互联网的都知道，2001 年，由于中美南海撞机事件，中美爆发黑客大战，互相攻击对方的政府网站。

"政府采购设备需要走程序，周期比较长。我那时很年轻，满腔热血，眼看着每天都有新的网站沦陷，我非常着急，觉得不能这样下去了，我要做点什么。于是，我们开了一个新闻发布会，赠送中国政府网站一百多台价值 1000 万元的安全设备，谁提出需求，我们就免费上门检测漏洞，安装防火墙。不止广东，湖南、山西很多政府单位都打电话过来寻求帮助。"

本来是一片赤诚的爱国之心，没想到引发国内外媒体的关注，蓝盾一下子成了全国品牌，生意也红火起来。柯氏兄弟二人觉得这是一个很好的契机，从研发人员到研发经费各方面都加大了投入，公司注册资本从 2003 年的 500 万元一下子提高到 2005 年的 5000 万元。

经历 2001 年的黑客大战之后，中国网站开始重视信息安全，防火墙市场竞争开始激烈起来，全国冒出大大小小三百多家信息安全企业。2006 年之后，中国信息安全行业开始步入爆发阶段，各行业、各部门对信息安全建设的需求走向自觉，投资力度不断加大，信息安全成为企业 IT 建设的重中之重。蓝盾股份也开始拉长产品线，产品开始系统化，推出入侵检测、漏洞扫描等业务，主要面向政府机构和企业客户。

在市场营销方面，蓝盾成功实践了"行业营销"策略，建立了公检法事业部、教育事业部、医疗事业部、保密产品部等十几个行业事业部，借助公司在公安系统、教育系统等成熟领域的经验优势，将同一领域内不同级别、不同区域的相关单位作为重点开拓对象，取得了良好的市场效果。此外，公司也开始布局全国市场。目前，公司已建成以广州营销总部为中心，覆盖华南、华北、华东、华中、西南、西北、东北等区域的营销网络。

凭借领先的技术实力，蓝盾先后承担了包括公安部科技攻关项目在内的数十项国家级、部级、省区市级的重点信息安全科研项目，并为公安部等部委制定服务器安全类产品和安全审计类产品行业技术标准发挥了重要作用。此外，公司还成功为北京奥运会和残奥会提供信息安全产品和服务，并获得了奥组委颁发的荣誉奖章。

经过十多年的发展，蓝盾股份在政府、教育、金融、电力、医疗等各行业均占据了一定的市场份额。2008、2009 年度，公司信息安全产品连续两年在华南地区市场占有率第一，成为国内信息安全领域的领先企业之一。

柯宗庆（左二）、柯宗贵（左三）在蓝盾股份上市仪式上

2009 年到 2011 年，蓝盾股份营业收入复合增长率达 43.58%。2011 年，蓝盾股份营业收入达 2.79 亿元，净利润 5232.04 万元。2012

年3月15日，蓝盾股份登陆创业板，成为创业板信息安全行业的龙头企业。

资本市场助力蓝盾起飞

2011年之后，中国信息安全行业进入普及阶段，信息安全建设与企业整体信息化建设融合，成为各行业IT建设的关键环节之一。IPO募集资金投资项目的顺利实施，促使蓝盾股份的产品和技术加速升级，进一步完善了公司边界安全、端点安全、安全审计、安全管理等全产品线。

蓝盾股份"大安全"战略全景图

在技术升级维度，公司主要通过自主研发和引入前沿技术团队等方式，打造完整的智慧安全产品体系，不但覆盖了传统的边界安全、审计安全、应用安全、安全管理等完整的产品线，还将人工智能、软件基因、大数据分析、虚拟化等前沿技术应用至安全领域。公司将人工智能引擎与防火墙相结合，在业内率先推出人工智能防火墙。

柯宗贵接受全景网专访，说起最新的计算机技术，他仍然充满激情

2018年4月，蓝盾股份的 AI 防火墙在 RSA 大会上荣获国际大奖，这款产品在传统病毒特征查杀引擎基础上，引入基于机器学习威胁检测的人工智能病毒查杀引擎，同时可以对已知病毒和未知病毒进行查杀，弥补了传统引擎对未知病毒查杀盲区。

"人工智能应用在信息安全领域，在全球我们可以说是首例。很多人可能不明白这是什么，我举个简单的例子。2017年5月，全球爆发了大规模的'勒索病毒'危机，刚开始发生的时候防火墙可以抵御；但到了第二天开始出现几十个变种，很多安全厂家就要去升级规则库，防火墙勉强可以抵御；但到了第三天，勒索病毒产生了几百个变种，防火墙就拿它没办法了。这就是传统信息安全的缺陷。"柯宗贵说，"但蓝盾的 AI 防火墙可以自动学习，针对病毒自动升级防御系统，这个技术在国际上都是一流的。"

蓝盾股份还利用软件基因技术打造深度态势感知等一系列下一代网络安全技术产品。这种产品可以对僵木蠕毒入侵源进行基因分析，深度分析恶意软件族谱及攻击来源，为管理决策提供重要依据。"我们不但知道黑客来自哪个地方，还知道它来自哪个黑客组织，知道病毒的其他变种。"柯宗贵介绍。

蓝盾股份瞄准信息安全外延不断扩大的趋势，借助上市公司优势，通过自主研发、合作研发以及投资并购等方式，初步实现了空间安全拓展：通过收购华炜科技，拓展至电磁安防等物理安全、军工安全领域；通过收购满泰科技，以行业化的方式切入至工控安全及工业互联网安全领域；通过合资设立蓝盾新微，研发出 VTS（船舶交易服务）雷达、视频监控雷达，应用于海事、桥梁、港口、机场、边防、核电站、智慧城市安防等领域；通过自主研发和技术合作，渗透至视频监控接入安全、车辆信息安全检测等物联网安全领域。

在 IT 层级突破维度，蓝盾股份通过自主研发以及参股并购等方式，覆盖至移动安全及业务应用安全等业务层级。

此外，在云计算技术全面应用的背景下，公司提出"云战略"，全面布局云端安全。蓝盾股份通过自主研发、业务合作以及增资参股云海麒麟、精灵云等方式，快速推进"云安全"（虚拟安全器件）及"安全云"等产品形态和业务模式创新。未来公司还将以"云计算 IT 安全"为切入点，逐步下沉至安全路由交换、安全可信服务器、安全存储、安全芯片等关键信息基础设施安全领域。

随着公司"大安全"产业发展战略的推进及"智慧安全"理念的深化，公司在产品和业务上的差异化优势以及在研发创新上的技术优势逐步显现，市场竞争力得到较大提升。蓝盾股份营业收入由 2013 年的 3.95 亿元增长到 2017 年的 22.16 亿元，净利润也从 0.32 亿元增长到 4.14 亿元，5 年时间营收增长接近 5 倍，净利润高速增长至 12 倍。同时，公司综合毛利率由 2013 年的 36.85% 增长到 2017 年的 54.48%，盈利水平显著提升。

在技术领域，柯宗贵认为一定要掌握代表未来的前沿技术，这与哥哥柯宗庆的经营理念不谋而合："我几十年的创业经验，如果用一句话表达，就是走到前面才能赚到前面。"

在公司，柯宗贵主要分管技术和日常经营管理工作，柯宗庆负责业务和战略决策，从 1995 年创业到现在一直都是如此。"我们潮汕人很注重长幼顺序，工作中我们民主讨论，平时生活中我听大哥的。我妈经常教育我们说'打虎亲兄弟'，这么多年来我们一直很团结地合作。"柯宗贵说。

谈起对当代年轻人创业的建议，柯宗庆坦言自己看过一些创业青年的资料，他说："有些年轻人比较浮躁，一创业就想着发大财。创业打好基础最重要。做三流的产品，今天侥幸卖出去了，明天怎么办？有了好技术好产品，就不愁没有市场，就不愁做不好公司。"

扫码观看蓝盾股份专访视频

敢吃螃蟹，也敢"吃软饭"

"我们的研究跟国外差不多同步。他是有这个实验室的产品、有概念，而我们最开始起步的时候是没有产品的。"

——岱勒新材董事长、总经理 段志明

古希腊科学家阿基米德发现了杠杆原理后曾说："给我一个支点，我就能撬动整个地球。"而岱勒新材（证券代码：300700）的段志明用首条大规模投产的国产金刚石线生产线，成功敲开了国内硬脆材料切割领域百亿级市场的大门。

如今，在岱勒新材的厂房里，每天的生产线都马力全开，线缆上一卷卷盘缠着的金刚石线供不应求。

"我们现在每个月要做的事情，就是尽量提升自己的产能，多产出。现在客户需求在快速增长，我们只能尽力去满足客户需求。"

招股说明书上的数据进一步佐证了段志明所描述的生产场景。2016 年全年，岱勒新材金刚石线的总生产量为 79857.63 万米，产能利用率 102.33%；仅 2017 年上半年，岱勒新材金刚石线总产量就达到 87194.17 万米，产能利用率 101.15%。

2017 年上半年，岱勒新材实现净利润 3694 万元，逼近 2016 年全

段志明在深交所敲响上市宝钟

年净利润 3930 万元。

对于岱勒新材来说，上市募资，扩大产能已是迫在眉睫的事情了。

从苹果 Home 键到太阳能电池

段志明身上有着理科男惯有的思维模式，要求数字表述严谨而精确。对于金刚石线如头发般粗细的形容，段志明认为并不够精确。

"实际上，现在有的金刚石线比头发还要细。人体的头发丝直径一般是 70 微米，而我们生产的金刚石线有的直径才 60 微米，肉眼是看不清线的结构的，要用 200 倍的放大镜来看。"

如同蜗牛小巧的舌头上密布着上万颗牙齿，在段志明所说的细过发丝的金刚石线上，均匀地附着无数细小的金刚石颗粒。蜗牛利用牙齿碾碎带刺的植物根茎，金刚石颗粒则能轻易地将蓝宝石玻璃和太阳能晶硅等硬脆性材料切割开来。

蓝宝石玻璃和晶硅材料在我们的日常生活中无处不在。从摄像头、Home 键等小区域到手表表盘、手机屏幕等大块件，蓝宝石玻璃在消费电子领域不断渗透。前瞻产业研究院数据显示，2015 年，全球蓝宝石在智能手机镜头的渗透率达 25.5%，Home 键的渗透率达 12.76%，手机屏幕的渗透率达 7.5%。

"蓝宝石玻璃在光学领域最开始引起市场关注的是苹果的摄像头和 Home 键的应用，当时还讲手机要用蓝宝石面板，但有一定不确定性。现在蓝宝石玻璃在光学领域的应用还是在快速增长，但量有限。"

晶硅则是太阳能光伏电池的主要材料。2014 年，国际上开始全面使用金刚石线切割单晶硅，2015 年，中国正式引入。2016 年第四季度，多晶硅也开始使用这种方式切割。

"目前，金刚石线处于一个快速爆发的阶段，整个市场需求还是蛮旺盛的，因为它是对原来加工方式的一种革命性的替代，现在（快速发展阶段）正好才开始。"

敢吃螃蟹　也敢"吃软饭"

段志明说自己是一个"文科好于理科"的理科生。高考时随大流选择了理科，其实文科成绩一直优于理科。

"两方面，一个是随大流的原因。我们校是省重点中学，大家好像都选理科去学，一看大家，我也读理科吧。第二个，确实在我们原来的学校，那时理科更有竞争力，那个时候首先考虑的是要考上大学。"

段志明接受全景网专访

选一行，爱一行。大学毕业后，段志明从事的也一直是与材料化学相关的工作。

"我比较喜欢想，但是动手能力一般。我为什么选化学？想啊想，然后做做实验，做这个东西正好跟自己的专业是完全契合的。"

2009 年前后，随着 LED（发光二极管）在照明和显示领域应用场景的不断拓展，对 LED 照明的衬底蓝宝石薄片需求急剧上升，蓝宝石的加工量也快速增加。这促使业界开始重新思考新的加工方式，传统砂浆钢线加工方式存在效率低、污染重、成本高等问题。

"现在我们一个合伙人，原来从事前面切割方式（砂浆钢线切割）的设备生产。那个时候，国外有人提出来这样一种概念，我觉得未来有这种可能，大家就先尝试创业试一试。"

于是，2009 年，两张办公桌，三个人，段志明的金刚石线公司在长沙高新区成立。段志明给这家理科背景浓厚的新材料高科技公司，起了一个相当文雅的名字——岱勒新材（Dialine）。

"岱是泰山的别称，勒是切割，我们希望我们在切割这个行业，在新的切割技术这块，能够成为行业的领导者。我们的商标 Dialine，就是金刚石线的英文，有一定谐音。"

当时，在金刚石线切割技术方面，欧美、日本等国尚处于实验室技术研发阶段，国内市场更是一片空白。"其实，我们的研究跟国外差不多同步。他们是有这个实验室的产品、有概念，而我们最开始起步的时候是没有产品的。"

创业前，段志明是长沙力元新材料有限公司总经理。离职涉足这个除了概念就一无所有的新领域，段志明坦言并无后顾之忧，因为爱人的支持是他最坚强的后盾。这位曾经的上市公司高管还打趣地说，那时还做好了不成功就"吃几年软饭"的准备。

"当时三十三四岁。我给我爱人开玩笑，我说我先去试一试，试了不行，40 岁出来还是可以找份工作。我们那时候房子也买了，长沙这个地方房价便宜。她是在大学里当老师，两个人过日子，反正有她的工资也差不多了。"

接住"天上掉下来"的订单

段志明一开始瞄准的是蓝宝石切割领域的"蓝海"。但创业后，他面临的第一道难题是：没有现成的生产设备。

幸好，对于材料学出身的他来说，技术研发正好是强项。

"对我们来说是两个大方面的技术。一个是生产金刚石线的设备，因为这个东西原来大家都没有，我要怎么把这个线生产出来，怎么成卷，这个成套的设备是没有的，包括检测系统，这个要摸索。第二个，我的设备生产完以后，我怎么能满足客户使用的要求，客户使用还有很多技术指标。这等于是两方面的技术问题。"

不到一年的时间，岱勒新材就自主研发出了机器设备，并生产出了基本成型的金刚石线产品。2010

段志明一家三口

年 6 月，段志明开始将初期的产品送到蓝宝石客户中做试切。比起晶硅，蓝宝石在精细度等方面对金刚石线有更高的技术要求。经过屡次试错和不断调试，岱勒新材的产品都无法满足质量要求。

一次偶然的机会，保定一家光伏企业正好准备尝试金刚石线切割方式。

"那个时候，因为国内也没有人生产，就找到我们，我们正好有这个东西，拿过去切。"

按照蓝宝石切割标准设计生产的金刚石线，能否运用在标准较低的晶硅切割上？段志明坦言，当时对于产品的性能，自己心里也没有底。

"当时是很忐忑的，我觉得那么大一个多晶硅，用这么细的线怎么能够切呢？那天切下来了，就好开心。"

押注蓝宝石，却意外收获了来自晶硅的第一笔订单。上天眷顾岱勒新材，除了行业先行者的优势，还有他们对技术孜孜不倦的追求。

"我倒不认为好像改了某一个地方，突然就成了。也没有捷径，就每次进步一点点，在客户那儿试一次，改一个方向；再试一次，又往前走了一步。"

行业自信　信任老板

保定企业的光伏订单有如天降甘霖，缓解了岱勒新材资金方面的燃眉之急，也让公司的生产逐渐步入正轨。段志明的规划是，用光伏补贴蓝宝石线，将赚来的钱继续投入研发，改进针对蓝宝石切割的金刚石线。但这种好日子持续不到八九个月，"金主"的突然变脸就打乱了段志明所有的节奏。

由于产能过剩等原因，全球光伏行业的需求在 2011 年突然急速下滑，2011 年下半年基本上没有光伏订单，岱勒新材也一下子从上半年一个月净利润最多 300 多万元，陷入了每月亏损的困顿。

"2009 年到 2010 年没有销售，心里有预期，那个时候人员并不多，这些方面的开支还是有限的。但是到了光伏起来以后，我们增加了人，增加了设备，这个时候成本增加了，当光伏直线往下掉的时候是比较难受的，因为我们也不知道蓝宝石什么时候能够满足客户的需求，差不多又熬了一年的时间。"

从"光伏断粮到蓝宝石上位"一年多的时间里，岱勒新材的高管、研发甚至销售团队却保持着高度的稳定。段志明说，困难时期最重要的是对行业的自信。

"客户对我们不停地提出，'你们赶紧拿出个成品出来。'大家有这个方向，虽然说现在满足不了客户需求，但我们相信只要自己努力，总有一天能够做出来。"

然而，熟悉岱勒新材的人都知道，在那段充满不确定性的时间里，段志明才是企业稳定的"定海神针"。

岱勒新材现有中高层员工中，有百分之七八十都是段志明过去工作十几年的下属。有些追随他至今，已经有十八九年的时间了。

"像我们这些同事很多都是离开了原来的公司，到别的地方去，听说我创业了又跑过来，大部分是没有谈工资待遇的，大家觉得过来能够做事就行了。"

材料学科班出身的段志明可以是一个科研人员，常到厂里和员工切磋技术。

"技术最开始是我一手带着他们弄的，到现在像电化学这些基础课程，我还是能够拿笔跟他们探讨、讲解的。"

在企业困难时，段志明会给员工"画大饼"，讲行业机会；在企业高速发展时，则喜欢给员工"泼冷水"，让他们不至于盲目自信。

有管理经验的段志明还可以是一个职业规划师。他喜欢和员工聊天，也总能根据员工特点，给出合理的发展规划和建议。

段志明闲暇时间非常喜欢看书，各类书籍一网打尽，出差也基本上书不离手。他甚至会在自己买书时多买几本，送给中高层团队充电。

"像出差或者在家里，我基本上都在看书。住酒店，我基本上不打开电视，我没别的爱好，就是看书。但我一般会同时看三四本书，有经济类的，有文学类的，也有一些科学类的，武侠小说、言情小说都看。我看书确实很杂，很多。"

金刚石线降价是行业的自我调整

金刚石线，最早由日、美等国少数几家企业垄断。以岱勒新材为代表的国产金刚石线横空出世，打破了日美企业的技术垄断，也带来了一场硬脆材料切割领域全新的技术革命。

以加工太阳能硅片为例，企业如能使用金刚石线切割，效率将比传统切割提升至少 2.5 倍，成本降低至少 30%。原来由日本人掌握核心技术，金刚石线价格曾高达 1 欧元 / 米。2010 年，岱勒新材的研发成功使其价格降到了 2—3 元 / 米。

金刚石线切割市场辽阔的"蓝海"吸引大批资本和企业进场。随着企业和技术渗透率的陆续提升，金刚石线产品形成批量供应，国内金刚石线产品的市场价格下降至 1.2 元 / 米。

过去一段时间，下游蓝宝石和光伏行业不断降成本的压力向上游传导，让金刚石线价格继续下降。在段志明看来，这是行业向前发展的正常现象。产品价格下降，行业企业应积极应对，通过规范各方面流程，减少下游降价带来的影响。

"从趋势上来讲，下游不管是蓝宝石，还是多晶硅，整个行业在快速地发展，它需要也能够容纳更多的企业生存下来。第二个，从我们公司整个价格、成本、毛利率关系来讲，公司还是在不断地做技术进步。随着量的增加，本身一些成本、固定消耗也会降低，所以价格有下降，但是毛利率不一定有很大的降幅。"

确如段志明所讲，2014—2016 年，岱勒新材晶硅切割用金刚石线销售收入增长依旧迅猛，从 3240.92 万元增长到 11889.81 万元，三年复合增长率为 91.54%。

段志明认为，光伏过去靠政府补贴来引导和推动，现在各方努力已接近平衡点。如能从政府驱动过渡到市场驱动，未来市场仍然会非常大。

"我们希望光伏整个产业链能够突破平价上网（的问题），能够跟煤电、火电竞争。现在为什么用金刚石线切，其实非常重要的一环就是要降低成本，大家希望通过这块把成本降下来。如果这一步做到了，实际上我们对于未来的光伏非常乐观。"

而段志明对岱勒新材未来的规划是立足晶硅和蓝宝石细分行业，定位硬脆材料大市场。

"放大到整个硬脆材料来讲，比如未来我们看好新能源汽车，也包括磁性材料，因此新能源汽车一旦启动，整个磁性材料的需求会非常的大，一定也会往这个方向去。也会像之前的蓝宝石一样，大家从原来的加工方式慢慢过渡到这种加工方式。"

扫码观看岱勒新材专访视频

第三章

要么转型，要么等死！

"作为传统制造业，你必须转型升级，你不转型就没有出路，因为过去的模式没有未来。"

百年老字号脱胎换骨

"云南白药需要涅槃新生。唯有变革，方能生存，而其中最为迫切的，就是从根本上扭转传统国企的陈旧管理和缺乏进取之心的现状。"

——云南白药总经理　尹品耀

云南白药（证券代码：000538），这个具有深厚底蕴的民族老品牌承载着中国人百年的记忆。上市24年，云南白药从未亏损，企业整体保持高速增长。它无疑是云南最优秀的企业之一；

云南白药总经理尹品耀

它是中国 A 股中第一只 Tenbagger（十年十倍）股票，目前依然是标准的"白马股"。

然而，成绩斐然的背后，伴随的却是一个企业脱胎换骨的过程。

再造：百年老字号焕发青春活力

诞生于清朝末年的云南白药，距今已有一百多年。随着百年来时代剧变，崭新的消费需求和经营环境曾让白药的传统产品和运营方式一度倍感不适。

1999 年以前，虽然云南白药各项经营指标保持持续增长，但以创可贴为代表的新型产品却快速抢占白药最核心的小伤口护理市场份额，使用不便且品牌老化的白药散剂年销量已从鼎盛时的 1 亿瓶骤降至几百万瓶。

2000 年，云南白药曾做过调查，发现公司产品存在三方面问题：产品虽好但定位低端、产品市场边界狭窄和品牌形象老化。

卖了一百多年的云南白药，疗效有口皆碑，但散剂包装给消费者一种民间偏方的低端形象，导致市场价格与内在价值关联度不高；消费者对于白药的认知局限在快速止血功能上，对其他功效了解甚少；一般消费者对云南白药的关注度逐年降低；沧桑百年，云南白药的产品形象开始老化，消费者群体年龄大多超过 40 岁，30 岁以下的年轻人已很少再使用云南白药了。

"经过调查，公司意识到那时的云南白药仿佛一个老态龙钟的长者，虽然受人尊敬，但已明显缺乏活力。看着很多百年老店在市场上慢慢淡出人们的视线，走向衰亡，我们管理层非常着急！"云南白药总经理尹品耀说道。

云南白药需要涅槃新生。唯有变革，方能生存，而其中最为迫切的，就是从根本上扭转传统国企的陈旧管理模式和缺乏进取之心的现状。

1999 年，云南白药正式拉开企业再造序幕，开始由内而外重塑企业核心竞争力。

一是设立内部创业机制。即公司创造平台，将全国市场划分为 15

个区域，销售人员竞争上岗，在为优秀的外部人才提供机遇的同时，激发内部员工竞争意识，最终以销售提升倒逼生产、研发和管理变革。

各种药用植物标本

二是建立首席科学家制。好产品是企业竞争力的基石，而首席科学家制所带来的权责明晰和激励变革，使一批极富竞争力的优质产品不断涌现。

三是以薪酬体系改革和内部订单制驱动的管理系统创新。以干部职工全员绩效考核代替国企员工工资标准。同时，严格执行末位淘汰，自2000年至今，云南白药员工每年淘汰率都在10%以上，干部淘汰率5%，实现了干部可上可下，员工可进可出的现代企业管理。

尹品耀表示，以云南白药创可贴为例，通过企业再造，推行虚拟企业运行机制，借助美国3M公司、德国的拜尔斯多夫公司等合作伙伴的材料和技术资源，推出云南白药创可贴，并通过将创可贴打造成为云南白药在伤科护理领域内的衍生产品，成功塑造了产品的独特形象，与全球知名厂商进行差异化竞争。

创可贴推出后，云南白药重新夺回了中国小伤口护理市场份额第一。

此外，云南白药开展了一系列针对年轻消费群体的宣传，包括成为奥运会的赞助商、借用互联网新媒体平台、开展事件营销等，云南白药品牌开始逐步脱离陈旧的老人形象，焕发出一种青春、运动、清新的活力。

转型：传承不泥古　创新不离宗

如果只是守着百年配方坐吃山空，云南白药不可能成长到如今这么大的规模。

回顾 10 年前，在高端市场被洋品牌垄断，低端市场低迷的情况下，云南白药"剑走偏锋"，2004 年，云南白药牙膏横空出世，短短一年时间，销售额便突破 1 亿元。白药牙膏这一标志性产品也将云南白药带入大健康领域。

2010 年，云南白药提出"新白药·大健康"战略，新战略秉承"传承不泥古，创新不离宗"的创新理念，将传统医药融入现代生活，开展云南白药新的百年创业，打造以"药"为主，医疗卫生、营养保健、健身休闲等多个领域共同发展的大健康产业平台，逐步向大健康产业转型。

"在公司战略的指引下，云南白药的转型发展一直坚守'将传统中药融入现代生活，为消费者创造现代健康新生活方式'的主线。"尹品耀介绍，"围绕这一主线，结合云南丰富的药用植物资源和云南白药百余年从事药材性味、用途等研究的经验，从 20 世纪 90 年代开始，云南白药开始将自己在天然植物开发中积累的顶级配方和技术应用到健康、养生、保健领域，在坚持以'药'为本的前提下，将更多的传统中药的养护理念融入消费者的日常生活中，以消费者需求为导向，推出相关新产品，实现品牌认知和产品消费人群覆盖范围的稳步推进扩展。"

从 2001 年推出白药创可贴，到 2004 年推出白药牙膏，再到 2010 年面市的养元青洗发水，公司的产业转型之路走得稳而准。

目前，除白药牙膏外，云南白药健康产品事业部已推出包括洗发水、卫生巾、面膜、精油皂、护手霜、唇膏、面部护理等一系列的产品，大健康产品体系搭建成效显著。在云南白药上市之前，"云南白药"

实际上只是一个药品名称，而在 2017 年 3 月 BrandZ 发布最具价值中国品牌 100 强榜单中，云南白药排名第 28 位，品牌价值 30.74 亿美元，行业排名第 1 位，云南白药成功实现品牌由单一药品名称向大健康行业知名品牌转变。

新生：体制改革引瞩目　活水注入待嬗变

产品研发，品牌创新，奠定云南白药踏入千亿元市值药企的江湖地位，在控股股东层面引入社会资本的体制创新，则让百年老店注入源头活水，混合所有制改革的"白药模式"也引发资本市场瞩目。

2017 年 6 月，云南白药披露，云南白药控股股东白药控股拟通过增资方式引入江苏鱼跃科技发展有限公司（以下简称"江苏鱼跃"）成为第三方股东。江苏鱼跃是继 2016 年 12 月新华都后，作为白药控股混改第二阶段引入的战略合作伙伴。

此次改革中，江苏鱼跃拟增资约 56 亿元取得白药控股 10% 的股权。交易完成后，白药控股将形成云南省国资委 45%、新华都 45%、江苏鱼跃 10% 的股权结构，公司董事也将呈现 2：2：1 的新格局，结合各方股东 6 年股权锁定期的"苛刻"要求，"白药模式"在为企业引入约 300 亿元稳定增量资金的同时，其市场化特点也逐渐浮出水面。

尹品耀介绍："目前，控股股东白药控股混改事项已基本完成，战略投资者已引进到位，其董事会、监事会和高管团队已完成组建。"

白药模式的最大特点，无疑就是真正的市场化。公开资料显示，自引入新华都后，白药控股的市场化治理结构已初步形成，公司董事、监事和高级管理人员均实现了以市场化原则聘任，任何人都不具有行政级别，尤其云南省国资委所提名的董事，也是通过市场化方式选聘的经济管理领域专业人才，真正为云南白药建立了市场化的治理结构。

混改半年，效果初现。2017 年 8 月，云南白药交出混改后首张成绩单。"上半年度营收再破百亿元大关，达到 119.6 亿元，同比上涨 14.43%；净利润实现 15.7 亿元，同比增加 12.75%。"这一成绩说明，云南白药已经逐步探索出在发展百年后再展宏图的新路径。

平安证券研报就指出，云南白药 2017 至 2019 年净利规模有望分别达到 33.9 亿元、39.4 亿元及 45.8 亿元，复合增长率约 16%。经营性现金流净额／营业收入增长率将保持在 15% 左右，全部由内生驱动，自身造血能力极强。混改带来的效果已经部分体现，管理费用的各项支出都在同比下降，这就表明，在引入民营资本、取消行政级别之后，公司已经在提升内部盈利效率。

2017 年 1 月，总理李克强考察云南白药集团时曾指出，云南白药之所以成就百年老店，靠的是工匠精神和企业家精神这两大支柱，以工匠精神保证质量、效用和信誉，以企业家精神经营壮大形成产业。

作为传统中医药企业，云南白药从创立之初便将"工匠"内涵植入品牌，用上百年的历史诠释"工匠"与"企业"的关系。在市场普遍关注业绩指标、用经营数字说话，工业领域全面倡导信息化、智能化的今天，公司仍坚持用"匠心"做产品，依靠"工匠"打造现代化中医药产业，工匠精神已然融入云南白药经营管理全过程。云南白药的改革发展过程和大健康产业转型发展，正是云南白药企业家精神的有效展示。未来，在工匠精神和企业家精神的支撑下，在体制机制改革和经营模式创新及价值重构的推进下，百年药企新百年涅槃新生、稳健发展实可期。

扫码观看云南白药专访视频

从"被遗忘的角落"走向全球

"在那'被遗忘的十年',我们用 8 年时间妥善处置了历史遗留巨额债务,可以说非常艰难。但公司一旦具备回馈股东的能力,我们就会毫不犹豫地执行。"

——西藏珠峰董事长 黄建荣

西藏珠峰(证券代码:600338)的前身——珠峰摩托一度是全国销量最大的组装摩托车品牌,并在 2000 年成功上市。2003 年,因经营不善等问题被 ST,面临退市困境。2004 年底,在西藏自治区和新疆维吾尔自治区两地政府的协调和帮助下,黄建荣通过其控制的塔城国际受让了珠峰摩托 41.05% 的股权,成为珠峰摩托新的实控人。2013 年,珠峰摩托更名为西藏珠峰。2015 年,公司通过重大资产重组,成功转型成为一家以有色金属资源综合开发为主业的矿业上市公司。

2005 年到 2015 年,公司一直处于退市、保牌的边缘,在资本市场也鲜被关注,董事长黄建荣称之为"被遗忘的十年"。2015 年,重组完成后,公司不仅实现扭亏为盈,还实现了跨越式的快速增长。2017年度,西藏珠峰实现营收 24.67 亿元,同比增长 67.02%;实现净利润 11.14 亿元,同比增长 71.26%,每股收益达到 1.71 元。同时,因重组

黄建荣接受全景网专访

作出的业绩承诺也超预期完成。2017 年中期，公司进行了每 10 股派 6 元的高额现金分红方案，在同行业及西藏同地区上市公司中均名列前茅，成为市场上备受瞩目的明星矿业企业。

西藏珠峰下属全资子公司塔中矿业已成为塔吉克斯坦最大的中资企业，拥有铅锌铜银资源矿石量近 1 亿吨，近 600 万吨金属量。2018 年年初，公司还参与收购南美地区优质锂盐湖项目，开启新能源产业链上游资源的全球投资布局。

从徘徊于退市的边缘到如今超十亿元的年度净利润，从世界屋脊到中亚矿山再到南美盐湖，西藏珠峰从亏损大户变身盈利高手，从"被遗忘的角落"走向全球。

被遗忘的十年

西藏珠峰是西藏自治区较早上市的公司之一，最开始的证券简称为珠峰摩托，一度是全国销量最大的组装摩托车品牌。2000 年，珠峰摩托上市，但上市后经营状况变化很快，2002 年出现亏损，2003 年被 ST，陷入困境。2004 年 12 月，在西藏自治区及新疆维吾尔自治区两地政府的引导下，海成集团旗下的塔城国际以 1.12 亿元受让原控股股东所持珠峰摩托 41.05% 股权，黄建荣成为珠峰摩托实控人，并拉开了 ST 珠峰重组帷幕。

由于塔城国际自身从事有色金属矿产品贸易，在其主导下，ST 珠峰被打造成有色金属矿产企业。2006 年，ST 珠峰斥资 1.6 亿元收购了西部矿业旗下"1+3"万吨两套锌冶炼生产系统的经营性资产及西部锢业 51% 的股权，成为以锌、锢冶炼为主的有色金属冶炼企业。由于缺乏原料，公司还兼顾开发西藏地区的铅锌资源。

2006 年，黄建荣在深入了解原公司状况后，发现事情远比想象中更难：珠峰摩托因为涉案被列入黑名单，导致公司在资本市场无法融资。直到 2015 年，在西藏自治区和新疆维吾尔自治区两地政府的支持下，西藏珠峰完成了重组，成功将优质资产塔中矿业注入上市公司，并逐步剥离了公司原有的冶炼资产，成功转型成为一家以有色金属矿山资源开发为主营业务的资源类上市公司，迎来了又一次发展机会。

"2005 至 2015 这十年间，公司运营十分不易。一方面有色金属市场进入下行周期，另一方面又要处置剥离原控股股东和公司历史遗留的巨额债务，公司一直处于退市、保牌的边缘。在资本市场也少有人关注我们，可以说是被'遗忘的十年'。"黄建荣回忆。

目前，西藏珠峰拥有每年 300 万吨的矿山采选能力及 5 万吨粗铅冶炼产能。2015 年到 2017 年，西藏珠峰分别实现净利润 1.6 亿元、6.5 亿元及 11.14 亿元，实现了跨越式快速发展。2018 年上半年，面对基本金属价格因中美贸易战影响持续下跌及其他不利因素影响，公司克服重重困难，仍然实现净利润 5.30 亿元，保持了稳健发展的态势。经过 3 年多的努力，公司以持续优良的经营业绩，清晰的有色金属和新能源上游资源开发主业，越来越受到资本市场的关注和认可。

"在那'被遗忘的十年'，我们用 8 年时间妥善处置了历史遗留巨额债务，可以说非常艰难。但公司一旦具备回馈股东的能力，我们就会毫不犹豫地执行。2017 年年中，公司实施了 10 派 6 的高额现金分红方案，未来也会如此。"黄建荣说。

从中亚矿山到美洲盐湖

1993年，上海期货交易所成立，有色金属成为最早和国际市场接轨的行业之一。20世纪90年代初，黄建荣下海创办上海海成资源有限公司，从事有色金属贸易。1995年，他去新疆考察边贸市场，发现了废旧有色金属回收的商机。次年，黄建荣在新疆投资成立了新疆塔城国际资源有限公司。

2003年，随着黄建荣入股西部矿业，他认识到，中国缺的不是有色金属终端产品，而是矿产资源。他借助之前在哈萨克斯坦等周边几个中亚国家积累的贸易资源，慢慢介入上游的矿产资源开发。由于塔吉克斯坦政策上对中国企业比较友好，最终黄建荣决定在该国进行大规模投资。

2006年，通过国际竞争，黄建荣取得位于塔吉克斯坦的派－布拉克、阿尔登－托普坎及北阿尔登－托普坎铅锌矿三个矿的采矿权，并以此为基础成立了塔中矿业有限公司。这部分资产于2015年被成功注入西藏珠峰，成为公司目前主要的经营性资产，塔中矿业也成为西藏珠峰的全资子公司。根据相关券商研究机构出具的报告，塔中矿业现有矿石资源近1亿吨，铅锌金属量近600万吨，伴生银和铜的品位也都处于较高水平。

塔中矿业全景

在 2007 年塔中矿业入驻之前，矿区一片荒芜。"什么都没有，连螺丝钉都要从中国进口。施工队被断电，我们只好自己拉电线。后来，我们不光解决了自己的用电，还把沿线 90 多公里的老百姓的用电问题一起解决了。"黄建荣回忆，"为了保障生产用水，塔中矿业还在附近修建了 3 个水库。原来这里的小镇是无人区，现在整个小镇围绕矿业开采生产和生活的配套设施已基本建成，人口众多。"

如今，随着产能的释放，西藏珠峰在塔吉克斯坦拥有的 3 个铅锌矿的产能逐年增加，经过十几年的开发，塔中矿业现有铅锌铜银保有资源矿石量近 1 亿吨，金属量近 600 万吨，其中锌 320 余万吨，铅 280 余万吨。2017 年，采选生产规模达到 270 万吨。

虽然塔中矿业带来了稳定的回报，但西藏珠峰却不想止步于此。有色金属行业有较强周期性，为了提高抵御周期性风险的能力，公司开始探索新的投资领域。

2018 年 4 月，公司通过持股 45% 的 NNEL 公司，完成收购加拿大创业板公司 Lithium X100% 股权。Lithium X 拥有 3 个优质锂资源项目，2 个位于阿根廷地区，其中一个已经获得了当地政府年产 2500 吨 LCE（碳酸锂当量）的生产许可；另一个位于美国，曾是特斯拉的供应商。此次收购开启了西藏珠峰新能源产业链上游资源的投资布局。

"锂盐湖项目预计将在 1 至 2 年内形成产能，伴随着不断扩展的新能源市场空间，将成为公司新的利润增长点。"黄建荣展望。

助力"一带一路"建设

塔中矿业在中亚的发展壮大离不开国家政策的支持。2000 年，中国提出"走出去"战略；2005 年，时任国务院副总理吴仪出访中亚后，塔吉克斯坦在政治和经济上跟中国保持了高度的一致，对中国十分友好；2013 年，中国提出"一带一路"倡议。

塔中矿业抓住机遇，在原有投资的基础上，不断加速、加大投入，生产规模一再扩大，公司生产能力从年采选100万吨逐步增加到300万吨。

截至2017年末，塔中矿业已在塔吉克斯坦完成投资约4.13亿美元，累计实现产值约8.34亿美元，实现净利润约3.77亿美元，上缴税收约1.90亿美元，解决当地就业超过2200人。塔中矿业2015年到2017年创造产值占塔吉克斯坦采掘业工业产值的近一半，连续多年是塔吉克斯坦工业领域的第一纳税主体，约占塔吉克斯坦财政收入的5%。

2017年11月，塔中矿业在塔吉克斯坦投资建设的塔中矿业冶炼厂正式投产，塔吉克斯坦总统拉赫蒙出席仪式并剪彩，高度评价了冶炼厂的工作，尤其肯定了塔中矿业将汉语培训与职业技能培训结合的做法。

该项目是塔中矿业的配套企业，通过冶炼的综合回收，实现伴生有价金属（铜金银）的计价销售，使资源得到深度开发，实现利润最大化。对塔吉克斯坦而言，冶炼厂不仅填补了该国有色金属工业的空白，新增600个当地就业岗位，还增加了利税，同时带动其他资源的开发利用。

2014年4月3日，中塔工业园区开工奠基典礼

目前，塔中矿业是商务部认可的"一带一路"沿线标志性项目。在塔中矿业的示范性作用下，越来越多的中国企业开始在中亚国家进行投资。

"我很清楚公司在大历史背景下的定位，公司的目标是成为行业内具有领先优势、在中亚地区具有竞争优势的大型跨国矿业集团。中国作为人口大国，对周边国家的资源依赖度会不断提升，这其中孕育着很多机会。"黄建荣说。

据黄建荣介绍，西藏珠峰的总体思路是控制更多上游资源，不断提升产能，通过产业园区集群放大价值。

实现员工属地化

除了物质上的投资，西藏珠峰还注重中塔两国的人才培养和交流。塔中矿业的生产、管理团队中，有近三分之一是塔吉克斯坦当地人。公司将塔吉克斯坦优秀青年送到中国的大学深造，出资对塔吉克斯坦员工进行语言和专业技能培训，比如开展"一中一塔师带徒"活动等，促进塔籍员工工作技能的提升，培养当地技术工人和管理人员。

2018 年 3 月 6 日，西藏珠峰全资子公司塔中矿业与湖南有色金属研究院、昆明理工大学签署协议，合作开展塔吉克斯坦国际学生的联合培养项目。这些塔吉克斯坦学生参加汉语培训并学习采矿、选矿、地质、测绘、冶金等专业，符合条件的学生将来可以到塔中矿业就业。

黄建荣表示，目前中国派一名员工去塔吉克斯坦，成本大概是塔吉克斯坦员工的数倍。通过员工属地化，成本可以下降很多，对公司而言也是一个直接的效益。

此外，公司还一直致力于改善当地教育条件，出资援建了幼儿园、第一中学、第六中学、第十中学、孔子学院和孔子课堂等多家教育机构，并赠予各类硬件设施、教学物资等。当地人对中国十分友好，只要

塔中矿业对塔吉克斯坦当地学校进行装修捐赠

见到中国人，都会真诚地讲句"你好"。

　　"我们在境外运营企业的深刻体会是，唯有真正实现员工包括中高级管理人员属地化，才能获得所在国更多更大的接受和包容，这也是公司能否持续长久发展的关键问题。虽然这个过程需要时间和耐心，但我一定会坚持。"黄建荣说。

扫码观看西藏珠峰专访视频

从新商业模式到新盈利模式裂变

"零售是一个永远的朝阳行业。我们始终以零售为核心、以商品为核心，来寻找自己增长的空间。十年前的时候，我们说要做'中国的沃尔玛'。今天的沃尔玛看到我们，说要做'美国的苏宁'。"

——苏宁易购副董事长　孙为民

苏宁易购（证券代码：002024）在南京的首家无人店，下载金融支付 APP，进行人脸信息绑定，便可以刷脸进店，选购完商品后自由出店，整个购物过程停留时间不超过 5 秒。不用排队，没有现金，连时下流行的扫码付款也免了。

苏宁无人店采用刷脸支付

这家涵盖时下最先进智慧零售技术的无人店，只是苏宁易购零售超级大航母上的冰山一角。现在的苏宁易购已经从传统的家电连锁集团成功变身为年营收过千亿元的互联网零售服务商。

在业绩最好的年份，苏宁易购选择主动陷入"转型焦虑"。苏宁易购在 2009 年正式吹响了互联网转型号角，通过 + 互联网在围绕零售展开的渠道、商品和服务上不断做加法，再利用互联网 + 打通线上线下渠道，拓宽交互应用场景，实现产业、数据、用户一体贯通。

2017 年，苏宁易购实现营业收入 1879.28 亿元，同比增长 26.48%，实现净利润 42.13 亿元，同比增长 498.02%，盈利能力进一步凸显。2017 年 7 月，《财富》杂志公布的最新全球财富 500 强榜单中，苏宁易购首次上榜。

三个十年　两次跨越

罗马并不是一天建成的。今天的苏宁易购经历了两次内生驱动的转型变革。

1990 年，苏宁创始人张近东辞去国企铁饭碗，创立空调专营公司，通过服务在"批发为王"的年代树立了品牌。

1999 年，东南亚金融危机。很多企业停止扩张，张近东却将批发转为零售，发力成为全国综合电器连锁市场。

在苏宁前两个十年的连锁扩张中，中国零售业的发展一直采用模式化的单向推进思路，这得益于中国 GDP 每年 10% 左右的高增长。居民收入递增，房地产市场火爆，带旺了家电和 3C 产品的需求，商品供不应求。但到了第三个十年，随着互联网的发展和消费观念的变化，单纯以商品消费来支撑整个社会零售市场发展的路径遇到了瓶颈，零售基于商品规模经营所带来的采购规模、价格优势、成本平摊的盈利模式也已经行不通。

2009 年，美国次贷危机引发的全球金融危机余波继续蔓延，零售业界一片风声鹤唳。不少以批发为主导的小商户被迫关停，这反而给以苏宁为代表的品牌卖场带来了机会。

通过一次暗访，张近东有了意外的发现。2009 年 3 月，张近东作为政协委员参加了全国两会，会议期间他抽空去了一趟宾馆附近的苏宁门店。本以为萧条的大环境中门店会冷冷清清，没想到大厅里人头攒动，需求旺盛。细心的张近东很快发现了供需端存在的问题：有很多顾客询问的 3C 产品断货了！原来国际厂商因欧美和日本市场需求减弱自主降低产量，导致中国市场出现供货不足。

张近东意识到，苏宁原来的发展是资源驱动型的，并不是真正的价值成长；只有掌握商品和供应链的引导能力，才能在竞争中立于不败之地。

2009 年，恰逢中国 3G 元年，阿里巴巴、京东等一批新型电商陆续崛起。张近东索性将正在酝酿的大变革与几年前就考虑布局的互联网相结合，并在当年成立了苏宁易购。

"对于苏宁来说，我们在 2009 年所做的转型，主要是基于全渠道、全品类的拓展。到了 2012、2013 年的时候，我们开始把互联网的渠道和线下的实体渠道打通。"苏宁易购集团股份有限公司副董事长孙为民在接受全景网专访的时候如是说。

视野高度决定市场大小。在电器专营时代，整个家电行业的市场大概是 1 万多亿元；后来，随着手机市场的迅速膨胀，家电行业市场规模扩张到 2 万多亿元；进入全品类消费市场后，苏宁易购面对的是 35 万亿元到 40 万亿元的消费品目标市场，市场空间一下子增长了十几倍。

用互联网链接零售内核

一家企业能否成为行业领导者，在于其是否有重塑产业链价值的格局与魄力，更在于其是否具有坚守行业本质的执着与定力。

依托科技的发展，互联网大潮席卷而来。然而"拥抱互联网"的口号，对于当时很多深耕传统行业的企业来说，却是说起来容易做起来难。涉足一片未知的蓝海，稍不注意即便巨轮也有可能搁浅或沉没。

公开财务数据显示，转型期间，2011 年营收增速还有 24.35% 的苏宁易购，从 2012 年到 2014 年，增速都在 3% 到 7% 之间徘徊，直到 2015 年才突破 20%；净利润也从 2012 年开始逐年下滑，甚至一度出现亏损，直到 2016 年第四季度实现净利润转正，苏宁易购的智慧零售转型模式迎来新拐点。

2017 年 1—6 月，苏宁易购实现营业收入 837.46 亿元，同比增长 21.87%，利润总额、净利润分别为 3.09 亿元、2.91 亿元，同比增长 242.96%、340.53%，盈利能力继续凸显。

"苏宁完成了商业模式的打造，正在进入从新的商业模式到新的盈利模式的裂变过程。"孙为民表示，"我们始终以零售为核心、以商品为核心，来不断地寻找自己增长的空间。"

苏宁易购以零售为核心的互联网转型路，简单来说可以归纳为"从 + 互联网到互联网 +"，即用互联网链接起各大零售元素的内核。

+ 互联网，可以理解为在互联网时代开疆拓土，互联网 + 则是在 + 互联网的基础上，以技术叠加、改造、优化线下的业务流程和零售资源，具体可以分为 + 商品、+ 渠道和 + 服务。

受空间限制，实体门店最多能够容纳几万个品类。借助互联网技术，苏宁易购建立起家电、3C、超市、母婴、百货、金融、文化等不同消费特性的产品组合，品类超过 4000 万；同时，通过虚拟展示、模拟穿戴和情景搭配等互联网 + 形态，商品和人以及不同的应用场景实现了更好交互。

零售连锁出身的苏宁易购有着天然的门店渠道优势，再通过开发

PC 端、移动端的苏宁易购，收购 PPTV，进军 TV 端，逐步形成覆盖用户的全渠道消费场景。而互联网 + 渠道产品业态如云店、易购服务站、体验区等重新定义了互联网时代的零售服务渠道。

在苏宁易购展厅内有一面橱窗，白天和普通的广告橱窗并无两样，到了夜晚就可以切换成动态广告或不打烊的扫码购窗口。过往行人路过门店、公交车站甚至更多的应用场景，都能不受时间限制进行购物。

依托零售的渠道，苏宁易购同时打造数据云、物流云和金融云。

数据云基于数据的运营，形成个性化采购，自上而下地捕捉用户数据，反哺到上游，形成数据驱动的采购。物流云则向供应商和商户开放存储资源，受理配送和仓储业务。目前，苏宁的数据、物流系统均开始向第三方甚至第四方开放。

苏宁物流无人机配送

聚焦消费金融、支付、供应链融资的金融服务近年来成为苏宁易购新的盈利模式中非常重要的收入来源。2017 年半年报显示，苏宁易购线上自营商品销售收入同比增长 61.39%，物流社会化收入同比增长 152.67%，金融业务的交易规模同比增长 172%。

用体育 IP 重构企业品牌

涉足体育产业链，苏宁集团近两年走的这步棋同样非常引人关注。

收购江苏舜天、国际米兰，手握中超联赛、国家队比赛以及五大足球联赛的转播权，又通过苏宁体育无人 Biu 店、足球 1+1 等模式将体育和苏宁擅长的零售生态圈进行了有机地融合，苏宁体育的版图日渐清晰。

"体育是企业做品牌非常好的切入点。"孙为民表示，抢滩体育市场，苏宁集团既看中了体育未来的消费增长潜力，更瞄准了其背后庞大受众流量，给企业品牌形象带来的加成效应。

什么样的流量能够真正带来用户黏性？孙为民说是以内容驱动的流量。

"苏宁集团投资俱乐部，在联赛期间，每周的比赛像一集电视剧，一年30场就是电视连续剧，这里各式各样的故事，把它运作起来就是品牌传播、事件传播。这是我们在互联网时代希望建立品牌，解决流量的方式之一。"

资本市场助力苏宁易购转型扩张

采访中，孙为民不止一次表示，资本市场是苏宁转型最强有力的动力和底气。苏宁易购加速布局全品类消费市场，并通过坚定拥抱互联网，逐渐发展成为智慧零售的引领者，离不开资本市场背后的助力。

2004年7月21日，苏宁电器在深交所中小板上市，成为当时第一高价股，张近东身家达170亿元。上市10多年来，苏宁所募集的资金均用于锻造零售核心竞争能力，如连锁网络、物流及信息平台等建设。截至2017年采访日为止，苏宁在资本市场上一共完成了5次非公开发行股票和2期公开发行的公司债，合计募集资金净额483亿元，同时通过投资、并购，实现企业外延式发展。

2009年6月，苏宁投资收购日本老牌的连锁零售商Laox（乐购仕），并持续增持股份成为其第一大股东，迈出海外布局的第一步；

同年12月，苏宁进一步收购香港激光公司，进军香港市场，目前香港已成为苏宁向海外，尤其是向东南亚市场发展的桥头堡；

孙为民接受全景网专访

2012 年 9 月，按照集团全品类发展策略，苏宁收购了母婴产品零售商红孩子，拓展新的产品市场，提高用户体验和黏性；

2016 年 5 月，阿里以约 283 亿元战略投资苏宁易购，成为后者的第二大股东，苏宁易购则以 140 亿元认购阿里新发行股份；

2017 年 4 月，为了强化物流最后一公里配送能力，苏宁易购收购天天快递，通过整合双方在仓储、干线、末端等方面的快递网络资源，整体提高物流网络的灵活性和规模效应。

"通过对境内外企业的投资、收购，苏宁经营的区域、品类及服务能力得到了有效的发展，强化了企业主营业务能力。"孙为民说。

资本市场风起云涌，传统零售行业近几年也面临着前所未有的变革和挑战。但不管周围的环境如何变化，苏宁易购始终屹立在零售业潮头，在坚守零售本质的智慧转型路上走得执着坚定，并逐步成长为中国，乃至全球零售行业变革的领军者。

"我们不仅把线上线下多渠道打通，还将多业态、多产业的东西全部打通。这样的构架，全球也没有几家能这么做。"孙为民补充道，"这些年的发展，一方面是挑战艰难，另一方面前景和希望非常大。十年前的时候，我们说要做'中国的沃尔玛'。今天的沃尔玛看到我们，说要做'美国的苏宁'。"

2017年7月举行的中美企业家峰会上，沃尔玛董事长董明伦充分肯定了苏宁的智慧零售模式，并表示未来期待与苏宁在中国市场的渠道下沉，尤其是三、四级市场挖掘以及O2O融合发展等方面进行开放式合作。

扫码观看苏宁易购专访视频

家电巨头的涅槃重生

"当时（2012 年）的美的像一辆汽车一样，跑在一条高速公路上，时速才八十码。何总交给我的时候说，你不仅要以八十码跑，还要跑到一百码。"

——美的集团董事长、总经理　方洪波

时代发生着巨大的变化。2012 年起，地处佛山顺德的美的集团（证券代码：000333）也在进行着一系列的变革。从"跑马圈地"式的规模制胜到"以产品为导向"，从"壮士断腕"式疗伤转型到进入世界500 强，美的集团用 5 年的时间，完成了涅槃重生。

方洪波（左二）接受全景网采访

2012 年，美的创始人何享健将千亿美的交给了方洪波。从此，美的进入了方洪波时代。

"当时的美的像一辆汽车一样，跑在一条高速公路上，时速才八十码。何总交给我的时候说，你不仅要以八十码跑，还要跑到一百码。"

虽然当时美的财务数据看起来很漂亮，但是方洪波很清楚，自己接手的是一个"虚胖"的美的。因为在此前的高速扩张期，美的各个事业部就像一个个小发动机，在管辖范围内，看见哪样产品好卖就可自行决定上马。2010 年，美的虽然达到千亿元的年收入规模，净利润却很低，毛利率远低于同行。这让方洪波嗅到了不安，自检中猛然发现原来已冲刺到悬崖边缘。时间进入 2012 年，房地产行业不景气，家电以旧换新、节能补贴等政策到期，所以国内家电行业增速放缓，甚至集体迎来了寒冬。

"以前中国家电，包括传统制造业，都是靠改革开放发展起来的，靠人口红利、区位优势、成本优势等发展起来的。2008 年金融危机之后，这个模式不行了。作为传统制造业，你必须转型升级，你不转型升级就没有出路，因为过去的模式没有未来。"

要么转型，要么等死。2012 年，美的决定启动创业 46 年来最剧烈的战略变革。产品线、工厂、工人，"砍"到哪里，哪里就会"见红"。彼时，方洪波承受着巨大的压力。

"我的压力是非常大的。你看现在资本市场动不动几十亿元不见了，市值上百亿元不见了，对我都是无形的压力。另外，我们内部也很难达成共识，因为你不知道未来的方向在哪里。但今天大家知道，美的这个做法是对的。"

未来：成为全球领先的消费家电企业

一边做着"减法"，另外一边，美的也对经营思路进行了重构：从以规模为中心变为以产品为中心。2012年，美的在投资上做了180度的大调整，从传统粗放式的投资，转为投到一些无形资产上，就是以产品创新和研发创新、技术创新为核心的投资布局。2014年，美的将400亩的旧厂房，改造成了"美的集团全球创新中心"，5年投入百亿元，进行产品创新研发。这个创新中心承载着"再造一个美的"的梦想。

目前，美的集团围绕着全世界，围绕着核心技术，面向未来的技术，构建17个研发中心，大概有10个在国内，7个在国外，投入非常大，这个数字一年就是几十亿元。

方洪波表示，这样大手笔的投资，相信对于美的来说，是有成效的，三五年后这个成效会显现出来。而这也将使美的家电业务迸发新的活力。

对于美的未来的定位，方洪波也进行了比较详细的阐述。未来，美的集团会将自身打造为集消费电器、暖通空调、机器人及工业自动化系统于一体的综合性科技集团。这三大业务空间巨大，增长没有天花板。其中，消费电器方面，未来将稳定保持5个点左右的升幅。原因来自消费结构升级、老产品的新旧替代以及城镇化。与此同时，全世界家电领域的版图也在发生重构、发生转移，未来中国家电企业在世界舞台上占据主导地位，是指日可待的事情。

突破口：强化跨国并购、跨界创新

实际上，在美的提出战略转型时，"全球经营"就是其三大方向之一（另外两个分别是产品领先和效率驱动）。2016年，美的分别收购了日本东芝公司家电业务和意大利空调制造商奇威集团（Clivet）的大部分股份。而美的公司在全球扩张上最大的举动就是以近300亿元收购德国机器人公司库卡。

方洪波强调，中国工业智能化和机器人领域真正爆发性的增长空间远远没有到来，现在只是开始而已，未来的空间是无法想象的大。工业自动化和技术领域，是美的确定的新方向，未来可能继续通过并购的手段去发展。

目前，美的全球经营的雏形已经具备。2017 年，美的集团海外收入占比达到 43%。

方洪波：美的的成就与政策一脉相承

经过一系列变革后，美的在 2016 年，第一次进入了世界 500 强，2017 年依然在榜单中。方洪波认为：美的在过去 5 年取得的成就，是因为抓住了中国经济快速崛起的机会，美的的成就与政策一脉相承。

"我们所有的东西，应该说都跟国家的一些精神、政策的要求也是一脉相承的，比如说我们对新经济的拓展，我们现在对互联网 + 的积极拥抱，还有我们对供给侧结构性改革的坚定实践。我们也是供给侧结构性改革实践的一个非常好的案例，这些都说明我们跟国家的政策是一脉相承的。"

扫码观看美的集团专访视频

一排籣杜鹃进化出生态文旅大版图

> "人是逼出来的，既然选择了创业，就要不断创新，不能满足于现状，也不能拘泥于某一个技术，或者说某一个小的行业。"
>
> ——岭南股份董事长　尹洪卫

2018年3月1日，岭南股份（证券代码：002717）发布公告，由"岭南园林股份有限公司"更名为"岭南生态文旅股份有限公司"，证券简称由"岭南园林"变更为"岭南股份"。简单两个字变更的背后是公司多年孕育积累产生的质变。

岭南股份早在上市之前的几年就开始酝酿转型；2014年上市后，公司二次创业，在董事长尹洪卫的带领下全面落实"大生态＋泛游乐"战略。2015年到2017年，公司先后收购恒润科

尹洪卫接受全景网专访

技、德马吉和新港永豪，完善文化旅游产业链和完成水生态综合治理产业布局。

至此，公司形成水务水环境治理＋生态环境修复＋文化旅游的业务板块格局。收购产生的叠加效应提升了岭南股份的核心竞争力、营业规模和利润，使之成为园林企业转型的成功典范。

从"岭南园林"到"岭南股份"，创业 20 年来，尹洪卫和公司经历了怎样的嬗变？

创业初期　没钱过年愧对家人

岭南股份董事长尹洪卫毕业于惠州大学，曾在东莞市农科所从事园林相关工作。20 世纪 90 年代，中国城市园林绿化还很落后，除了几个公园，基本上没有什么系统的绿化工程。而作为改革开放的前沿，深圳那时的城市园林建设已走在全国前列。

"20 世纪 90 年代的东莞脏乱差，跟现在完全不同。那时深圳的深南大道和世界之窗已经建好了，我到过深圳，感觉真是漂亮。我想，未来东莞也会像深圳一样美，更多城市将会像深圳一样注重园林建设。"尹洪卫说，"我从小就很喜欢花花草草，加上很看好这个行业，就在改革开放的浪潮中毅然下海。"

1998 年，岭南园林成立。创业初期，公司一穷二白，没钱、没人、没支持，尹洪卫用一单单业务打下基础。到过深圳的人都见过红红火火的簕杜鹃，这是

1998 年，尹洪卫工作场景

深圳的市花，也正是这种花带给岭南股份第一份订单。

尹洪卫对这个订单印象深刻："在保税区种一排簕杜鹃，费用只有4万块钱。就是这样小的订单，过程也很艰难，我千方百计才拿到的。我们租了一辆货车拉货，回来时还在广深高速靠近深圳机场的一个隧道坏了，我们下车推了10公里。"

回想创业之初，艰难历历在目，他回忆："没有资金周转，我将家里的房子、父母的退休金反复抵押。有时候好几个月发不起工资，我只好向亲朋好友借，这个借3万元，那个借5万元，补利息给他们。"

"创业前6年资金都非常短缺，收回来的工程款都给了供货商和工地。好的年份留2万块钱给家里过年，不好的年份一分钱没有，现在想起来都觉得愧对家人。"

跨区域经营做大做强

熬过了最初的几年，2005年公司开始好转，营收达到了两三亿元。尹洪卫并未止步东莞，开始向全国扩展。岭南股份相继在深圳、广州、北京、上海等地设立分公司，业务涉及全国28个省（区市），200多个县市。

"跨区域经营，现在说起来就是一句话的事，但这个过程是我们一

福建晋江世纪大
道景观工程

步一个脚印走出来的，早出晚归、风餐露宿是家常便饭。你们没有经历过，体会不到。"尹洪卫举了个例子：

2012 年，福建晋江世纪大道绿化景观建设临时更换施工单位，要求 5 月 18 日进场，6 月 6 日竣工验收。正常情况下做施工设计图都需要 1 个月，而这个项目全部工期只有 18 天，任务重、时间短，很多同行无力承接。

虽然只有 6000 万元费用，但为了打开福建市场，岭南股份咬着牙接下了项目。公司调动 15 个设计师、80 多个施工员、近千名工人、100 多台机械，浩浩荡荡地开工了。

"我们边设计边施工，通宵达旦三班倒，很多同事都累坏了，打着吊瓶工作。最后，项目如期完成，得到了认可，地方政府的领导表示非常欣赏岭南，感谢岭南。也正因为有这样的拼劲，我们才能够在全国各地不断地开疆拓土，取得很多成绩，我们称之为'铁军精神'。"尹洪卫说。

"这种拼搏精神一直延续到现在。2017 年，我们 CEO 出差 180 趟，副总裁和我也出差 80 多次，平均每周出差一两次。"

2010 年到 2013 年，岭南股份年营收从 4.92 亿元稳步增长到 8.05 亿元，净利润也从 6122.81 万元增长到 9663 万元。公司在市政园林工程和地产景观工程两大类业务方面实现了并行均衡发展，成长为具备较强大型园林工程施工能力、景观规划设计能力和跨区域经营能力的国内园林绿化行业的领先企业之一。2014 年 2 月 19 日，岭南股份登陆深交所中小板。

2014 年，尹洪卫（左）在上市仪式上

二次创业　打破园林行业天花板

2018 年 3 月 1 日，岭南股份发布公告，由"岭南园林股份有限公司"更名为"岭南生态文旅股份有限公司"，证券简称由"岭南园林"变更为"岭南股份"。简单两个字变更的背后是多年孕育积累产生的质变。

尹洪卫说："人是逼出来的，既然选择了创业，就要不断创新，不能满足于现状，也不能拘泥于某一个技术，或者说某一个小的行业。"

如何突破行业天花板，既发挥园林企业的优势，同时走出一条适合自己的新路子，是岭南股份在上市之前就考虑的问题。早在 2011 年，岭南股份已经开始广泛接触环保业务，如生活垃圾处理、污水处理、盐碱地治理等，悄悄打破园林行业的外沿。

2014 年公司上市后，打破资金、品牌、市场、人才等瓶颈，开始密集动作发力转型。在文化旅游板块，岭南股份以新型现代的科技文化公司为突破口，于 2015 年收购上海恒润数字科技有限公司，正式涉足文化旅游产业。随后于 2016 年收购德马吉国际展览有限公司，进一步完善文化旅游产业链布局。在环保生态板块，岭南股份以河道治理＋盐碱地治理为拓展方向，于 2017 年收购北京市新港永豪水务工程有限公司 75% 股权，完善公司水生态综合治理产业。

收购并不是简单的"1+1=2"，产业协同给岭南股份创造了更多机会。比如：2018 年，山东日照有一个项目，本来是岭南股份全资子公司恒润集团先去竞标文化旅游业务，后来岭南股份生态团队去竞标生态环境业务，子公司和母公司撞到了一起。当地政府一看，你们两个项目都能做，不如全交给你们，共同打造一个文化旅游综合体。

"这样，岭南集团的综合效应就出来了，投资、建设、运营能力一体化，提供了一整套的解决方案，当地政府很接受，类似这样的项目还是蛮多的。"尹洪卫介绍。

2018年上半年，岭南股份文化旅游板块表现亮眼：完成营业收入6.84亿元，较2017年同期增长91.65%；板块毛利率同比增加4.17%，达到43.35%。恒润科技基本完成全年业绩承诺，德马吉基本完成全年业绩承诺的七成。

目前，岭南股份已确定两大主营业务：生态环境业务和文化旅游业务。前者包括水生态治理、景观规划设计、生态环境与园林建设、苗木培植与养护、生态环境科学等，并形成全产业链集成运营能力；后者涵盖主题文化旅游的规划设计，主题文化景区的创意设计、旅游投资、景区建设、策划营销和运营，高科技文化创意产品，动画、漫画、电影、电视剧等文化影视，全球活动创意及展览展示，应急数字减灾等。

2018年上半年，岭南股份生态环境修复业务占营收比重为38.15%，文化旅游业务占营收比重为19.25%，水务水环境治理业务占比为42.6%。尹洪卫表示，未来园林业务的比重将会继续下降，生态环境和文化旅游业务的比重将会更高一点。

"一眨眼20年过去了，20世纪90年代，我就坚信社会发展之后，一定会要求好的城市环境，因此看好园林行业；如今，社会更加进步，对生态环境、文化旅游有更高的需求。未来对我们来说，不仅仅要赚钱，还要满足社会对环境、文化艺术品位的需求。"

扫码观看岭南股份专访视频

不能捧着金饭碗要饭吃

"我少年历经磨难，以前那么多经历，就有那么多办法。好像什么困难到我这儿，都能够迎刃而解。"

——盘龙药业董事长、总经理　谢晓林

"我小时候家里很穷。九岁那年，我母亲感冒了，然后打了一针，那个病没有治好。很小的时候，我母亲就离开我们了，那时候我就想学医。"

谢晓林踏入医药行业的想法简单而纯粹，甚至听起来有些令人心疼。

母亲去世，父亲续弦，家中七个孩子变成了九个。作为家里最大的男孩，谢晓林从小心里就装着替父亲分忧的责任和担当。

1985 年 10 月，

谢晓林接受全景网专访

西安药厂柞水分厂招人。谢晓林瞒着父亲参加考试，以第一名的成绩被录取。一心希望儿子继续学业的父亲难掩失望，但谢晓林明白，这是一个对自己、对家庭都负责任的选择。

谢晓林在药厂的前十几年原本"也无风雨也无晴"，直到 1997 年在买断原西安制药厂柞水分厂破产资产协议上签字，才真正开启了他与盘龙药业（证券代码：002864）的逆袭之路。

不能再捧着金饭碗要饭吃

秦岭，是中国最重要的地理、地质分界线，也是全国闻名的药材宝库，中草药资源非常丰富，其中尤以"秦岭七药"最为出名。"秦岭七药"涉及 50 科 102 属 176 种植物，有不少已被成功开发，广泛运用于民间防病治病。

柞水地处秦岭南麓，邻近西安，自然条件优越。一个世纪前，柞水县城里走出了中国骨伤名医、中医专家王家成。王家成是《中医辞典》的编写顾问，全国第四、第五届人大代表。他不仅凭借自己研制的骨病良方治愈了万千骨病患者，更是数次为国家领导人医骨开方，生平三次受到周恩来总理的接见。

在柞水，王家成先生及盘龙七片处方的传奇故事几乎家喻户晓。这例他用秦岭山区特产的盘龙七等多味草药调制而成的骨伤风湿处方，被誉为中国中药宝库的瑰宝。王家成小夹板治骨伤，也被列为"陕西商洛市第二批非物质文化遗产"。

1985 年，以王家成盘龙七片处方为基础的盘龙七药酒和盘龙七片通过省级鉴定，由西安制药厂与柞水县合作生产。西安药厂柞水分厂同年成立。也就是在这一年，谢晓林考进药厂，成为第一批员工。

然而，由于体制和管理问题，古老的药方并没有因此焕发生机。相反，西安制药厂柞水分厂自创办以来一直处于亏损的状态，直至 1994

年全面停产。

"当时，职工人心涣散，整个厂子一片狼藉，杂草丛生。政府也想招商引资，寻求怎么能让企业起死回生，后来准备跟西安一个自然人签订承包合同。当时一年的租赁费是 5 万元，我们大家在一块儿盘算：他们 5 万元，那我们也可以租赁啊。因为我是管营销的副厂长，大家推举我来牵头。"谢晓林回忆。

为了筹集到承包的经费，谢晓林卖掉了自己的房子。

"我跟太太说，如果失败了，我们就是一穷二白、一无所有了。我太太回答，你都敢卖，咱肯定就不会失败，失败了咱再来，咱还年轻嘛。"

资金准备就绪，谢晓林找到县长谈药厂内部承包租赁的事宜。

"你怎么来租赁？你怎么让这个企业活下去，活起来？"

县长的质疑一针见血，谢晓林的回答同样直中痛点："我有信心是因为我们有好的职工队伍，有好的产品，关键是机制。我们现在是'拿着金饭碗要饭吃'。产品卖不动就是因为没有激励机制。再一个，产品

陕西盘龙制药有限公司与柞水县企业改制领导小组签订协议，正式买断西安制药厂柞水分厂的全部资产

在品牌、价格上都没有反映出它的价值。"

一个下午的详谈，谢晓林用诚意和远见打动了县长。1997 年，谢晓林在协议上签字，西安制药厂柞水分厂宣布破产，陕西盘龙制药有限公司（盘龙药业前身）同年成立。

陕西盘龙制药有限公司与柞水县企业改制领导小组签订协议，正式买断西安制药厂柞水分厂的全部资产。

老酒新酿 活水新生

对于谢晓林来说，赌上全部身家承包的药厂只许成功，不许失败。接过药厂的指挥棒后，他随即大刀阔斧地进行改革。

在谢晓林看来，盘龙七片就像藏匿于深巷中的老酒，不走出去就无法让外界认识其醇香；而老药厂像一潭缺乏生机的死水，不将其机制盘活，就无法调动团队的积极性。

"我们西安药厂柞水分厂搞不活的原因，就是营销这盘棋没有走好。除了机制的问题，更重要的是销不出去，怎么把销售搞活，是我们承包租赁和企业改制的第一要务。"

谢晓林首先带领团队进行中西药竞品分析，充分挖掘盘龙七片的核心竞争力。通过试验比照，谢晓林发现盘龙七片有功效全面的特点，不仅对软组织损伤、腰肌劳损、骨折及其后遗症疗效显著，而且对风湿性关节炎、类风湿关节炎等症状靶向效果也明显，弥补了同类产品功效单一的弱点。

"盘龙七片属于大处方，29 味药，镇痛、消肿、消炎。当时，我们跟杜冷丁对照，镇痛达到同样的效果。这么好的药，这么多年没做起来，多可惜。"

他同时借用纪录片《红草医》，讲述王家成一生的贡献及其为周恩来总理治病的故事，为产品的公信力作背书。

"当时，我们在安徽巢湖开了一个 500 个医生参加的学术推广会。我在那里讲王家成老先生如何献出这个方子，如何从带头采药到给总理治病。大家对总理那种敬爱、敬佩之心令人感动，对我们的产品也很有信心，确实是一个绿色企业、红色故事，应该传承下去的。"

单单这次推广会，盘龙药业接到最高的一张订单超过 100 万元，这在当时是一个不小的数目。不到半年时间，原来年产值不足 100 万元的盘龙药业产值突破 600 万元；半年上缴税金逾 15 万元，超过西安药厂柞水分厂成立 13 年所上交的税金总和。

1998 年，盘龙药业年产值达到 2000 万元。恰逢中国药品监督管理部门加强药品生产监督管理，GMP 认证开始实施。谢晓林一面抓市场网络建设，一面加大技术改造。2001 年 10 月 18 日，盘龙药业通过 GMP 认证，并且产值达到 3 亿元。2006 年，通过第二次技术改造，盘龙药业产值提升到 10 亿元。

目前，盘龙药业已经形成以盘龙七片为主导，以骨伤、风湿类为主要治疗领域，涵盖肝胆类、心脑血管类、妇科类、抗肿瘤类等多个治疗领域的产品布局。

而令人没有想到的是，药厂破产后，谢晓林留下了将近 90% 的老员工。正是这批原西安药厂柞水分厂的员工，和谢晓林携手带领老药厂走出了低谷。现在盘龙药业的大部分高管，也出自这些老员工。

"2016 年退休的一些员工，他们一生都在这个药厂干。他们敢跟我干，就是因为原来发不出工资，现在工资越来越高，福利有保障。大家带着希望，带着我们盘龙的事业，一路前行。" 谢晓林说。

一体两翼　弘扬中药文化

根据南方医药经济研究所的行业数据分析，2013 年到 2016 年，在国内风湿类中成药市场中，前五大品牌的市场占有率合计在 30% 左右，且呈逐年上升的趋势。除了排名第一的产品市场份额超过 10%，较为领先外，其余四家优势均不明显。这也说明国内风湿类中成药市场仍然是一个开放和充分竞争的市场。

盘龙药业的盘龙七片长年位居国内风湿类中成药市场第一军团。2013 年到 2016 年，盘龙七片市场排名第五，占比在 2.82% 到 3.59% 之间。

"虽然我们在风湿骨伤行业有一定的影响力，但是市场份额很小。我们永远要致力于品牌的建设和核心竞争力的提高，永远在路上。"

为此，谢晓林提出了"一体两翼"的战略规划。一体，即加强工业主体的硬实力，通过扩充生产线以及提升技术工艺，把盘龙药业的制药、保健、中药饮片、中药配方颗粒等推上一个新的台阶。

"左翼"专注医药商贸及文化建设，发展药品配送，建设王家成大药房，传承王家成的中医文化。通过打造文化软实力，提升品牌的影响力。

"未来，我们要发扬王家成老先生的非物质文化遗产，王家成老先生的故居我们也要恢复。我想用文化来引领，带动整个企业品牌的传播。企业品牌传播了，肯定能够促进盘龙学术推广的进程，两者是相得益彰的。"

"右翼"则定位大健康产业，利用柞水的区位优势，围绕医疗、健康、养老三方面展开布局。

"西安到柞水，全程距离 61 公里。而且柞水气候非常好，秦岭是天然药库，过了秦岭长隧就到了柞水，柞水春天去看花，夏天宜避暑，秋天可赏月，冬天躲雾霾。西安的雾霾比较大，柞水长年的气候比较适宜，所以我们在那一块就准备布局健康养老产业。"

在谢晓林规划的大棋盘上，盘龙药业要扎根柞水，立足陕西，面向全国。如今登陆资本市场，正是他带领盘龙药业走向更广阔市场的第一步。

"我想，登陆资本市场能让我们的眼界更高一点。第二个是我们管理模式的转变。上市首先要规范，就是大家在观念上规范自己的行为，改变以前的陈规陋习，让这个企业走得更远。"

在接受全景网的专访时，谢晓林没有表现出公司上市前的谨慎与保守。一句"我们想到啥就说啥吧"，将陕西汉子豪爽直率的性格体现得淋漓尽致。他笑称自己一直把盘龙药业当成一个孩子来养，如今看着企业茁壮成长，内心也颇为欣慰。

谢晓林在深交所敲响上市宝钟

问及办药厂的过程中，最大的困难是什么时，谢晓林的回答铿锵有力——"没有！我少年历经磨难，以前那么多经历，就有那么多办法。好像什么困难到我这儿，都能够迎刃而解。"

扫码观看盘龙药业专访视频

有门槛，才有话语权

"如果没有相当的技术优势、人才优势，特别是技术和营销人才，实际上是挺难生存的。在公司以后的发展中，我们更重视产业选择和人才培养了。"

——宏川智慧董事长、总经理 林海川

接受全景网专访时，林海川始终保持着他所说的"仪式感"：坐姿笔挺、微靠桌子、十指相扣，撑起稳固的倒三角。采访中需要接听紧急电话，林海川也不忘先道一声抱歉。

就是眼前这位温文尔雅、彬彬有礼、身上散发着书卷气的儒商，前不久刚刚带领企业在史上最严的 A 股 IPO 审核中强势通关。

林海川接受全景网专访

2018 年 1 月 26 日，中国证监会发审委召开 2018 年第 23、第 24 次会议。新三板挂牌企业宏川智慧（证券代码：002930）首发申请获得通过，成为当天六家上会的企业中唯一过会的公司，在通过率不足 17% 的 IPO 严冬中笑傲群芳。

在 IPO 审核趋严的今天，宏川智慧如何脱颖而出？林海川及其团队如何叩开上市之门？梳理林海川和宏川智慧的发展脉络，答案呼之欲出。

林海川在深交所敲响上市宝钟

勇于尝试创新　积极抓住机遇

祖籍潮汕的林海川，成长于茂名，求学于厦门，创业于东莞，如同他的名字一样，所到之处皆与江海结缘。

1993 年，林海川毕业于厦门大学国际金融专业，随后分配到东莞虎门一家化工原料贸易企业。那时的东莞市是"广东四小虎"之一。尽管城市基础设施薄弱、人口规模较小，但凭借毗邻港澳，劳动力、土地价格低廉等优势，在"三来一补"的产业转移浪潮中获取了改革开放初期的先发优势，民营外向型产业规模迅速扩张。正是看中了东莞活跃的经济发展环境，林海川选择到这里开始自己的事业。

"年轻时候做的很多选择都不一定是慎重考虑的结果，可能是自己的本能或者潜意识的反映。当时我觉得，到了一个经济比较活跃的地方，似乎能够去做一些自己喜欢的事。"林海川这样描述当时内心的想法。

1996年，恰逢中小规模乡镇企业、集体企业掀起改制热潮，24岁的林海川召集几位中学同学和朋友，将自己所在的乡镇企业承接下来，并更名为"宏川化工"。

对于这次"说干就干"的创业，林海川坦言，创业并不在计划中，更多是政策环境使然，甚至自己一开始对企业也没长远的发展规划。

"成立第一年营收100来万元，利润差不多10来万元。一开始只是想活下去，想把企业做大，同时能做一个有生命力的企业，这是最直接的想法，哪些业务能做、好做就做哪些业务。"林海川说。

宏川化工从低门槛的化工贸易生意起步。几年的积累让林海川对行业上下游的生态有了更深刻的认识和了解：化工贸易业务起步易，形成核心竞争力难。面对上游的石化公司，经常必须先付款再拿货；面对下游制造企业，往往又得先赊货再收款。遇到经营不善或是诚信度不高的企业，有时三四个月也收不回货款。随着业务陆续铺开，公司资金压力与日俱增。而没有固定资产作抵押，又难获得银行贷款。

困难摆在面前，转型迫在眉睫。恰逢此时，一家涂料厂客户因无法还清货款，将机器设备和原材料用于抵债。林海川马上将转型想法付诸现实——利用现有资源成立一家涂料公司，将产业链延伸至上游。

然而，隔行如隔山。虽然同属一条产业链，但贸易起家的宏川化工因为在材料制造领域经验不足，经营了几年，涂料企业就惨淡收场。

有门槛　才有话语权

全球著名的管理咨询公司麦肯锡曾对全球两千多家公司的转型经验

进行研究。结果表明，70% 的企业转型失败，究其原因 70% 是人的问题，即未根本解决人的意识和能力上的差距。对于宏川化工首次转型失败，林海川认为外因在产业选择，内因在人才队伍。

"涂料是一个竞争非常激烈的行业。当时给我们最重要的启发是，产业选择非常重要。如果没有相当的技术优势、人才优势，特别是技术和营销人才，实际上是挺难生存的。在公司以后的发展中，我们更重视产业选择和人才培养了。"林海川说。

21 世纪初，恰好是中国石化行业迅速扩张的阶段，其配套产业石化仓储同样获得了良好的发展契机，很多民营资本在此时开始进场。但石化仓储又是一个重资产、长周期、准入门槛非常高的行业。在政策层面，石化仓储相关项目审批部门多，有些审批甚至要到国家相关部委。同时，由于仓储货品大都由船舶运输，需要优良的深水岸线，项目选址要求在经济发达地区有大片土地，企业要获得岸线经营和码头建设批准，还有危险品经营资质。中国石化工业品 80% 以上是危化品，企业需要在安防设施方面投入大量资金，才得以安全开展业务。

林海川把目光锁定在中游的石化仓储行业。对于当时的宏川化工来说，进军石化仓储行业一缺资金、二缺经验、三缺人才，算得上是一项宏大的转型计划。不过林海川认为，选择门槛高的行业才能在产业链中掌握话语权和定价权。2001 年，他力排众议，开启宏川化工的石化储存转型之路。

接下来的 7 年充满困难，对于林海川来说完全是一场耐力战。他带领团队一趟趟跑手续，签章盖印。从项目申报、审批到选址，再到规划设计和资金筹措，几十个申报项目逐一跑下来，申报文件摞起来几尺高，仅批文就有书本厚。

2004 年，东莞三江港口储罐有限公司成立；2007 年，东莞三江一期工程建成，成为虎门港立沙岛化工区第一个建成投产的大型仓储项目；其间，广东宏川集团有限公司正式成立；2009 年，随着东莞三江二期工程竣工，整个项目全部投产。

"整个项目建成后，出租率非常高，业绩非常好。从那时开始，我们觉得选择是正确的，见到成果了，这是我们第一个重要的发展节点。"林海川说。

"一开始就做好上市准备"

目前，中国国内活跃的石化区域分布于长三角、珠三角以及环渤海地区。为石化产业提供配套服务的仓储物流行业，选址就围绕这三大区域来进行。三大石化区中，长三角规模最大。部分石化产品的储量、用量几乎占到全国的一半。因此，布局长三角，也成了很多石化仓储企业加速扩张必走的一步棋。

石化企业发展壮大，主要以投资建设和并购的方式推进。在华南市场通过创新服务、构建高效专业的服务体系等内生式发展稳固根基后，宏川石化开始在华东市场寻找合适的标的，谋求外延式扩张。

就在此时，林海川收到风声：因自身战略调整，一家在长三角区域有仓储布局但未实质开展业务的外资集团，决定退出国内石化仓储市场。面对"以小吃大"的收购契机，不少高层担忧外地收购风险太大，申报审批战线太长。是偏安一隅保守求稳，还是挺进长三角迎接新挑战，林海川再次力排众议选择了后者。

"随着我们在长江南岸的太仓阳鸿以及长江北岸的南通阳鸿两个并购完成，宏川应该说进入了第二个阶段，在国内主要的两个活跃的化工市场完成布局的阶段。当时，我们在东莞三江时候的罐容只有 25 万立方米，此时罐容翻了几倍，已超过 100 万立方米。"林海川说。

早于仓储市场蛋糕做大之前，金融专业出身的林海川就为企业做好了上市的准备。2015 年 11 月，宏川智慧（834337）登陆新三板，并

2014 年，北京华信"汤姆诺维格"卸混芳 3.5 万吨，创造了当时太仓港单船接卸危化品数量的最高纪录

在半年的时间内完成了 2 轮增发，募资约 1.7 亿元。2018 年，宏川智慧（002930）在史上最严的 IPO 审核阶段转板成功，一时成为市场关注的焦点。

"实际上，一直以来都有留意资本市场。我们真正明确要走入资本市场时间其实也比较早。宏川智慧的企业经营管理、财务一开始就是为了上市来做，做得比较规范，应该说正是我们这样的一个专业、敬业的团队，努力地去做好各项工作，才使得我们能够顺利地实现上市。"林海川说。

唯教育与人才不可辜负

林海川的成长经历充分说明了一句话——"比你优秀的人比你还努力"。

来自学术之家的林海川，父母均是享受国务院特殊津贴的行业专家，弟弟曾是广东省理科状元，妻子和弟媳也毕业于名牌大学。一家人闲暇时最大的爱好是看书学习。自小受书香熏陶的林海川身上，有余秋雨作品中描述的"一种明亮而不刺眼的光辉，一种无须声张的厚实，一种能够看得很远却又并不陡峭的高度"。

林海川伉俪合影

创业 20 余年，工作繁忙的林海川利用业余时间攻读了硕士和博士学位。据媒体报道，攻读硕士学位两年期间，林海川总是半夜赶到学校，第二天一早参加上课，课一结束又连夜赶回东莞，次日一早出现在公司。攻读博士学位期间，林海川又在东莞—香港—上海三地连轴转，历经四年多完成了博士学业。

不断充盈自身知识体系的同时，林海川还为公司的员工搭建了自我提升的平台。2009 年，由宏川联合中欧国际工商学院创立的宏川管理学院正式开班。作为企业内部大学，宏川管理学院有一套完整的、分层级教育体系：针对基层员工推出基石项目，70% 为日常工作技能，30% 为通用管理知识；对于中层管理人员实行砥柱项目，50% 为岗位专用知识，50% 为通用管理知识；高管团队则就读宏川 MBA，70%—80% 教授通用管理知识。

"我们针对不同层级的同事有不同的内容。同时，我们都是完整的教育体系。每个课程都是两年时间，过程中有内训、有外训、有考试、有开学、有毕业，就像上大学一样。"林海川介绍。

"从我们企业大学设立后差不多十年，是宏川发展最迅速、团队成长最快的十年。我一直觉得企业发展最核心的是人才，只有人才才能给企业带来真正的核心竞争力，才能为我们去克服困难，给我们带来增值。"

石化仓储物流是一个传统的产业，同时也是一个大量物流、资金流、信息流汇集的平台。近年来，宏川智慧启动了智慧物流的发展布局，逐步把时下新兴的互联网、大数据、物联网跟传统产业结合起来。"过去，很多阀门都要人工去现场开关，现在很多都是用电子控制，只要坐在中央控制室就能够远程控制开关。我们也对有些客户开放端口，他们可以实时知道储存在我们这里的货物的状况。"

林海川说，随着中国石化产业的不断发展，石化仓储行业在可预见的未来还会持续存在和壮大。而随着信息技术以及国家安全环保方面要求的提升，未来石化仓储行业将像欧美发达国家一样，慢慢进入整合过程，最后形成几家大集团和区域小公司的竞争格局。

置身于行业转型变革的洪流中，宏川智慧将借助资本市场的力量，结合新的技术手段，建设新的智慧仓储物流体系，不断探索拓展业务版图。

"宏川未来还会关注环渤海区域，将沿长江下游往上游，不断拓展服务的区域。"

扫码观看宏川智慧专访视频

32 年四次创业，每一次创业都是背水一战

"我最大的优点就是做好决定后会把自己的后路断掉，这样才能百分百地用心去投入，才能熟透这个领域，然后才能抓住机会去成长、去超越。"

——顶固集创董事长、总经理　林新达

他是浙江人，19 岁在太原开办家具厂，22 岁改做家具配材贸易，29 岁舍弃太原大本营只身去北京，占领北京建材市场半壁江山；在如日中天的时候关掉北京市场，来到中山创办顶固集创（证券代码：300749），立志做出自己的品牌。

林新达接受全景网专访

2015 年，顶固集创挂牌新三板；3 年后，公司登陆创业板；如今，公司成长为专业的全屋家居产品集成开发制造商和服务提供商，顶固集创也成为中国驰名商标。

32 年四次创业，每一次创业都是背水一战。"我最大的优点就是做好决定后会把自己的后路断掉，这样才能百分百地用心去投入，才能熟透这个领域，然后才能抓住机会去成长、去超越。"顶固集创董事长林新达说。

19 岁创业 29 岁身家千万

林新达是浙江人，十几岁便到家具厂当学徒。19 岁这一年，他与两位朋友一起开办一家家具厂，但由于不懂行业第一年便产生了亏损，大家商量要不要解散公司。林新达想了两三个晚上，最后决定接盘家具厂。

"创业初期，基本上有一半时间是在图书馆度过的，学习营销、管理、采购、财务，还有人际关系。短短 3 年时间，我从一个小毛孩成长为能负责一家公司的小老板。"林新达回忆道。

家具厂虽然逐渐有了起色，但盈利有限。一个偶然的机会，林新达拉了大概能做 10 套家具的宝丽板（一种人造板），转手卖给其他家具厂，居然赚了四五千块钱。"当时的一套家具成本才 300 块钱。一个晚上可以赚 10 套家具的钱，我想一想，决定不做家具厂了，改做家具材料的贸易。"

经过几年的发展，他从家具材料贸易扩展到装饰五金贸易，慢慢占据整个山西省的五金批发市场，林新达身家也达到几千万元。但由于是家族生意，很多事情身不由己。

"在太原的时候是我牵头，家族一起做事情，小姨、大舅、兄弟都在一起。因为大家的想法不一样，有时候我做了决策，回到家就可能被推翻。我还是一个比较有野心的人，觉得这样长久下去不行。"

1996 年，林新达去北京出差，发现北京只有两个较大的建材批发市场，而当时太原就有 4 个。但北京的地域、人口、消费需求都比太原大很多，林新达评估北京未来的建材批发市场会很大。于是，他把山西的生意交给了亲戚，只身前往北京谋求新的发展。

由于不了解北京建材市场，林新达在北京第一个季度就亏掉了 50 万元。"我特别想告诫现在的年轻人，如果想创业的话，最好先去这个行业的龙头企业干个一两年，一边上班一边学习，还能赚钱。如果贸然进入一个新的领域，肯定是要交学费的。"

随着经济的发展，人们对建材的需求倍增。经过一年的努力，林新达已经占领北京建材市场 80% 左右的份额，几乎每个月都有新的建材市场开业。

关掉北京市场　中山再次创业

一次，林新达请一位商学院的教授来给员工讲课。课后，这位教授对他说，员工都听不懂，"你们是搞批发的，对贸易和销售完全不懂，更不懂品牌"。

还有一次，林新达跟一位德国家具品牌亚洲区域的高管聊天，这位高管说，中国的五金市场没有希望，因为中国五金生产工厂基本全部都在做 OEM，国外企业买来他们生产的东西贴个牌子转手再卖出去就能赚好几倍，而中国企业累死累活利润只有百分之十几，还为了一点利润互相抢单搞价格战。

"当时我就想，中国难道就没有人做品牌吗？我想去试试看，立志要在十年之内做一个中国驰名商标。"林新达说。

与此同时，林新达也嗅到了批发市场的危机。1999 年 8 月，东方家园建材超市首家门店在北京开业，这种新型的建材超市直接跨过了中

顶固集创公司生产场景

间商，将产品直接卖给用户。在内外的双重驱动下，林新达决定前往广东中山重新创业，打造一个属于自己的五金品牌。

"那时，在北京有房有车了，生意也不错。我太太说，你不要去广东了，那边挺乱，咱们在北京不挺好的吗？但我那时才三十多岁，如果不继续创业，就要开始养老了。"林新达说。

2001 年，林新达只带了两个人去中山。有了前一次去北京创业交学费的教训，林新达给了自己一年的摸索期。2002 年，他对中山五金市场和五金制造行业有了一定的了解之后，就把北京的市场全部关掉，全力以赴再次创业。

"我最大的优点就是做好决定后会把自己的后路断掉，这样才能百分百地用心去投入，才能熟透这个领域，然后才能抓住机会去成长、去超越。"林新达说，"这是我一路过来的经验，当初去北京是这样，来中山创业也是如此。"

2002 年，顶固集创前身中山市顶固金属制品有限公司设立，主要从事家具五金配件的生产制造。除了从北京带来的两名员工，其他都是林新达在广东新招来的。虽然有之前积累下来的家底，但在一个新地方重新开始，还是充满了困难和挑战。林新达说："记得刚去中山的时候，我买了一台农用三轮车，还是二手的，开着这辆车到处去学习。真是应了我们浙商那句话'白天当老板，晚上睡地板，抽空看黑板'。"

2002 年，顶固金属制品有限公司（顶固集创前身）成立

即使做好了交学费的准备，林新达创业初期还是吃了不少亏。公司最开始做的产品是推拉门的吊滑轮系统，滑轮上要用到一种特殊的塑胶。因为对化工行业不了解，林新达看了供应商送来的样品试了试便下了 20 多万元的订单。结果做出来的产品不能用，还连累其他零件也报废了。林新达开玩笑说："十几万块钱扔到水里还会响一声，我这亏得什么都没有。"

有了这次教训，林新达认识到产品质量的重要性，下决心建设自己的产品研发实验室和检测中心，建设技术、设计以及检测团队。经过三年的努力，2005 年顶固集创从最初创业的十几人小厂迅速跻身行业三强，成为五金行业一匹强劲的黑马。

2018 年，公司共拥有研发人员 183 名，覆盖了电子信息技术、计算机应用、机械制造与自动化、模具锻压制造、机电一体化、木材科学与制造、环境艺术设计等专业，囊括了企业技术开发工作中所需的全部专业。经过核心团队多年的积累，公司研发实力及拥有的自主知识产权数量在行业内位居前列。

打通前后端　进军全屋定制

2005年，顶固五金跻身行业三强后，顶固集创进入稳步上升阶段。2009年，林新达发现，顶固集创生产的推拉门金属配件占定制衣柜的30%，而定制衣柜占整个定制家具的30%，而当时公司生产配件的销售额有1亿元，这样算下来，如果做定制家具的话，将会有10亿元的市场份额。

与此同时，林新达也预感到单一产品的危机，鸡蛋不能放在一个篮子里，公司接下来的路该往哪走？

"当时，公司开会展开了讨论，有的说还是要走原来的路，有的说不看好这个市场，全公司90%的人都反对，包括我太太也反对。没办法，我只好去找第三方做市场调研，最后调研结果跟我的评估是一致的。"

但定制家具是柔性化生产，对前端、后端以及前后端的对接要求都很高，跟顶固之前的标准化生产完全不同，从设备到技术再到人员，都需要重新调整，这是一笔很大的投入。

"公司2010年荣获全国驰名商标，我用10年时间完成了做品牌的目标。那下一个目标是什么呢？公司要想做大做强，离不开资金的支持。此时，我萌生了上市的想法，上市后公司可以进入一个更大的平台，获取更多的资源，接受公众的监督，可以走得更远。"林新达说。

顶固集创陆续在昆山、北京、成都、广东建造工厂，公司从推拉门定制开始，继而延伸到衣柜定制，2015年开始扩展到全屋定制。实际上，当时定制家具领域里已经有好莱客、尚品宅配、索菲亚等，2013

年顶固集创从五金配件介入定制家具，已经是后来者。即使竞争激烈，林新达还是坚持做中高端，不搞价格战。

2015 年开始，顶固集创的定制衣柜及配套家具已经占年度营收的一半以上。2018 年上半年，公司定制衣柜及配套家具占公司总营收的 58.49%，精品五金占 35.19%，另外还有 6.32% 的营收来自定制生态门。

顶固集创的成功转型离不开资本市场的助力。2015 年，公司营收达到 5.76 亿元，净利润 1887.62 万元，当年 10 月，公司成功挂牌新三板。经过三年的努力，2017 年，公司营收稳步增长到 8.08 亿元，净利润增长到 7429.5 万元。2018 年 9 月 25 日，顶固集创成功登陆创业板，林新达的第二个目标实现了。

2018 年 9 月 25 日，林新达在深交所敲响上市宝钟

接下来的目标是什么？林新达说是智能家居。智能制造生产线建设和一体化信息系统升级是公司 IPO 募投项目，拟投入金额 1.83 亿元，将全面提升公司智能家居研发能力。

"智能家居现在还处在窗口期，所有的单品比如智能锁、智能晾衣架、智能衣柜都有，但是智能家居整体解决方案没有。这就好比一个药房，各种药材都有，消费者的痛点也有，现在就缺一个药剂师给抓药。"林新达说，"随着 5G 时代的到来，智能家居领域会发展得越来越快。不久的将来，我相信顶固肯定会在这方面分一杯羹。"

扫码观看顶固集创专访视频

第四章
一切都是最好的安排

"当时很多朋友质疑，说2008年金融危机你创业，必败无疑。但我觉得危机危机，有'危'就有'机'。"

"你要的是赚钱，我们要的是活命"

"公司最困难的时候缺钱到什么地步？几乎发不出工资了！我带头，员工自愿掏腰包集资了 300 多万元才渡过难关。那一阵，我们真的是一天天熬过来、扛过来的。"

——德生科技董事长、总经理　虢晓彬

1992 年以前，医保还是国企职工手中令人羡慕的"特权"。随着社会保障制度的完善，如今不管是城市还是乡村，不管是发达的东南沿海还是偏僻的内陆，社保卡已经成为人们生活中必不可少的一部分。

老百姓拿起医保卡简单一刷，这背后却有一个庞大复杂的运作体系

虢晓彬接受全景网专访，他给人的感觉很理性，讲话条理清晰、逻辑严密

来支撑，德生科技（证券代码：002908）就是这样一家专业从事社保卡的生产、销售及信息化服务的高新技术企业。历经社保卡行业的萌芽到成熟，德生科技在董事长虢晓彬的带领下已经走过了近 20 个年头。

"你要的是赚钱，我们要的是活命"

虢晓彬年轻的时候参军，在部队考上了大学，学习自己喜欢的应用数学专业。毕业以后，他被分配到广州军区技术局从事安全保密相关的技术工作，24 岁的时候升任参谋，主要做组织协调、管理等工作。直到今天，他仍然保持军人规律的作息：早上 6 点起床，晚上 10 点睡觉。

1998 年，虢晓彬从部队转业，当时也有很多不错的单位可以去，但他想自己出来做点事情，通过自己的努力为社会创造一点价值。

虢晓彬在部队服役时期

在德生科技创立之前，有一个公司叫德生金卡，是做智能卡的，但公司经营状况一直不好。1999 年，德生金卡的老股东邀请虢晓彬加盟，一起创立了德生科技，开始进行智能卡生产、制作和应用研发。但此时公司只把自己定位到"智能卡应用服务商"，还没有想好具体的领域。

"当时，市场上有做电信卡的，有做银行卡的，还有做交通卡的，

创业初期，虢晓彬（左一）
和德生的股东、员工合影

这些行业都已经有了一些相关企业，并占住了优势。德生科技作为一个新公司，再去挤入这些行业比较困难。而此时，社保卡这个行业还几乎没有人做，因此我们决定做社保卡。"虢晓彬说，"从我个人来说，我希望企业未来通过一段时间的努力能够形成行业的一个差异，而不是单纯、机械地去制卡，还想要做好社保卡的服务和应用。"

1999年12月，《社会保障卡建设总体规划》出台，全国范围内的社会保障卡建设正式起步，社保卡市场还没有形成。德生科技还没有找到方向，公司当时的指导思想是"保存实力先活下来"。有一次，一家上市公司老总找虢晓彬打球，问了他一个非常尖锐的问题："请问虢总，你们的报价比我们还低，原因是什么？是有规模吗？还是管理能力比我们强？"——"因为你要的是赚钱，我们要的是活命。"虢晓彬回答。

2002年前后是德生科技最艰难的时期，当时公司一百多名员工，有工厂、研发团队，最大的困难就是缺钱。"公司缺钱到什么地步？几乎发不出工资了！我带头，员工自愿掏腰包集资了300多万元才渡过难关。那一阵，我们真的是一天天熬过来、扛过来的。感谢我们的员工，直到现在我们股东都非常感动。"

经过几年的摸索，公司的状况逐渐好了起来。2004年，德生科技找到了自己的定位和方向，用虢晓彬的话来说，就是"发卡"和

"用卡"，"十几年来我们就是围绕怎么发社保卡，怎么用好社保卡来进行的"。

抓住机遇从"做卡"转向"发卡"

2004 年，推动全国劳动保障信息化建设的金保工程正式立项并开始在全国范围内实施，社会保障卡建设被纳入金保工程。随着工程的推进，用卡环境逐步完善，各地按照"积极稳妥"的原则陆续开始发行、应用统一规范的社会保障卡。

前期，虽然德生科技为了生存主营业务是"制卡"，但从未忘记自己"社保卡应用服务商"的定位。虢晓彬也一直在找机会实现从"制卡"到"发卡"的转变。

2009 年，广州要发行、应用统一规范的社会保障卡，但当时约有 1350 万常住人口，而市民中心管理社保卡的工作人员只有两三个人，要把 1300 多万张社保卡准确发到每个人手中是一项非常庞大的工程，要借助服务商的力量完成。

虢晓彬了解到这个信息之后，自告奋勇说德生科技可以完成这个服务，并提出了方案，得到项目负责人的认可。通过招标后，德生科技上下非常振奋，前三个月就完成了 100 多万张社保卡的数据采集、制卡、发卡任务。

德生科技用约 4 年的时间完成了 1300 多张万社保卡的发卡任务，并将广州数据采集、发卡的模式规范化，最后复制到全国 40 多个城市。

在发卡的过程中，社保部门和德生科技也在思考怎样去更好地建立一个社保卡的完整应用体系。

"社保卡是一个创新的体系，没办法去模仿别人，我们也不可能在家里闭门造车，想一个什么应用然后去推广。多年来，我们都是倒过来的，把主要精力放在一线市场。有针对性地对每个社保部门遇到的问题提出解决方案，通过不断解决问题去改善社保体系的应用体验，最后总结起来，把这些经验变成一个成果，推广到其他城市。经过十几年的日积月累，我们逐步形成了完整的社保卡的应用体系。"

德生科技首创的社保卡发行服务模式不仅速度快，还创造了"银行网点＋社保网点"的实现形式，基于卡管理软件服务平台整合了一整套流畅的发行流程，大大增加了客户的发行效率和准确性。德生科技还推出了省级社保卡初始化服务，创造了"省发卡中心"服务模式，解决了社保部门前期投入大、后期维护成本高的问题，获得了各地社保部门的肯定。

目前，德生科技的社保卡销售业务已经覆盖北京、天津、广州、南京等国内主要城市，累计制卡量超过 1 亿张，成为销售规模最大的社保卡制造商之一。公司的社保信息化服务业务也覆盖河北、陕西、新疆、江西、安徽、吉林、河南、甘肃、辽宁、四川等省区。

搭建电子政务与百姓生活的桥梁

如今，我们使用的第二代金融社保卡除了身份识别、信息记录、信息查询、业务办理等基本功能之外，加载了现金存取、转账、支付等金融功能，还扩展应用至就业、职业鉴定、就医联动等其他公共服务领域共计 102 项用途。

"两年前，对于社保部门提出的 102 项应用，我们从政策规划到市场调研，从线上到线下，全摸了个遍，不断摸索、实践，现在也开始显现出一些成果。"虢晓彬说。

薄薄的卡片拥有这么多项功能，离不开支撑它的应用科技系统。社保信息数据采集是整个社保卡发行的核心环节。针对原有社保卡发行服务当中存在的混乱现象，德生科技数据采集服务以规模化的数据工厂模式，通过自主开发的专业处理软件，进行流水线式标准化操作，对每一个参保人的信息进行多次对比，保证信息的准确性、完整性。

社保卡承载着每个人的信息，信息安全至关重要。德生科技从制度和流程两个方面保证信息安全：跟工人签订保密协议，所有加工过的信息都要定期清理归零，生产工厂执行严密的安保制度……十几年来，没有发生过一起因为德生科技方面的原因导致的信息泄漏事件。

德生科技非常重视研发，拥有超过 200 人的软、硬件研发团队。目前，公司拥有 115 项软件著作权和 30 项专利，取得了系统集成三级资质，通过了 GB/T19001-2008、ISO9001：2008 质量管理体系认证和 CMMI3 认证。

公司还与华南理工大学、广东工业大学、广东技术师范学院等多所重点院校建立了长期合作关系。德生科技每年在研发上的费用达到三四千万元，其中，2016 年的研发投入约 3958.65 万元，占当年营业收入的 11.51%。

"我的理想是想让社保卡真正地方便老百姓的生活，而不是仅仅停留在政策规划和自己的设想中，因此我们投入远超同行的资金和精力去摸索、试错，让想法真正落地，走到百姓中去。"虢晓彬说。

当然，这也给公司带来一定压力，特别是在 IPO 辅导期，公司面临业绩和投入的矛盾。"研发投入资金多，可能财务业绩呈现出来的没有那么漂亮，但我还是希望能够在研发上持续投入，直到产品符合我们的设想和期望。"

作为最早从事社保卡制造业务的企业之一，德生科技建立了完整的产品服务范围：可以制造各类智能卡、证照采集器、自动发卡机、社保服务终端等设备；开发形成了复制能力强、可按客户需求定制组合的各项成熟的服务模块。

2017 年上半年，德生科技营收达到 1.56 亿元，归母公司净利润达到 2256.63 万元。2017 年 10 月 20 日，德生科技成功登陆中小板，虢

2017 年 10 月 20 日，德生科技在深交所上市

晓彬在深交所敲响上市宝钟。然而对于德生科技来说，这远不是终点。对于未来，虢晓彬还有自己的目标："你可以从招股说明书中看到，直到今天，我们的主要盈利来源仍然是基于卡和卡的服务，在卡的应用上还有很长一段路要走。"

"十几年前，我就把公司定位成'搭建电子政务与百姓生活的桥梁'，从那时起，我就希望如果某个城市由我们提供社保卡服务，这个城市的百姓所有跟政府相关的事务都能通过我们轻松解决，真正实现让信息多跑路，百姓少跑腿。德生科技在这个服务落地的过程中，也能获得正常的回报，这就是我所追求的。"

扫码观看德生科技专访视频

金融危机中冒险创业

"危机危机，有'危'就有'机'，我看准了客户对进口替代降成本及柔性交付的迫切需求。"

——科创新源董事长、总经理　周东

　　提起胶带，大家都不陌生，从孩子们的手工作业到快递包装都离不开它。但如果你认为它只是一个生活用品就错了。从 19 世纪中期被发明以来，胶带从密封、连接、固定、遮蔽、保护等基本功能扩展到防水、导电、绝缘、抗紫外线、导热等多种复合功能，是一个不折不扣的充满科技感的新兴材料行业。据统计，目前全球胶带的市场规模约为 405 亿美元。

周东接受全景网专访

2017 年 12 月 8 日上市的科创新源（证券代码：300731）就是以做胶带起家的企业，其生产的高性能特种橡胶密封材料被广泛应用于通信、电力、矿业、轨道交通等行业，通过服务华为、中兴、中国移动、中国电信等知名客户，为整个社会的高效运转贡献着自己的一份力量。

科创新源的董事长、总经理周东最初是一名会计，他是如何转行为销售，又是如何用不到 10 年的时间带领公司登陆资本市场，成为行业龙头企业的？

小销售的第六感

周东大学读的专业是企业管理，他说这是个万金油般的专业，人力资源、经济金融、国际贸易……什么都学，涉猎多的背面是专业不深，于是他选修了会计和市场营销。大学毕业后，25 岁的周东来到中建七局苏州分公司成为一名财务会计。

周东的性格比较外向，喜欢跟人打交道，做会计整天对着数据报表让他很不开心。2000 年，他来到深圳，找到一份手机电池销售工作，这家公司就是深圳市真功电子有限公司。在这里，周东发现了自己的天分所在。

当时，手机电池通常的销售模式，是在各个省会城市的通信大世界找一个代理商进行赊销，代理商大多是一个小门店，销量没保障。周东负责的是华北六个省市的销售工作。一次偶然的机会，他在河南本地报纸《大河报》上看到一则广告，一家叫河南中鑫的手机连锁销售企业在招加盟店，列出来的居然有 20 多个连锁店！

周东灵机一动，隐隐觉得有合作的可能。他上门拜访，熟悉了河南中鑫的经营模式，并了解到他们不仅卖手机，还卖原装电池。2000 年的时候，原装电池很贵，一部手机一两千元，一个原装电池要卖到 500 到 800 元，很多消费者难以承受。

周东与河南中鑫谈合作，用公司的品牌电池替代原装电池，将产品渗透到 20 多家手机连锁店，业绩一下子就起来了，创造了一种新的商业销售模式。至今回忆起来，周东都很骄傲："我觉得我在商业模式设计方面，有自己的第六感。"

虽然做得很成功，周东还是觉得这一行不太适合自己。"那时的手机电池就是买一个电芯，一个保护线路板，再买一个塑料壳，然后弄一个流水线，找几个工人焊接一下，一个电池就做好了。在华强北，这是最容易的行业。门槛太低，我不看好。"

于是，周东离开这家电池公司，在 2001 年年中来到思卡帕胶带（苏州）有限公司深圳分公司。这是一家在苏州注册的外资企业，周东之前在苏州工作过，觉得有点渊源便投了简历。当时民营企业最多给销

周东在思卡帕工作时期的留影

售 3 个月的时间，如果 3 个月没有出业绩，就要走人。面试的时候，他问负责人："你们给我多长时间去尝试？"负责人说一到两年左右。

老板的答复感动了周东，加上这家企业是做高性能特种胶带的，行业技术门槛较高，周东认为适合自己，便加入做了一名销售。"这家公司的企业文化和管理风格给我很深的影响，我成立科创新源后也愿意用一两年时间去培养一个人。"周东说。

在思卡帕，周东第一次接触到各种各样的胶带，涉及各个行业的客户。公司的销售模式有两种：大客户渠道、经销商渠道。同事们基本上只做经销商渠道，但周东在做好经销商渠道的同时，还去拓展中兴、华

为这样的大客户。

经过一年的学习、积累，2002 年下半年，周东的业绩突飞猛进，个人销售额占到公司大中国区总额的一大半。"前期近一年的时间，公司为我付出了沉没成本，愿意给我时间去尝试，那我也真的是拼了命去努力回报公司。"

周东用 4 年时间做到思卡帕南方区的销售负责人，还有可能做到中国区的销售负责人。但思卡帕的营销总部在上海，如果再升职就要到上海总部。周东当时已经在深圳安了家，即使将来有机会也不愿意举家搬到上海，就跳槽到了另外一家做高性能特种胶带的企业普林摩斯胶带（深圳）有限公司当总经理。

金融危机中创业

2007 年，全球金融危机蔓延，普林摩斯国际业务受到冲击，公司发生很大变动，生产、供应、客服都跟不上。周东面临了人生的选择：是再找一家更大的企业继续打工，还是自己冒险创业？

由于长期跟客户接触，周东非常了解客户的需求。金融危机期间，很多客户有通过国产胶带替代进口胶带来降低成本，实现及时交付的迫切需求。他认为这是一个创业的契机。

"当时很多朋友质疑，说 2008 年金融危机你创业，必败无疑。但我觉得危机危机，有'危'就有'机'，我看准了客户对进口替代降成本及柔性交付的迫切需求。"周东说。

在外企当销售负责人、总经理七年，周东对高性能特种胶带公司的运营管理、销售市场非常了解，他的短板在产品生产技术方面。为了弥补自己的不足，2008 年 1 月，周东与身在无锡的朱红宇团队达成合作意向，共同在深圳组建科创新源，定位于通信行业防水绝缘胶带的开发和销售。周东负责公司的整体运营和市场开拓，朱红宇团队则负责产品的研发生产。

创业之初总是艰难的。2008 年公司刚成立的时候，周东刚按揭买了房子。"我把所有的积蓄都投到公司股本里面，我记得投完后家里账面上还有 17 万元。我跟太太说，这 17 万元留着够交 3 年的房贷，我去做公司，如果做不成就出去打工养家。"

朱红宇团队原来是做电力行业胶带的，技术要求没有那么高。与周东合作后，研发团队扎根客户，根据通信行业的客户需求，致力于通信行业特种胶带的研发。经过半年的努力，科创新源研发出通信防水绝缘胶带 KC80，这种胶带不仅防水，而且耐老化，可以防酸雨、耐高低温、耐日晒雨淋等，使用寿命长达 10 年以上，适用于通信基站各个接头。而且，KC80 比同性能的进口胶带便宜 30% 以上。

2008 年以前，华为、中兴等知名通信设备商的防水绝缘胶带类产品均由国外厂商供应。金融危机的到来让降低成本、对运营商基站的及时安装和交付成为这些企业的迫切需求。KC80 很快吸引了中国企业，第一家就是通信设备行业的巨头中兴，紧接着进入了华为的供货体系。2008 年创业当年，科创新源就实现了盈利。此外，2008 年国家开始推行 3G（第三代移动通信技术），在内外因素的影响下，科创新源的营业额快速持续增长。

公司最初的产品在无锡生产，随着业务的扩大，产品一车车从无锡拉到深圳成本太高，因此，2010 年科创新源在深圳建厂。由于周东没有生产制造的经验，一些人表示担心。"但我觉得没什么，我不懂的话可以找懂的人来做，我负责全局的管理就好了。后来的事实证明深圳工厂做得很好。"周东说。

拒绝并购　负重前行

朱红宇团队长期在无锡，自己还另外经营一家公司，一直未参与科创新源的内部运营管理和市场拓展。对于一手将公司带大的周东来说，科创新源就像自己的孩子，是值得一生为之奋斗的事业。他想要做更多的产品和行业应用，将公司做强做大。

2012 年，周东与朱红宇团队对未来业务发展方向规划不一致，经营理念出现分歧。这期间，有一家上市公司想要收购科创新源，由于公司的全盘经营都是周东在负责，他们要求周东留下。

"但因大家的经营理念不一致，最后没有谈成。我觉得实业就是实业，有自身的运作规律，要脚踏实地。"周东回忆，"如果当时谈成了，我基本能实现财务自由，但我追求的并不只是财务这方面。"

周东放不下公司，2013 年，他拿出全部的积蓄，并透支了一些资产，凑齐了 630 万元通过科创鑫华、科创新源投资增资成为公司控股股东。朱红宇团队与财务投资者达成合作，出让全部股权后退出科创新源，至今周东与他们依然保持良好的私人关系。

"当初引进财务投资者的时候，我跟他们谈好：一是不签对赌协议，他们看好我们就投进来，不行就算了；二是他们可以提供资源，但不能参与管理。因此，公司一直到现在都延续着一贯的管理风格。"周东说。

尽管大股东退出，但科创新源的管理人员没有任何变动，周东说："公司的兄弟姐妹挺信任我的，愿意跟着我打拼一个更好的未来。"

股权的变动丝毫没有影响公司业绩。周东将原因归结为两点：进口替代、行业机遇。中国特种胶带长期以来依赖进口，进口胶带价格很昂贵。科创新源在成为华为、中兴的供应商之后，迅速打开国内市场，实现进口替代。另外，2012 年，国家开始推行 4G 技术，公司发展得到新一波助力。2014 年，科创新源营收达到 1.59 亿元，实现净利润5606.92 万元。

2013 年，股权梳理完成之后，周东更坚定了将公司做强做大的决心，开始考虑产品跨行业应用，将产品从单一通信行业防水绝缘胶带扩展到多个行业条线。此外，公司还大力拓展国际业务，摆脱对国内单一经济区域的依赖。

经过三年多的持续努力，目前科创新源已经拥有通信、电力、汽车、轨道交通、海洋等几大行业的高性能胶带系列产品，为客户提供高端的防水、绝缘、防火、密封等一站式综合解决方案。公司的国际业务从无到有，现在已经占到总营收的 25% 左右，未来周东还想通过三至五年的时间，将国际业务扩大到整个业务的一半。

2017 年，科创新源营收达到 2.54 亿元，净利润 6421.16 万元，成为华为、中兴等通信设备龙头厂商的高性能特种橡胶密封材料主要供应商，通过爱立信、诺基亚、烽火科技、大唐电信、中国普天等知名通信设备厂商及中国联通、中国电信等通信运营商的供应商，向其间接供应公司产品，并中标三大运营商部分省公司的招标，向其直接供应公司产品。

2017 年 12 月 8 日，周东在深交所敲响上市宝钟

2017 年 12 月 8 日，科创新源在创业板上市，正式登陆资本市场。掌管着一家企业，周东却说自己并不是一个"工作狂"，他认为工作是生活的一部分，每次跟新员工交流，邮件的后缀都会写上"工作顺利、生活开心"。

"公司那么多业务，我一个人是做不完的，我是'中军'，下面有很多独当一面的'先锋军'，他们需要的时候我会及时出现在他们身边给予支持。公司未来的规划中，无论是拓展新业务、扩展产品线还是国际化都离不开人才，上市后我希望能吸纳更多人才一起创造科创新源的未来。"

扫码观看科创新源专访视频

40 岁被外企裁员，60 岁敲响上市钟

"这个真的是水到渠成的事情，其实我们进入资本市场，并不是说有深谋远虑。我们每年就是做好自己的事情，把我们的客户服务好，把公司规模做大，这个是我们每年在追求的东西。"

——光弘科技董事长、总经理 唐建兴

"最开心的莫过于这个客户做成了，站在流水线的尾巴，看到第一台产品流下来的时候。或者第一批货出货时，看到我们的产品被送到全球消费者的手里，这是我们感到非常欣慰的事情。"光弘科技（证券代码：300735）董事长、总经理唐建兴语气中带着兴奋。

他所说的产品，就有华为、中兴、联想、魅族等品牌的手机以及

唐建兴接受全景网专访

华为的平板电脑等大众所熟知的电子消费品，代加工生产手机是这家电子制造服务企业的主要业务之一。2016 年全年，该公司合计出货手机、平板电脑等消费电子产品 3600 多万台。

2017 年 12 月 29 日，光弘科技登陆创业板，唐建兴在深交所敲响公司上市钟。令人感慨的是，就在 20 年前的此时，步入不惑之年的他刚刚被迫从工作多年的外企离职。他的经历将告诉你，克服中年危机的正确方法。

遭遇"中年危机"

唐建兴在上海长大，因为父亲在香港，1982 年他申请到香港定居。由于从小对无线电感兴趣，他不愿遵从家人的安排，进入一家日企香港三洋电机有限公司工作。

"我们当时生产的主要产品是卡式录音机。20 世纪 80 年代，卡式录音机非常流行，当时三洋的产品在中国非常出名，变成录音机的一个代名词。我也是受这个吸引，从上海到香港以后，我就加入这家著名的公司工作。"唐建兴回忆。

唐建兴在三洋主要从事技术方面的工作，1984 年以后，他被派驻深圳的华强三洋，主管生产。在三洋的日子相对比较平稳，唐建兴一心一意做好工作，日企规范化的管理运作模式对他影响颇深。

然而，进入 20 世纪 90 年代后期，随着 VCD、DVD 等电子产品的兴起，三洋曾经引以为傲的录音机慢慢没落了。整个行业都不行了，当时华强三洋只能裁员。1997 年 12 月，唐建兴离开了这家自己工作了近 15 年的公司。

年届不惑从外企高级经理的职位退出，唐建兴丝毫没有喟叹和犹豫，次年 1 月，他就加入了成立近 3 年但一直经营困难的光弘科技。

"我当时有几个朋友，他们创立了光弘科技，帮三洋一个部门做一

1986 年，三洋时期的唐建兴（后排左三）

些 PCBA 加工。这个公司经营得不是太好，一直不赚钱，他们就想更换管理层。当时自己工作的部门的情况也不是太好，他们就问我愿不愿意做新的尝试。"

就这样，唐建兴与光弘科技结缘。他将积蓄连同离开三洋时拿到的补偿金，注入光弘科技，占了一定的股份。因为他有电子产品生产管理的经验，其他股东对制造的经验不足，整个公司实际的运作主要由他进行管理。

力不到不为财

"光弘在 1998 年以前都是亏损的。我 1998 年进入光弘以后，公司当年就扭亏为盈，以后也没有再亏损过。"这一点唐建兴至今提起都颇有点自豪。而其中的秘诀，他用一句广东话"力不到不为财"来总结。

力不到不为财，意思是说要想发财先得吃苦。"做老板也好，做企业也好，你必须要亲力亲为。要经营好企业，无非一个是开源一个是节流，开源就是要去寻找一些新的客户，怎么样把客户带进来；节流就是怎么样节省成本，把钱用到刀刃上，这就是经营管理的精髓。"

　　唐建兴加入光弘科技之前，整个公司实际上只有一个客户，就是三洋一个做光碟机的部门，光弘科技为其中的激光头做 PCB 的贴片。由于业务过于单一，这个客户好的时候公司就好，客户不好或者经济不好的时候，公司经营就陷入停顿。

　　公司引进的 SMT（表面贴装技术，为新一代电子组装技术）设备在当时属于比较先进的东西，但重金购置的设备经常空在那里。"我去的第一件事情就是扩大客户源。"唐建兴利用自己在行业多年积累的关系，找了一些不同的客户，做录音机、音响、电视机的都有，充实到客户群中。

　　跑来新客户以后，唐建兴发现，接单也不是特别难，但难的是怎么把这个单做好，让客户放心，这才是工作的焦点。为了接客户一个单，来来回回跑几十次，最后才把订单落实下来，这是常有的事情。

　　当时，唐建兴接了柯达一次性相机的单，为其加工上面的线路板。单接回来一看，制作很复杂，除了贴片、插件以外，还有一个工艺叫邦定，公司没做过。唐建兴只好到处找人帮忙，从一个朋友那里借了两台机器，才把客户"忽悠"过来。

　　客户一时稳住了，但讲明下次来的时候，必须要看到实物在那里生产。这又把唐建兴难住了，只好再找朋友帮忙。后来，有一个朋友自告奋勇答应了，投资了邦定设备，把设备放到光弘的工厂里，这样公司才把这个订单接下来。

　　提起这段往事，唐建兴笑称："到了那个份上也没办法了，你没有订单就没有收入，没有收入就死路一条，所以无论如何还是先把订单找来再说。赚了钱，其他就好说了，培训员工，或去招聘一些有能力的人，这个都好说。"

　　随着公司经营逐渐有了起色，唐建兴一手抓客户，一手抓内功。一方面不断招聘外面优秀的、有经验的人加入公司；另一方面，把工程师送到专业的培训机构去培训、训练。通过双管齐下的模式，不断提高技术水平。

在 1998 年到 2002 年的时候，PCB 行业增长较快，当时行业中日企比较多。得益于之前在三洋多年的工作经验，唐建兴对日企客户比较了解。尽管认证严格，索尼、松下、爱华等日企，都陆续成为光弘科技的客户。

到了 2002 年末，公司订单各方面就相对比较稳定了。当时，以加工收入来说，公司一个月有七八百万元的收入，一个月盈利可以超过一百万元，每年盈利达到一千多万元。

受益本土品牌商崛起

有了稳定的盈利后，光弘科技不断在硬件上加大投入，每年都会添置一定的设备，生产规模不断扩大。

2003 年，光弘科技切入了中兴通讯的供应体系，成为公司进入通信行业的一个标志。公司和中兴通讯的合作，一开始从相对比较简单的发射基站里的电源板做起，后来慢慢地做到通讯板、系统板等产品。2004 年，光弘科技与 TCL 合作，为其生产手机产品。2005 年，联想也成了公司的客户。

2007 年，公司成功进入华为技术的供应链。"之前公司太小，华为根本看不上我们。到了 2007 年的时候，我们已经有 20 多条 SMT 流水线，跟客户也算门当户对。所以，那时华为找供应商时，审核了我们公司，我们也很顺利通过了审核，结果一合作就到现在。"唐建兴说。

2017 年 11 月，光弘科技获评华为 "Best Collaboration Partner"（最佳合作伙伴）。

随着华为的快速发展，光弘科技与华为的业务合作规模也逐年扩大。近几年，华为都是公司的第一大客户，2014 年到 2016 年，公司对华为的销售金额分别达到 3.15 亿元、3.96 亿元、4.15 亿元。公司还多次获得华为最佳合作伙伴、华为供应商质量奖、华为现场改善奖等奖项。

电子制造业本土品牌商的不断崛起，为以光弘科技为代表的本土电子制造服务企业提供了良好的发展机遇。与此同时，随着全球网络通信、消费电子产品市场需求规模的迅速扩大，光弘科技提供电子制造服务的主要产品也从网络通信类到手机、平板电脑等电子消费品不断延伸。

唐建兴称："假期我就喜欢去一些卖电子产品的商铺逛逛，你会发现，一进去，前面放的什么电子产品，就是现在比较热门的东西。我觉得，我们要做就要做热门的产品，这样的话它才有量，它才有价值。有些电子产品放在很后面，那些好像不是我们的菜。所以，有时候我们去找新客户时，就去电子商铺看放在最前面的产品，这个就是我们想找的客户，想做的产品。"

凭借质量高、交期准的优势，公司获得了国内外知名企业的认可。2008 年，光弘科技生产的平板电脑和数码相框产品得到日本 SOFTBANK（日本软件银行集团）等三大运营商的认可。在智能手机、平板电脑和网络通信类产品上，公司进入华为技术、中兴通讯、上海大唐、烽火等全球知名品牌商和华勤通讯、闻泰通讯等领先 ODM（原始设计商）企业的供应链。

截至 2017 年 6 月 30 日，光弘科技拥有 61 条 SMT 生产线。公司营业收入从 2014 年的 7.38 亿元增长到 2016 年的 12.27 亿元，年均复合增长率达到 28.94%；人均产值从 9.89 万元增长到 14.96 万元，复合增长率达 22.95%，实现了业务规模和经营业绩的快速提升。

一切都是最好的安排

"公司每发展到一定的程度，会有一个瓶颈，比如说，我们国内的几大客户都服务得差不多的时候，继续怎么发展。我们做企业不是做一天两天，也不是做一年两年，我们希望公司十年、二十年，甚至一百年这样发展下去，所以到了一定规模的时候，我们必须要有一些新的尝试。"

拓展海外业务就是唐建兴说的新的尝试之一。他说："现在趁公司还有相当盈利的时候，我们就要多条腿走路，拨出一部分资源来发展我们的另外一条'腿'，就是海外业务。"2017 年上半年，公司向境外客户的销售占比达 21.64%，较 2016 年的 6.33% 有大幅提升。

涉足汽车电子业务的布局是另一个新的尝试。"早期的汽车里面电子产品很少，所以以前汽车电子的生产非常闭环，就是在原来传统的汽车电子行业里转来转去，很少跑到外面来做。但自从像特斯拉、比亚迪等电动车出来以后，大家慢慢看到，汽车以后比的不仅是发动机、引擎那些东西，以后高档车跟低档车的区别可能还要比谁电子的东西多、东

2015 年 10 月，嘉兴光弘开业试运营（左四为唐建兴）

西好。未来的十年，我觉得是汽车电子发展非常快速的年份，我们本来有电子制造这个根底，在这个时候切入汽车电子的制造，是非常合适的。"

2015 年，光弘科技在浙江嘉兴设立了产业基地，作为公司的一个桥头堡，主攻工控类和汽车电子类产品。公司汽车电子业务发展迅猛，汽车电子类产品销售占比从 2014、2015 年的不到 1%，提高到 2017 年上半年的 7.94%，所生产的汽车电子产品最终销往吉利、北汽等终端品牌商。

对于电子制造的技术挑战，唐建兴介绍："随着大家追求产品的极致性，比如说像手机越来越薄，最早做到 1 厘米，然后是 0.8 厘米、0.6 厘米，特别是可穿戴的产品，这么小一个东西，有的有几百个零件在上面，逼得设计人员把零件越设计越小。小一半，制造难度会提高很多倍。再薄就只能是硬板做成软板，现在柔性软板是 PCB，就有几千个零件贴装在上面。因为软板是不规则的、不稳定的，所以，如果贴 0.3 毫米 ×0.15 毫米的元器件在那个板上，难度比硬板要更高。"

采访中，唐建兴喜欢说一个词是"水到渠成"。从因为兴趣入行，

唐建兴敲响公司上市宝钟

到公司成为中兴、华为供应商，再到向海外市场、汽车电子产品拓展，在他看来都是水到渠成的事情。

提及当年从三洋离职，他说，如果不是企业不行，自己现在可能还在三洋。而刚到光弘科技的时候，他单枪匹马，没有从三洋带来一个人，因为"怕发不起工资误了别人"。直到 2002 年以后，企业经营有了起色，他才陆续带了一些原来三洋的同事过来。

2017 年 12 月 29 日，光弘科技在深交所创业板上市。对此，唐建兴表情轻松："这个真的是水到渠成的事情，其实我们进入资本市场，并不是说有深谋远虑。我们每年就是做好自己的事情，把我们的客户服务好，把公司规模做大，这个是我们每年在追求的东西。"

扫码观看光弘科技专访视频

重资产砸出"机房"快车道

"没有什么犹豫，年轻人的想法比较简单，想做一件事情就去做一件事情，因为没有经历过，没有太多的经验，所以也就没有太多的犹豫。"

——奥飞数据董事长　冯康

2001年，江西财经大学国际金融学专业的毕业生冯康已经在广州工作了两年时间，他很幸运地找到和专业对口的工作，在银行系统得到一个职位。彼时中国刚加入世界贸易组织（WTO），国内金融业的开放与发展只是时间问题，冯康的职业前景看起来很光明。

同在这一年，互联网在全世界范围内经历了一场寒冬，资本市场不计成本地烧钱导致的天价估值终于引爆危机，互联网经济泡沫开始破灭。一大批从诞生到死亡都只寄望于资本融资的互联网创业公司，还没有寻找到生存模式便倒下。但也正是经过这一波大浪淘沙后，当时勉力生存下来的公司后来大多成长为互联网行业的巨擘，掀起互联网自2007年开始的又一次繁荣。

那时候，还在银行里待着的冯康虽然离电信业、互联网行业很远，但作为一个较早接触到互联网的年轻人，他似乎已经感知到了时代发展趋势的变化方向。

2002 年，中国网通为了打开南方市场，在广东成立分公司（广东通信）进行业务拓展，刚刚孵化而成的广东通信可以说就是一个创业项目，未来会如何发展谁也说不好。然而冯康却被这样的"一无所有的创业概念"吸引住，他说他内心热血沸腾到甚至掩去对一个陌生行业的未知和恐惧。

2003 年 4 月，冯康就加入了刚刚成立

2011 年，创业初期的冯康

的广东通信（后更名为广东网通）。"没有什么犹豫，年轻人的想法比较简单，想做一件事情就去做一件事情，因为没有经历过，没有太多的经验，所以也就没有太多的犹豫。"冯康说。

而正处在初创期、急需人才的广东网通也给了冯康——一个金融专业毕业、毫无技术基础的年轻人接触到数据业务的机会。2007 年，冯康离开广东网通的时候，他已是省宽带中心业务主管。现在看来，正是这次转行彻底改变了冯康的职业轨迹和事业方向，并深刻地影响着他后来的创业选择。当然，这个时候，冯康肯定没能想到 10 年之后，他就已经有能力带着他的企业登陆 A 股，成为一家上市公司的掌门人。

2018 年 1 月 19 日，奥飞数据登陆创业板

"第三段职业，我为自己打工"

2007 年是中国互联网行业的"芳华"，腾讯、百度、阿里巴巴在这一年市值先后超过百亿美元，国内互联网行业形成 BAT 格局。与此同时，国家确立了电子商务的发展战略，网络视频产业也进入了快速发展阶段。

在这个阶段，随着互联网应用内容的极大丰富以及国内互联网用户数，尤其是宽带用户数的剧增，网络的访问量不断增大，用户对访问速度和服务内容的需求不断升级，迫使大量互联网企业重新规划网络架构，进一步推动了国内 IDC（互联网数据中心）市场的发展。

IDC 服务即是互联网数据中心服务，具体指的是互联网数据传输、计算和存储的中心。服务商通过自建或租用标准化电信级专业机房、互联网带宽、IP 地址等电信资源，为用户提供服务器的托管、租用、运维、带宽租赁等基础服务以及网络入侵检测、安全防护、内容加速、网络接入等增值服务。

在国内互联网发展的早期阶段，IDC 服务主要由三大电信基础运营商——联通、移动、电信提供。但随着互联网的迅猛发展、网络环境复杂化等因素叠加，IDC 市场空间日益增大，仅靠前述数量有限的基础运营商根本无法满足市场需求，这时候以资源外包为特点的网络服务模式逐渐受到重视，专业的第三方 IDC 服务商应运而生。

对比国内三大基础运营商，第三方 IDC 服务商的优势在多方面有所体现。首先，可以提供更加灵活的产品设计，能够直接解决网速慢的服务质量问题，提升用户体验。除此之外，第三方 IDC 服务商更深入进入互联网领域为客户提供增值服务，如个性化服务定制、数据备份等。

在广东网通已有经验积累的冯康看到了民营 IDC 服务商的这些商机。"我当时在广东网通与互联网行业接触较深，我看到了中国互联网的发展，像我们所接触到的 PPS、PPlive、56、土豆网等网络视频发展速度非常快。在这个背景下，我决定进入 IDC 行业创业。"

"通俗地讲，互联网上的内容都是通过连接一台可以上网的电脑，然后通过因特网连接到数据中心，（数据中心）存放了这个网站的服务器，通过网络连接，再把服务器端的数据传输到 PC 用户端的电脑屏幕或移动端的手机、平板电脑等设备上。这个过程中，PC 端、移动客户端由基础运营商提供宽带接入服务，而 IDC 专业服务商提供的是机房内部的服务器端的网络服务和增值服务。"冯康这样介绍 IDC 业务。

有了这些经验积累和自己的行业判断后，冯康正式开启了自己的 IDC 创业之路。

孤注一掷自建机房　为筹资押上房子

困难往往突如其来。2011 年，奥飞数据（证券代码：300738）在起步之初，就遭遇网络层不稳定的重大问题。在数据中心里，服务器之间以及服务器跟存储之间互相通信的桥梁是网络，网络不稳定无异于一场生产事故，直接导致了 IDC 服务质量不过关，这时客户对公司的业务能力出现了信任危机。而对于业务刚起步的公司，如果此时失去客户，也就意味着全盘皆输。

这场危机最终在一年后得以结束，而挺过 2011 年到 2012 年这段艰难的时光，冯康和他的团队靠的是没有更好办法的方法——保守治疗法。"在自己的产品没有非常完善的时候，没有解决根本问题的时候，没有盲目扩张，没有进行大跃进式的拓展，先稳住现有客户，再逐步拓展部分相关联的客户。"冯康说。

危机过后就是转机吗？不一定。但在奥飞数据的发展历程中，这次网络不稳定造成的重大危机却的的确确促成了公司往后的转机，而这主要靠的是冯康当时的"孤注一掷"。他意识到无自建机房的 IDC 服务商未来生存将会很难，更别提做强做大业务。

"我们挺过来以后就决定重金投入，搭建我们自己的网络资源管理平台，彻底解决服务质量问题。只有解决服务质量问题，才能提升公司品牌的认知度和美誉度。"在冯康的主导下，公司 2013 年开始投资搭建网络资源管理平台，2014 年起开始投资自建机房。

自建机房需要一笔不小的资金购置机房设备，支付机房房屋租赁费、机房水电费和人工费等，但是奥飞数据当时还是一个有限责任制企业，公司规模小，企业融资渠道有限。为了机房的建设，公司不仅投入所有的财力、物力、人力，冯康连自己居住的房子都拿去抵押贷款。

2014 年 8 月，奥飞数据首个自建机房广州科学城金发机房一期工程完工。现在往回看，冯康对自己当初的坚持不无庆幸，"2014 年建机房的时候，所有的投入全部押在广州机房，完全是'孤注一掷'地在'砸'，但非常幸运的是，我们'砸'对了。一是踩准了机房建设方向，二是赶上 IDC 行业高速增长的阶段。"

其实，冯康并不是一个只有勇气的孤胆英雄，在重金投入的背后，他对企业未来发展充满信心。俗话说，民企平均存活时间是三年。2011 年之后三年的时间，他都在尝试、观察、思考，跨入 2014 年的时候，他给出"YES or NO"的答案。

"转型是每个民营企业必须面对的，某种程度上说，这个机房建设的投资成败决定了公司未来兴衰。这也是 2016 年、2017 年，我们高速发展的最关键的一点。当年愿意拿自有资金来投资建机房的第三方 IDC 服务商是很少的。"冯康说。

"创业艰险，我们是幸运的"

回顾自己的创业历程，冯康的感受是"筚路蓝缕、创业维艰"，但他还补充了一句："我们是幸运的。"2015 年，冯康又"恰逢其时"将奥飞数据带入资本市场，成为广州地区首个登陆新三板的 IDC 服务商，获得了补充资本的途径。

2014 年 8 月，奥飞数据的广州机房第一期完工，同月，公司整体

2015 年，奥飞数据挂牌新三板现场

变更为股份制企业。随着股改完成，2015 年 7 月，奥飞数据登陆新三板，赶上了新三板发展最火热的时期。在新三板市场，奥飞数据成功融资逾 1 亿元，为深圳机房一期和广州机房二期的建设投入提供了足够的资金，也为公司在 2015 年、2016 年的发展提供了保障。

谈起挂牌新三板的原因，冯康表示："IDC 行业的发展来得很快，尤其是在 2014 年、2015 年，移动互联网的变革给 IDC 行业带来了爆发的机遇。当时上新三板主要是出于行业转型的考虑，我们想往重资产方向转型，所以需要融资，新三板在当时对我们来说是一个最佳的选择。"

2015 年，IDC 行业爆发式发展，在自建数据中心、加大产品研发创新力度、拓展云计算及大数据应用市场等一套经营组合拳的综合作用下，奥飞数据迎来业绩较大的增长，当年营业收入突破 1.5 亿元，实现净利润 2600 多万元，较 2014 年实现跨越式增长。2016 年，经营规模、盈利水平依旧保持了稳定的增长。

不管是对冯康，还是对奥飞数据来说，2015 年 7 月登陆新三板的时候，他们都没有想到仅用两年时间就能走到 IPO，叩开创业板的大门。随着企业发展壮大，机会其实自然而然地来了。

然而好事多磨，2017 年 10 月 25 日，奥飞数据第一次上会，被发审委宣布"暂缓表决"。回忆起当时的心情，冯康说整个人都懵了。"我只做好了 Yes or No 的准备，没做好暂缓的准备，一下子就懵了。"

在奥飞数据闯关 IPO 的 343 天里，心情起伏、感受变化最大的莫过于冯康，他多年的创业心血正被观察、被审视、被挑剔，A 股用的是比当年挂牌新三板时更为严格的标准来审查这家企业是否有进入的资格。幸运的是，2017 年 12 月 6 日，奥飞数据经受住了严格的 IPO 审查，成功过会，新三板迎来第 23 家成功转板企业。

行业发展看增量 "一带一路"倡议要响应

目前，奥飞数据已有三个自建机房，这次 3 亿元左右的 IPO 募集资金也将投入到互联网数据中心扩建项目。冯康预计等广州科学城神舟机房二期（IPO 募投项目）、海口金鹿机房建成后，公司自建机房可用机柜数量将接近 5000 个，服务能力将得到较大幅度提升。

冯康认为，IDC 行业未来的发展主要是看市场增量，从 2018 年开始，未来五到八年的时间，互联网将再次爆发增长释放红利。他的判断是基于对物联网时代到来、5G 应用、IPV6 推出等科技变革的前景的期待。"中国互联网进入下半场之后，在选择产品、选择营销上会更加理性，我相信不会再是那种烧钱的概念了，这将是一个变革的年代。"

据冯康介绍，奥飞数据已将 IDC 业务陆续渗入北京、上海等传统互联网发达地区市场，完成了业务的全国布局，但来自华南地区的收入占比仍较高。他表示，上市之后公司会继续扎根华南地区，在守住华南优势的情况下，积极完善一线城市的部署，并在合适的机会下进行一些战略性的部署，例如响应国家的"一带一路"倡议。

冯康还透露，奥飞数据计划在云南进行数据中心的部署。"2017 年，我们和昆明当地政府签署了意向协议，未来将把云南作为'一带一路'公司的一个窗口去对外部署业务。"

扫码观看奥飞数据专访视频

不要在黎明前倒下

"如果把整个光伏行业看成一个企业的话，它巨大的压力就是现金流，因为产品最终是靠发电、收电费来兑现收益，但收费周期有几年的过程，初期都是投入，熬过了五至七年的一个完整周期，才有可能形成循环并生存下来。"

——捷佳伟创总经理　李时俊

光伏行业留给人们深刻印象的可能是它跌宕起伏的发展历程，无锡尚德曾造就华人首富又破产重整的故事让人唏嘘。大浪淘沙，如今行业已经逐渐步入理性，捷佳伟创（证券代码：300724）在荆棘满布的创业路上最终经受住了考验，并迎来了上市的高光时刻。

捷佳伟创总经理李时俊已在公司工作 8 年，见证了公司从成立之初的单一品种清洗类设备制造，到如今涉足整个产业链的发展历程。目前，捷佳伟创系国内领先的晶体硅太阳能电池生产设备制造商，主营PECVD（等离子体增强化学的气相沉积法）设备、扩散炉、制绒设备、刻蚀设备、清洗设备、自动化配套设备等太阳能电池片生产工艺流程中的主要设备的研发、制造和销售，为太阳能光伏电池生产企业提供高转换效率大产能整体解决方案。

捷佳伟创 2018 年 8 月 10 日登陆创业板

在行业潮起潮落时，坚守主业、自主创新、大胆尝试、灵活变通，捷佳伟创的点滴积累终于结成硕果。

晶体硅太阳能电池生产设备的降本增效之路

捷佳伟创的前身——深圳市捷佳伟创微电子设备有限公司于 2007 年成立。李时俊 2010 年进入捷佳伟创之后，才真正体会到同一项技术在研究所和在市场前沿截然不同的状态。尽管实验室的技术已具备了可行性，但在大面积应用之前还需要进行定制化设计，最后再进一步组织和管理，整个过程需要走"可行性的——可应用的——可推广的"三步曲。

捷佳伟创成立至今，均主营生产 PECVD 等晶体硅电池设备。当时，国内太阳能电池市场处于"两头在外"的格局当中，即生产设备和材料全部依赖于国外，市场也依赖于国外，国内光伏行业需要通过不断提升技术水准和大幅降低生产成本，才能达到替代传统能源的目标。

在李时俊看来，一项技术在进行产业化的过程中，最重要的因素是装备。"如果说把一个产业比喻成一辆汽车，那么它飞速发展的前轮就

李时俊接受全景网专访

是装备，它作为导向轮，把技术从实验室输出到广泛应用；而后轮就是材料，装备和材料是基础中的基础。"李时俊形象地介绍了装备和材料的作用。

在"两头在外"的大背景下，国内厂家要做的第一件事情就是进口设备的国产替代。按照李时俊的建议，捷佳伟创通过参照国外案例和对进口产品消化吸收，打造了一批当时在国内属于创新型的设备，由于国内人工成本比国外便宜，国内厂家生产的达到国外水准的产品具备价格优势，由此迅速打开了国内市场。

当时，全球的光伏产业面临由单晶为主向多晶为主的趋势转变，国内的光伏行业却面临另一个问题——原材料紧缺。2007 年前后，国内的单晶硅、单晶片生产技术较多晶硅技术更加成熟，从单位面积产生的能效来看，单晶产出更多而成本更高，但从每度电成本出发，多晶占据着明显优势。捷佳伟创认清了形势，并对其湿法设备和干法设备形成系统研究后投入研发新产品。

在整个光伏产业链当中，最关键的就是电池的转化效率，这项技术的水准决定了整个光伏系统的发电水平。"拿什么样的电池就能封装成什么样水平的组件，然后用到系统上就是什么样水平的发电。"李时俊说。

2007 年至 2009 年，捷佳伟创推出了多款提高电池转换效率的设备，为日后生产 PECVD 等晶体硅电池设备奠定了基础。从 2009 年自主研制出 PD-305 型 PECVD 设备并成功推向市场后，捷佳伟创便在晶体硅电池设备的研发、生产和销售的道路上越走越远。

PECVD 设备是最贵的光伏设备之一，李时俊介绍说，刚推出时，一台设备（即半条基本生产线）的价格约 1200 万至 1400 万元，一条基本生产线一年的产能是 25 兆瓦。经过努力，如今一条基本生产线的年产能已经超过 100 兆瓦，达到了当初的四倍之多，而由于生产自动化程度和产品性能的提高，售价却只有当年的四分之一。"这就为整个光伏行业的成本下降也做了一些贡献。"李时俊语气中带着自豪。

跨越行业波谷波峰

2008 年，全球正处于金融危机时期，和其他产业一样，光伏行业也经历了一波低潮，产能过剩的声音此起彼伏，企业倒闭的案例频频见诸报端。但李时俊认为，技术落后、成本高企的产能才是过剩的，光伏行业的高端需求实际上是不断提升，甚至是供不应求的。

所谓退潮后才知道谁在裸泳，很多低效产能在这场行业寒冬中遭到淘汰，捷佳伟创反而在这一波低潮当中得到了沉淀，对低成本设备的研发和创新，让它为之后的市场爆发打下了深厚的基础。李时俊表示，正是在成本低廉的国产设备帮助下，国内光伏技术才能不断追赶欧美，最终实现转换效率达到国际水准而成本大幅下降的目标。

虽然在行业波谷时期修炼好了内功，2010 年行业开始逐渐回暖并快速爬坡，面对雪片一样飞来的订单，捷佳伟创也遇到了许多困难。除了国有企业，当时的民营企业没有得到政府投资，没有产业资本的青睐，用李时俊的话说，市场爆发性放量让公司"手足无措"。

捷佳伟创当时面临两大问题：第一，是上游供应商的供货周期过长。公司的上游供应商多来自国外，当国内的订单暴增，而外企的工厂文化只能让增加的订单往后排，供货周期甚至长达一年，根本无法满足市场快速增长的需求。因此，虽然捷佳伟创的生产模式是按照订单生产，但实际上并不会在接到订单之后才开始着手安排生产。

第二，公司的生产能力提升也受到了场地、人员、流动资金等诸多限制，但是捷佳伟创迅速通过科学的统筹和调动各方资源来应对不断增强的生产压力。公司还参照福特生产方式（Ford-ism），采取了模块化的生产模式，将繁杂的工序分解成一个个简单的操作规程，熟练的工人只要掌握一项生产技能生产出产品即可，最后再将产品进行组装。

"福特的汽车是人不动机器动，我们流水线是人动机器不动，机架先来，第一批人来装气路板，走了后，第二批人来装电路板，第三批人来装管道等等，每一道工序都有质检、物检等专门检查，合格以后再进入下一个流程，这一套我们叫标准化生产，这样的话我们对一个员工的培训就简单得多。"通过这种方式，捷佳伟创由原先一个月只能生产出两三台设备，迅速扩大到一个月可以生产出一百多台大型设备。即使在今天，采用这种生产模式的同行也不多。

从 2009 年的几千万元快速增长到 2010 年超过 10 亿元的合同金额，捷佳伟创还没尝到收入增长的甜头，却要先面对按期交货需要超负荷生产的难题。光伏设备交货并不是简单的插电工程，而是要到客户的所在地进行二次装配，再进行工艺调试。

一开始，一个工作人员需要承担技术研发、生产管理、客户服务等一系列工作，但当客户数量快速增长，员工也开始疲于奔命。对此，捷佳伟创在管理上进行了专业分工，高峰时期曾成功应对 46 家客户的同时进驻、同时交货、同时调试，而同行最多只能做到两至三家。"这样的模式今天在业内仍是少数，当时则是唯一。"李时俊说。化解难题得益于及时借鉴其他行业的生产模式，使捷佳伟创在波峰时期有条不紊地完成了大批量订单任务并获得了自身快速的发展。

不要在黎明前倒下

波峰波谷总是交替出现。2010 年之后，中国的光伏行业又出现了相对过剩，并且从原来对世界领先的追赶，转变成了技术水准、产能、价格对国外同行的全面超越，欧美国家对中国采取双反等政策，导致行业陷入瓶颈期。

"都知道明天很美好，但不要倒在黎明之前。如果把整个光伏行业看成一个企业的话，它巨大的压力就是现金流，因为产品最终是靠发电、收电费来兑现收益，但收费周期有几年的过程，初期都是投入，熬过了五至七年的一个完整周期，才有可能形成循环并生存下来。"

李时俊仍然看到了产业中存在的机会。"新装机容量以平均每年超30% 的速度在增长，其实行业一直在发展，只是步伐放缓了许多。"技术进步、降低成本，仍然是光伏企业发展屡试不爽的法宝。

数据显示，2012 年，光伏行业近一半企业倒闭，捷佳伟创此时也尝到了"难熬"的滋味。行业普遍融资困难以及进口硅料成本过高，是企业在寒冬中面临的重要问题。李时俊介绍，捷佳伟创在下游企业困难的时期，采取了灵活的销售政策，帮助它们渡过难关，反过来也维持了自家公司的正常运转。

随着国家发改委制定扶持光伏产业发展意见、国开行对"六大六小"（"六大"指已成规模和品牌实力的龙头，"六小"指拥有自主知识产权的科技型企业）支持政策的出台，许多企业的生产经营又达到了新平衡，开始逐渐盈利，加上硅料国产化带来的成本下降顺利打开了国内的应用市场，以及国家加大对绿色环保产业的支持，这使得光伏行业又迎来了新的高潮。

2015 年以来，整个光伏行业已经处于全面回暖的状态，但是捷佳伟创依然感受到行业中巨大的竞争压力，维持行业领先地位还是只能依靠源源不断的研发和创新来解决新的难题。

公司通过对管式 PECVD 设备的升级改造以提高生产技术和生产效率，但这也很快被同行争相模仿。此外，国内的上游供应依旧基础薄弱，国外供应商不仅很难放量，新产品推出后还要求涨价、要求付全款，下游客户的流动性紧张而导致预付款越来越少，两头挤压的局面需要公司拿出新的应对方法。

李时俊在谈到这些难题时显得从容而淡定："有这么几个办法。首先，要对产品做标准化、规范化的设计，更科学、更合理地减少交货时间，这理论上也是一种提高生产效率的方法；第二，是对收付款政策进行改革、更新，比如采取融资租赁的方式增加现金回流；第三，则是通过打造优势品牌、增强市场信心来提高订单量，量大了以后才能冲抵上游涨价的这一部分，这又反过来对我们研发团队、生产团队、营销团队提出了更高的要求。"

新产品和新技术将是行业发展的新兴动力

2018 年，国家出台光伏行业"531 新政"，希望通过加速补贴退坡、规模限制等手段，倒逼光伏制造业尽快降本增效，早日实现平价上网，这导致了光伏产业链产品的价格开始下跌。

李时俊认为，"531 新政"给现有的存量产能带来了冲击，但影响只是暂时的，如果能加快新技术导入的速度，跟上市场更新换代、升级改造的步伐，企业还是能够坚强地存活下来的。

国家能源局和业界普遍预计 2020 年将实现用户侧平价上网，这也是目前整个光伏行业希望达到的最终目标。这个目标实现，才能让光伏企业完全市场化，不再受到政策和政府补贴的巨大影响，并能够保持业绩平稳增长。

对于这个目标的实现，李时俊充满了信心："要实现总体的平价上网，一定会是技术再进一步。现在我们单晶的转换效率是 21%—22%，转换率 23%—24% 的电池设备我们已经开始投入。背钝化电池近几年发展迅猛，但到了 2020 年有可能是更加新型的电池受到市场青睐。另外，储能技术也是下一步助推光伏发展的新兴动力，等储能技术获得了突破，白天发的电能够储存起来，想什么时候用就什么时候用，这和火电有什么区别？"

扫码观看捷佳伟创专访视频

第五章
守住风口

发现风口，需要眼光；守住风口，更需要勇气与耐力。

风口上的长跑者

"让公众少跑一趟路、少踏一个门槛、少走一道程序，让市民和企业充分享受到'轻轻松松上网，方方便便办事，用鼠标去工作，让数据去奔波'的便捷和乐趣，将是万达信息矢志不移的目标，也是万达信息智慧城市战略的成功实践。"

——万达信息董事长、总经理　史一兵

20 世纪 80 年代摆地摊的飞上了天，90 年代买股票的飞上了天，21 世纪，有互联网思维的企业和人，都飞上了天。互联网是一个极度年轻化、特别需要冒险和坚持的行业。只是，你不能看到有的城市在冒险中获得巨大发展，就让那些沉稳的城市都躁动起来。如果一个国家的优质资源都集中在一两座城市，那绝不是一件可喜的事。每座城市都有自己的风骨，都有自己所扮演的角色。有的城市喜欢冒险，有的城市喜欢谋定后动。上海，便是喜欢契约精神与谋定而动的城市代表。

伴随着医改的积极推动和政策的逐步放开，智慧医疗，也称为互联网医疗，希望通过互联网的手段探索解决老百姓看病难问题的方法。巨大的市场空间，吸引了腾讯、阿里巴巴、百度这些借助互联网风口飞起来的商业巨头纷纷觊觎，最近几年，其产业布局有所加快。

但是，在风口上的 BAT，也要对行业的最早进入者万达信息敬畏三分。地处上海的万达信息（证券代码：300168）早于 20 多年前就开始布局，2011 年，公司在史一兵的带领下，带着市场对于智慧城市、智慧医疗的美好愿景登陆资本市场。如今，公司已经积累了 4 亿多人口的健康档案，市场份额超过 50%，并已经做成了"医疗、医药、医保"的三医联动闭环。

行于 BAT 前的行业领军者

"有商机的地方就有 BAT 的身影。"移动医疗就是 BAT 近几年竞相布局的一个新领域。阿里巴巴频频与政府、医疗机构、企业合作，更多是寻求政策上的支持。腾讯基于微信端推出"智慧医疗"项目，在平台上附加了预约挂号、医患沟通、电子报告、支付账单等功能。百度医生则密集签约公立医院，全面发力北上广地区的医疗服务，希望通过自身移动互联、搜索、大数据等强劲优势，为患者、医生、医院实现高效精准对接，打造医患双选平台，形成百度医生三大闭环。

但其实就万达信息本身而言，其早在 10 年前就已开始在大数据、云计算等当今火热的领域做了很多工作和积累。史一兵说："我们帮客户积累了大量的临床数据，这让公司竞标成为国家医疗健康大数据实验室的牵头单位，这个实验室的目标就是要把医疗大数据真正去创造出它的价值来。"

史一兵表示："目前 BAT 做的云医院、线上处方等，万达信息早有尝试。公司真正想做的不是解决单一问题，而是想把医疗的所有环节都打通，所以新一轮战略的三个关键词是——连接、融合、智能。从'连接'这个战略上来说，患者也好、医生也好，或者医药企业、医保基金的管理等等，各个方面都有痛点。如何切实地解决这些痛点，里面的空间是很大的。"

通过分析利用庞大且持续性积累的医疗大数据，全面了解患者、医生、管理机构的痛点后，万达信息必须打通更多壁垒，去创造出一种新的连接模式，进而创造新的价值。这也意味着万达信息要啃下的是一块硬骨头。

"上海健康云"就是万达信息"连接"战略的实例。上海健康云是以慢病管理为切入点，提供医疗信息化一条龙服务的云健康管理平台，使市民足不出户就可以通过网络实现预约挂号、健康档案查询、电子病历的互联互通互认，在必要时能够及时获得转诊通道和专科诊疗服务。

经过三年的努力，公司在 2017 年的服务已经覆盖上海所有社区卫生服务中心，实现了糖尿病病人从社区管理、疾病预防到疑难杂症的诊治，整个流程形成闭环。另外，为了成为政府与市场的连接者，万达信息基于"互联网+"，在大健康领域，建立了健康云、医疗云、医药云、医保云四朵"云"。希望通过这种模式，实现三医联动，提升现有医疗资源利用水平，构建连接人与服务的医疗健康生态圈。

利用"连接"产生新业务模式后，万达信息的第二个战略——"融合"也顺理成章。所谓融合就是医疗行业的业务部门将行业内各方面做深度整合形成生态体系，不是单纯"我来帮你造屋，而是我们共同去探讨"。

"公司在'融合'里面，会扮演重要的角色。我们跟行业里面各个方面，包括金融机构、保险公司、药企等等，大家可以形成一个很广阔的生态的、化学的反应体系。"史一兵说。

目前，万达信息已与国药、上药、中国电信、太保等医药、保险及运营商巨头结成业务战略联盟，帮助药企把延伸处方找出来，或者是协助保险公司做精准的产品定位、理赔服务等。这一切都基于万达信息在大数据方面的深入研究与广泛应用。

在"连接"与"融合"的基础上，万达信息将着手布局公司的第三个战略——"智能",这意味着万达信息积累多年的大量临床诊断案例和数据库将发挥更大的价值,因为这些都是 AI 深度学习的基础。不仅在医疗方面,万达信息在社保、交通、教育科创、文化旅游、市场监管、环境保护、城市管理等多方面都有深厚的行业背景和海量的数据积累。

虽然在新的互联网时代,传统的软件行业有来自 BAT 的竞争压力,但史一兵认为,未来的"互联网 +"是生态体系共赢的关系,万达信息做的事和 BAT 的侧重点不同。"万达信息,是从行业的深度融合来推进我们业务的发展的,而 BAT,完全从互联网的角度来讲,侧重点是有所不同的。"万达信息依靠业务间的新模式、行业内的新融合,实现未来城市的智能化。

20 年坚守"打磨"赢得市场

万达信息,这家看似低调的公司,其实早在 20 多年前就开始研究行业信息化。

1997 年,万达信息开始建设社会保障体系,目前系统覆盖 2 亿多人口。

2003 年 SARS 肆虐的时候,万达信息临危受命,做系统整合的工

2003 年万达信息向上海市政府捐赠抗"非典"应急系统

作。公司用两个星期的时间，将与 SARS 相关的诸多渠道和诸多医院信息整合、管理起来，并无偿捐献给了上海市政府。这不仅帮助国家有效控制了疫情发展，同时也开启了他们与医疗卫生信息化的缘分。

2004 年，万达信息开始逐步进入公共卫生信息化领域，其中，上海医联工程是从 2006 年开始，把所有的三甲医院的信息整合起来的，实现互联互通。

2012 年，万达信息成立了上海万达全程健康服务有限公司，接入医疗设备到物联网与云平台，为用户提供健康管理服务。

史一兵表示，早在万达信息上市之前，公司就已经在做全国布局，上市后则是通过资本市场收购兼并等方式加速了这一进程，已基本上做到了覆盖全国。

"我们在发展的过程当中，也肯定跟市场的脉搏相互关联的，市场需求在推动着我们朝各方面做投入。IT 技术跟医疗技术的深度融合，可以解决现在医疗上很多很难解决的问题，包括我们十九大谈到的，不平衡、不充分的矛盾，这些通过技术和专业知识的积累，是可以让我们很多的医疗专家、优质医疗资源能够覆盖到更广的地区，造福于更多的百姓。"史一兵表示。

目前，万达信息全公司 5500 多人，医疗团队总人数已接近 3000 人，足以证明其对此领域的重视。虽然从整体收入来看，医疗的收入还不到一半，但是行内人已能窥探出低调的万达在这一领域的"后劲"。

安信证券发布研究报告认为，万达信息业务收入尚未充分体现整体布局的潜力，其积累的医疗大数据的变现代表了整个产业的演进方向。例如，公司未来大数据分析用于商保的保险产品设计、精准定价、市场和销售拓展等商业保险经营领域。

对于未来，史一兵也充满信心。"下一个风口就在健康产业，特别我们国家有 2030 健康中国整体规划，大家都看到这个蓝图是很宏伟的，在这里面，我相信真正要有所作为的企业，应该是能够去创造价值的企业，能够去推动进步的企业。"

做老百姓离不开的系统

凭借着先进的信息技术，万达信息在充分整合了社保、医疗等数据的基础上，联合上海市政府推出的"市民云"APP，是上海一站式城市公共服务平台，不但能够提供医疗便利，也为方便老百姓的日常生活提供服务。

史一兵介绍，目前公共服务的不同领域是各自分割的，才会出现李克强总理之前关心的"如何证明你妈是你妈"诸如此类的问题。公司做"市民云"的工作就是抱着如何提升公共服务的水准，让老百姓得到切实好处的初衷。

截至 2017 年 11 月底，"市民云"已经有 750 万实名注册用户，汇聚了"衣食住行安学乐业"等在内的 100 多项便民服务。

史一兵说："时势造就了万达信息的快速发展。从每个月的月活跃用户、每天的日活跃用户就能够说明老百姓离不开这个系统；而且更多相关的公共服务都愿意放到'市民云'平台上来，包括街道、社区很多的服务，都可以通过'市民云'平台直接跟老百姓形成互动。"

"让公众少跑一趟路、少踏一个门槛、少走一道程序，让市民和企业充分享受到'轻轻松松上网，方方便便办事，用鼠标去工作，让数据去奔波'的便捷和乐趣，将是万达信息矢志不移的目标，也是万达信息智慧城市战略的成功实践"。

史一兵表示，对上海来说，"市民云"作为公共服务的平台效益已经充分得到发展，今后几年可能会进一步爆发式增长，无论从覆盖面、覆盖内容，还是平台上可以提供的服务。

工匠精神助力发展

作为万达信息的领军人，史一兵是个有追求的人。年轻时，坐在复旦教室里的他就有个信念，就是终有一日要让中国在软件产业上超过印度，当年的他，畅想着这个蓝图开始了事业上的攀升。1993 年，作为中国培养的第一代软件精英从美国惠普总部归来后，史一兵很快就为实践理想进行了商海之旅，从 1994 年的上海康微计算机软件公司到 1995 年注册万达信息，要把软件产业"做大做强"的想法一直萦绕于心。

1995 年史一兵在上海万达信息系统有限公司开业庆典上致辞

自万达信息创建以来，史一兵和他的团队就一直潜心钻研城市信息化的课题。

"我们那时候是把自己作为一个工匠造楼的角色去做，所以我们1995 年、1996 年就参加了上海电讯'一网五库'的建设。最早的上海黄页库，实际上就是万达信息建的，当时实际上还是比较讨巧了，就是把黄页的数据跟网页做一个比较快的对接，这个项目我们花的时间、精力并不大，技术难度也不高，但是效果还是相当好的。"

做个好工匠，除了本身的技艺要高外，岁月的打磨也必不可少。1995年的万达信息，还没形成市场品牌，但史一兵深知"不积跬步，无以至千里"的道理，带领一同下海的同伴们踏实认真地工作着。经过20多载的不懈努力，如今的万达信息不但是中国软件和信息服务行业的龙头之一，而且在智慧城市的建树也在业内尽人皆知。

在他的带领下，作为国内最早从事城市信息化建设的企业，万达信息成立23年来，在城市信息化建设领域打造了一个又一个经典工程，在国内城市信息化发展历程中刻下了深深的印迹。史一兵和他领导下的万达信息见证了城市信息化的发展，也推动了它的发展。

史一兵率领着"万达人"，圆了自己的梦，在中国迈向信息化、智慧化社会的进程中，找到了自己的最佳定位。上市6年多，万达信息业绩稳步增长，公司2017年前三季度实现营业收入13.73亿元，同比增长23.77%；实现净利润1.11亿元，同比增长27.1%。

史一兵不止一次在公开场合表示，万达信息不是一家"对短期利

2011年，万达信息在创业板上市

益非常计较的公司"，原因是公司投入了大量自有资金进行行业信息化"修桥"的基础工作。虽然短期收益肯定受影响，但是一旦"桥"建完了，公司去运营就会有稳定收入，这就是公司的战略升级。"长期来说，公司会更健康，可以做更多创新的事情。"

久经磨砺的团队和苦心修炼的竞争实力，是史一兵信心的来源。他说："我们的很多专业人才几十年以来始终在一起，始终随着技术的变革、随着服务的深化、随着需求的提高，不断前进。另外，忠实的客户也带来了团队前进的动力，在促进自我提升的同时，还能跟客户在各个行业里面做深度的融合，相互促进、共赢未来。"

扫码观看万达信息专访视频

不怕被模仿，最大的竞争对手是自己

"很多人认为我们是个硬件公司，但实际上我们多数研发人员是软件人员。进入每一个行业，我们的目标就肯定是做这个市场的第一。"

——视源股份董事　黄正聪

可以随意书写、可投影、可远程视频、可以添加教案成为老师办公助手，也可以一键分享成为会议纪要的必备，还可以成为医生看 X 光片的帮手，这么多功能，只要一块屏就能办到。这就是视源股份（证券代码：002841）的交互智能平板产品。

2011 年推出首款产品，到如今视源股份的交互智能平板已经在国内教育领域市场占有率居第一。交互智能平板未来有哪些看点？面对多样化的下游市场，视源股份又将如何布局？走进视源股份，看它如何丰富电子产品的信息沟通体验。

全球电视主控板卡的销量冠军

视源股份成立于 2005 年，一开始做的并不是交互智能平板，而是液晶显示主控板卡，控制液晶屏色彩显示的"大脑"。下游运用于 TCL、海信、海尔、松下等国内外各大品牌电视产品中。

黄正聪接受全景网专访

2016 年，视源股份的液晶显示主控板卡全球出货占比近 30%，累计销量超过 3.2 亿片。尽管已经是该产品的全球销量第一，但视源股份并没有满足靠单一产品吃饭。2008 年开始，公司就准备寻求更多的发展途径。

"过去十年，电视机的出货量每年处于 2.2 亿到 2.4 亿台，没有很大的增长，也没有很大的跌幅。"视源股份董事黄正聪介绍，电视的天花板太低，"公司一定要找出另外一个产品方向来进行更大的发展。"

教育信息化带来的商机

基于深耕液晶显示屏十多年的音视频技术，视源股份很快确定了方向，做一款集合白板和投影的交互大屏。

交互智能产品出来后，当时产品的销售方向却还很模糊。本来想往企业商务方向推广的视源股份，遭遇"闭门羹"，关键原因是成本太高。"2011 年，金融风暴刚刚过去，很多公司都是不一定要做的就先缓一下，看一下。"一块交互大屏贵的要十多万元，成了当时的"奢侈品"。

好在视源股份并没有在企业里"死磕"，而是多方尝试。"我们第一台是卖到学校去的，也是误打误撞，发现学校是一个潜在的市场。"黄

交互智能平板产品希沃

正聪回忆起第一台的销售故事，"有一个销售人员的一个朋友就是学校里面的，他们交流之后，想到学校有黑板，黑板能不能用这个来替代，就这样慢慢探讨，然后串起来的。"

一开始是误打误撞，后来却是乘上政策的东风。适逢 2010 年，国家出台《国家中长期教育改革和发展规划纲要（2010—2020 年）》，由此开始进入了教育信息化的新时期。在此背景下，"希沃"交互智能平板正式走进学校课堂，替代传统投影仪。

"过去四年，我们在学校这个市场上，都是在全国排第一的市场份额。"2017 年，公司交互智能平板销量超过 40 万台。

前景更广阔的会议市场

2017 年 3 月，视源股份在北京召开全球品牌发布会，推出高效会议平台 MAXHUB，集触摸书写、无线传屏、远协作、扫码分享等功能于一体。

针对企业商务领域，视源股份再一次"卷土重来"。"以前一个 65 英寸的可能是 15 万元，现在是 1 万多元就可以买得到了。"黄正聪说，由于国内液晶屏生产商投入加大，以前最大的制约因素——成本高的困境得到缓解。

黄正聪判断，会议市场远比教育市场更大，"我们初步估算，全球大概有 6000 多万个会议室，所以我觉得大概是教育市场的 10 倍吧。"

目前，视源股份正在做推广，"还在市场认知的阶段，我们估计一两年才会发展起来。"

每切入一个行业都要做第一

如今视源股份的交互智能平板站在行业领先位置，不可避免被模仿，而其中技术门槛并不低。

"我们这个是双系统的，不单单可以跑 Windows，也可以跑安卓，是一个双系统的产品，也是我们第一个做出来的。"黄正聪说，自己并不怕被模仿，最大的竞争对手是自己，"很多人认为我们是个硬件公司，但是在我们所有研发人员里面，多数为软件研发人员。"

目前，公司交互智能平板产品，每年迭代一次，希沃已经是第六代了，可以实现多屏同显。而除了已经面世的希沃和 MAXHUB 外，视源股份还在积极布局医疗健康和汽车电子领域。

"现在 X 光片、CT、MRI、B 超这些片都是数字化的，它已经不会再做一个片出来，可能一个档案就发送到医生那里去。"黄正聪解释说，医生可以直接在交互大屏上打开 X 光片，进行缩放、滚动，"医生通过这个可以远程跟患者或另外的医生沟通，做出快速、准确的诊断，这个效率就提高很多了。"

同时，在汽车交互大屏领域，公司也在跟苹果、Google 合作，"我们是中国设计业出口海外首家拿到苹果 CarPlay（苹果公司发布的车载系统）认证的公司。"

基于液晶显示的技术，现在视源股份还在摸索更多的应用场景，而对公司来说，无论切入哪一个场景，目标都是行业第一，"每个市场，我们看到的独角兽，最多可能一个产业就是两家，当然有第三家，但第三家已经活得很辛苦了，我们的目标就肯定是做这个市场的第一。"

扫码观看视源股份专访视频

深耕 20 年，终于搭上智慧城市发展快车

"企业要发展，要聘请高手过来一起合作，首先要让员工过得比较好。当时我们的员工大概月薪 1500 元，我们几个老总的工资只有 600 元。"

——科创信息董事长 费耀平

深圳的朋友每年都会进行多次港澳通行证的签注。从一开始用蓝色小本走人工通道到现在用卡式证件自助通关，从最初的出入境政务大厅排队续签到后来的网上预约快递上门，再到现在 24 小时自助服务厅 3 分钟完成办理，大家明显感觉到政务系统发展给生活带来的便利。

根据中国产业信息网发布的研究报告，2015 年中国电子政务总体投资规模达 2245.3 亿元，未来电子政务市场仍将保持较快增速。预计到 2018 年总体投资规模将超过 3400 亿元。

电子政务是智慧政务的重要内容，也是智慧城市建设的重要组成部分。2007 年，当智慧政务还停留在概念阶段的时候，一家名为科创信息（证券代码：300730）的企业就已经开始布局智慧政务系统建设，成为湖南省内最早从事电子政务软件研制的公司之一。

如今 10 年过去，科创信息已发展成为国内领先的"互联网 + 政务

费耀平接受全景网专访

服务"解决方案提供商，智慧政务领域客户覆盖湖南、湖北、云南、河南等省的党政机关及其下属国土、公安、财政、税务、环保、卫生、教育等部门。

　　"城市是一个综合体，智慧政务解决方案考验的是供应商的综合能力。而我们的优势在于对具体个案的理解上。"科创信息董事长费耀平将拇指和食指捏紧，比画着向我们介绍公司从初涉到深耕城市智慧体系的全过程。

老板工资不到员工一半

　　起源于改革开放时期的高校校办企业，是中国高等教育的一大特色，也是高校科研成果转化的试验田和产学研结合的载体。校办企业的出现，有效促进了高校的教育改革，也为改善办学条件提供了物质基础。

　　科创信息的前身，是成立于1998年的长沙科创集成系统有限公司（下称"科创集成"），也是长沙铁道学院（现合并成为"中南大学"）的一家校办企业。

　　"改革开放，学校很多人下海，因为学校鼓励这件事情。当时我研究生毕业了，那一年教授也当了。我们属于喜欢动手的，办公司无非就是把这些人合起来，做了一个公司，但是要在学校的框架下面。"费耀平回忆说。

科创集成成立之初有五个创始人。除了费耀平，李杰、李建华、刘星沙和刘应龙也是长沙铁道学院的教授或者高级工程师。

科创信息五位创始人

企业创办水到渠成，经营起来却比费耀平想象的要难得多。科创集成起步做的是 IT 集成业务。一开始，写程序、跑市场，甚至布线拉光缆等具体活儿，都需要这些曾经的大学教授亲力亲为。

在高校内做研究、争取课题，费耀平早已习惯用学术思维来工作生活。一下子进入市场解决实际应用问题，费耀平还没完全建立起市场思维，市场压力就已经迎面而来。

"公司一个最大的任务就是解决用户的问题，要拿出乙方的姿态去适应。另外一个问题是招聘了一些员工，怎么来发工资，这个压力比较大。在这个过程当中，我们有过几次到时间发不出工资的经历。用户的钱没有收回来，可能就差几天，月底到了却发不出工资。"费耀平对这段经历记忆犹新。

费耀平心里清楚，对于一家初创企业来说，优秀的人才有多么重要。但工资发放不稳定，凭什么留住人才？他和其他几位创始人收紧了自己的钱袋子，给员工开出了 20 世纪 90 年代末期相较于同行甚至大部分行业，都有竞争力的工资待遇。

"企业要发展，要聘请高手过来一起合作，首先要让员工过得比较好。当时我们的员工大概月薪 1500 元，我们几个老总的工资只有 600 元。"费耀平说。

从高校网到政府网

一家优秀的企业总能准确把握国家的产业发展动向，并从中寻找自己擅长的领域提前布局。科创集成就是这样的企业。

如果说中国互联网的发展是从高校开始，那么科创集成的发展就是从高校网络开始的。

1995 年，中国教育和科研计算机网建设全面启动。全国各地的高校陆续开始规划建设自己的计算机校园网络。

"我们作为专家，到铁道部去参加铁道部所有高校网络建设的规划，当然也包括我们学校的规划。当时唯独我们学校买了设备之后可以自己做校园网。在区域市场上，人家都还没有这个能力，如果已经具备这个能力，自然就发展了。"费耀平说。

科创集成首先获得了来自长沙铁道学院以及当时的中南大学校园网建设订单，并出色地完成了任务。很快，更多高校慕名而来，希望科创集成参与规划自己的校园网络，科创集成的校园网集成业务越做越大。据不完全统计，其时湖南省超过 60% 的本科院校一期校园网的规划建设都来自科创集成。

随后，国家网络建设规划开始走进各大政府部门及国企。早已在业界崭露头角的科创集成也自然而然将网络集成业务的触角伸向了新领域。

"我们是从教育到政府。第一期湖南省政府的内网、外网是我们公司做的,湖南移动的 CDN（内容分发网络）总集成也是我们公司做的。"

凭借高校的理论积累和稳定的人才队伍,科创集成的 IT 集成业务在教育和政府领域推进得顺风顺水,不仅获得工信部计算机系统集成一级资质,还在 2007 年首次实现省内 IT 集成业务破亿元。

实现城市智慧 N 次方

"有了网络,政府就要有应用,所以说跟着应用就有需求了。"费耀平对市场的动向看得很清楚。早在集成业务蓬勃发展的时候,他就开始悄然酝酿企业的下一场变革。

2007 年,科创集成完成股份制改革,同时更名为湖南科创信息技术股份有限公司（下称"科创信息"）,正式吹响向应用软件定制与开发方向转型的号角。

2007 年科创集成改制时,董事长费耀平、总经理李杰为公司揭牌

"市场基本上很多公司都能做硬件,标准化程度已经相当高。应用软件不是一个标准化的产品,它带有半定制的特点,需要做一些个性化的定制改造。"费耀平介绍。

费耀平口中的应用软件"半定制化",就是现在市场上颇受欢迎的科创模式。科创模式主打"网格化 + 平台"和"互联网 + 服务"。

费耀平说，"网格化 +"是智慧城市的基础性管理平台，"互联网 +"是智慧城市的便捷服务平台。建设创新、协调、绿色、开放、共享的智慧城市是社会发展的必然要求和趋势，而利用"网格化 +""互联网 +"等新手段、新技术，打造新型智慧城市的基础平台，能有效提高社会治理能力、增强信息惠民能力。

"网格化实际上就是把一个城市划分成一个一个区域，我们强调多网融合。例如民政部搞了一个便民服务的网格化，现在消防、计生、食品安全，所有都叠加在这个网格里面。"

具体到智慧政务上，传统城市和政府按业务、管理职责分别设定，各部门各司其职，城市基本运行数据孤立存在于不同的"烟囱"中。科创信息的智慧政务构建思路就是先运用大数据、云平台、物联网等技术完成基础管理平台框架设计，再在后续产品培训、便捷服务功能上进行个性化完善。整个过程既综合城市总体，又关注各部门的具体特点，让各政府部门间的应用和数据做到相互独立又紧密关联，继而实现城市智慧化无限延展的 N 次方。

"目前整个软件开发行业正在从单一产品竞争向综合能力竞争转变。而我们在综合解决方案的理解上，要比竞争对手好一些。"费耀平对科创模式有着充分的自信。

科创信息同时将智慧政务的服务模式延伸到智慧企业领域。如今对于制造业客户，科创信息做的服务已经不是简单的生产加工环节智慧化，而是一个设计、工艺、采购、制造、包装、运输、销售、服务全方位的综合智慧体系。

2014 年到 2016 年，科创信息分别实现营收 1.89 亿元、2.49 亿元和 2.71 亿元。其中，2016 年，智慧政务实现营收 2.17 亿元，占比 80.21%；智慧企业实现营收 5354 万元，占比 19.79%。

浮法玻璃检测龙头的转型

在科创信息的业务板块上，还有一个非常值得关注的细分行业——机器视觉。机器视觉是电子渠道和企业管理以外，科创信息在智慧企业服务上深耕的又一领域，也是公司最有市场竞争力的业务领域。科创信息的机器视觉技术目前主要运用于浮法玻璃的生产检测。

费耀平介绍："工业上五六米宽生产线上的玻璃还在生产成形过程中，我们就对它进行实时监测，找出里面含有什么石子、什么气泡之类的缺陷。可能就零点几毫米，但是要做实时检测和处理。"

在浮法玻璃生产检测领域，科创信息自主研发的片带材在线检测解决方案无论是技术水平还是产品性能均处于国内市场领先地位，已获得多项专利与核心技术，并在国内近30%的浮法玻璃生产线上应用。

"几乎所有大的玻璃生产商，包括福耀玻璃，都是我们的客户。玻璃缺陷的检测，这个领域我们在国内是很强的，没有竞争对手，基本上是跟德国企业在竞争。"

招股书的数据显示，科创信息的机器视觉业务在2016年实现收入金额1332万元，相比2015年增长率达456.3%。其主要原因是受国家产能调控政策影响，国内浮法玻璃原片生产市场在2015年出现萎靡，导致科创信息机器视觉业务收入2015年较之2014年出现较大下滑。2016年，受益于下半年房地产市场的回暖及收购威斯理获得的高性能机器视觉处理平台，科创信息的机器视觉业务收入显著回升。

费耀平坦言，由于国内玻璃行业产能过剩，加之浮法玻璃初加工检测市场容量有限，该领域未来市场空间存在较大不确定性。目前，科创信息正积极将技术向手机屏、平板电脑屏等玻璃深加工及铁路、烟草、钢铁等其他行业的视觉检测领域进行应用拓展。机器视觉仍将是科创信息上市后会着重关注的领域。

费耀平及科创信息其他高管在深交所敲响上市宝钟

在科创信息的招股书上，我们还看到了这样一组信息和数据：公司自成立之日起，即由费耀平、李杰、李建华、刘星沙、刘应龙五人共同管理，本次发行前五人合计持有公司 49.78% 股份，为公司的共同实际控制人。同时，五位实际控制人的持股比例非常接近。

费耀平非常喜欢公司管理层以及上下级这样的合作状态。"这就说明这个公司不是造出来的，是很自然形成的。要做一个公司大家入股，我们每个人拿出来都一样。在早期如果要增资扩股，要么就是利转股，要么就是每人给一个额度，必须交。其他员工也是，有多少工龄的骨干，认缴一个额度，如果不愿意认缴就算了。那时候也没想到会上市，只是想把这件事情做好做大，一直往前走，就这样。"

扫码观看科创信息专访视频

"以客户为中心"打开市场

"我最高兴的就是我们帮客户解决了问题,客户认可我们,一个又一个国际知名的大客户选择我们做供应商。接到客户给我们颁的奖,比如最佳质量奖、信用 5A 级供应商、技术创新奖、优秀供应商奖,那一刻真的非常高兴。"

——金力永磁董事长、总经理 蔡报贵

改革开放大潮奔腾 40 年,涌现出无数心怀天下、目光高远的创业者。他们来自社会各行各业,怀着实业立国的梦想,开创全新事业。其中有那么一群人,出身远离尘嚣的高校象牙塔,却"学而优则商",凭借过人的眼光和魄力,勇立潮头,为社会创造经济效益的同时,实现自我价值。

金力永磁(证券代码:300748)董事长兼总经理蔡报贵,就是其中的杰出代表。自南昌大学化学工程系精细化工专业毕业后,蔡报贵曾短暂从教,但很快便下海历练。时至今日,蔡报贵与另外两位联合创始人李忻农、胡志滨共同创立的金力永磁,已经成为国内高性能钕铁硼永磁材料领先供应商,并于 2018 年 7 月 31 日在 A 股 IPO 审核中成功过会。

蔡报贵接受全景网专访

从一名居江湖之远的高校教师，到一位带领高新技术企业进入资本市场的创业家，蔡报贵如何一步步实现华丽转身？

从高校到产业 从江西到珠三角

从外形来看，蔡报贵文质彬彬、一派儒商气质。回顾大学毕业、南下广东、后又折返江西的奋斗历程，他云淡风轻地总结为"创业艰难百战多"，话语间流露出富于前瞻的眼界和镇定的魄力。

回首来路，蔡报贵的选择与时代洪流紧密地联系在一起。20 世纪 90 年代上半叶，改革的春潮滚滚涌动，伟人的讲话激动人心。1994 年，受邓小平同志南方谈话鼓舞的蔡报贵决定放弃稳定的前景，辞去就任不到一年的南昌大学教职，前往改革开放的前沿——广东发展。

在当时的珠三角，盛行"三来一补"的经济模式。众多外资企业抓住了改革开放带来的机会，利用优厚的政策待遇，在东莞设厂经营。蔡报贵回忆，当年处于港资企业的"黄金代"，他加入的塑胶制品公司发展非常快，几乎每年都能实现 100% 的增长率。

在 1994 年到 2002 年的八年间，作为工程师、生产经理和厂务会秘书，蔡报贵在东莞加工制造业的生产、管理一线接受了充分的锻炼。

随着公司高速发展，他管理的生产部门规模也从最初的 100 多人，快速发展到五六千人。

从打工到创业　从东莞到赣州

在港资企业的职业经理人经历，给蔡报贵的生活带来了巨大的变化。由于薪资优厚，早在 1994 年，蔡报贵从广东回江西老家的交通方式就升级为飞机转乘出租车了；进入新千年，身处理念先进的港资企业，作为高级白领，享受优越的待遇，在东莞拥有住房、汽车，可以说达到无数上班族梦寐以求的状态。

然而，稳中有升的职业生涯并不能令他满足。2001 年，蔡报贵进入"三十而立"的人生阶段，对生活和事业也有了进一步思考。随着中国制造业的发展，2000 年后，"三来一补"企业显露疲态，作为在珠三角"三来一补"企业奋斗多年的"老白领"，蔡报贵敏锐地捕捉到这一变化，决定离开原有的港资塑胶制品公司，开创自己的事业。

一开始，蔡报贵的创业尝试不算顺利，开过书店、做过餐馆，都没有成功。但凭借在东莞制造业多年打磨的经验，他仍然选择了具有集群优势的电子加工业，为当时风靡全球的数字播放器做表面贴装代工。事实证明，这一选择是正确的，由于集齐天时、地利、人和，蔡报贵创立的塑胶电子厂很快取得成功。

不过，尽管很快实现"自力更生"，蔡报贵更渴求一份开创性的事业。恰逢此时，志同道合的同学及好友胡志滨、李忻农也在寻求创业转型，三人共同组成了创业团队。经过反复思索和寻找，他们将目光落在了故乡江西正在崛起的稀土永磁行业。

对于稀土永磁材料行业，这个创业团队是地地道道的"门外汉"。可是凭借三位创业伙伴多年的生产、销售和管理经验，以他们的眼界判断，稀土永磁材料将是下一个"风口"。

　　稀土被称为工业"维生素"，是包括新能源、新材料在内许多高科技产业至关重要的原材料。中国是世界稀土资源储量大国，其中蔡报贵和李忻农的家乡——江西的赣南地区更是素有"稀土王国"美誉，是稀土资源富集地。21世纪初，新能源已经成为江西的优势产业，当时江西赛维LDK太阳能有限公司作为新能源产业的"神话"，为省内众多新能源企业提供了发展标杆。而作为连接稀土和新能源等领域的中间环节，稀土永磁材料的应用空间也随之打开。于是，2008年，发现商机的创业团队来到江西赣州创办江西金力永磁科技有限公司，同时联合了金风科技和赣州稀土矿业两个上下游的实力企业作为发起股东，利用当地丰富的中重稀土资源来制造高性能钕铁硼永磁材料，以满足新能源和节能环保领域快速增长的应用需求。

2009年金力永磁第一次股东会的股东代表在公司考察合影

进军陌生稀土永磁行业　创业艰难百战多

　　尽管我国是世界稀土资源大国，但由于稀土作为重要战略资源的地位，以及资源储量逐年减少的情况，从 2007 年起，国家开始对稀土开采总量和各企业的生产指标实行"指令性计划"，对供应总量进行控制。因此，对稀土永磁材料制造商来说，上游的稀土供应商处于强势地位，提前囤货成为按时开展生产的必要条件，对现金流造成一定压力。

同时，从下游来看，新生的金力永磁也面临寻找市场的问题。前后整整两年，公司经历了建厂、组建团队、体系认证、样品检测、样品试装机，以及试装机检测，再与同行产品一道送至国家质检总局下设权威检测机构中国计量科学院进行检测，公司产品综合性能名列前茅。至此，金力永磁才在 2010 年成为金风科技的合格供应商，为其风力发电机组提供风电磁钢产品。自此，金力永磁品牌和产品知名度显著加强。

在开拓下游客户的同时，基于共建、共享的理念，金力永磁在业内开创了一种商业模式，与产业链上下游领先企业形成战略合作关系，从而将上下游打通，实现产业链垂直整合。2011 年，公司与主要轻稀土供应商江铜稀土成立了合资企业，巩固战略合作关系，并确保公司的轻稀土供应。截至 2018 年 8 月底，赣州稀土持有公司 7.26% 的股权，为公司第四大股东。通过与主要原材料供货商建立战略合作关系，维持稀土原材料的长期稳定供应。

理性看待原材料涨价　让利布局国际市场

蔡报贵回忆，自从 2008 年进入稀土永磁行业，公司经历了两年的艰难创业期。受市场需求变化、环保减停产、国家政策调控等因素影响，稀土行业具有市场变化起伏较大的特点。进入 2011 年，稀土进入暴涨阶段，仅上半年就涨价十几倍，作为稀土永磁终端应用领域的供应商，这对金力永磁本是幸事，但蔡报贵内心反而深感忧虑。

在制造业打磨多年的经验告诉他，将上游原材料价格上涨一味传导至下游，并非整个稀土产业链长久发展之计，其作用相当于杀鸡取卵、竭泽而渔，后果是下游终端制造业无法承受，应用空间压缩，最终给行业带来毁灭性打击。幸运的是，市场很快恢复理性，在多方面因素作用下，稀土价格向价值中枢靠近，产业链重新建立起健康秩序。

按蔡报贵的说法，这次原材料异动属于"可能一辈子只能看到一次的奇观"。经历这场风波，他最深刻的体会是"以客户为中心"。在稀土原材料价格暴涨期间，公司尽管手握大量储备，但并没有"囤货居奇"，反而通过大幅度让利，趁机开展国际市场布局，让涨价反而成为开拓市场的契机，进入国际大客户候选供应商名录，乃至于最终成为正式供应商。这其中就包括德国工业巨头博世集团。

也许，正是这种"不赚原材料涨价钱"的自信，让金力永磁很快打开局面，赢得客户的认可。蔡报贵回忆，从 2009 年春，全厂职工只能坐满两桌开始，到 2017 年，公司净利润达到 1.39 亿元，这完全是源于一名实干家为客户服务的初心。

始于风力发电　走向各行各业

金力永磁核心业务是高性能钕铁硼永磁材料，主要产品是磁性材料及磁性材料组件，广泛应用于风力发电、新能源汽车、轨道交通、变频家电、节能电梯、其他工业节能电机等行业，其中在风电领域应用最为广泛。2016 年，公司在高性能钕铁硼永磁材料行业市场份额为12.49％，国内行业排名前五，其中在新能源和节能环保领域市场份额25.38％，成为该领域钕铁硼永磁材料的领先供应商。

蔡报贵表示，公司设立之初，战略规划和销售制度的定位非常高，目标客户包括下游各行业领域的世界 500 强及国内前 10 名公司。现在，金力永磁的客户群非常亮眼：如风力发电行业客户有金风科技及中国中车、西门子歌美飒这些世界风电行业的巨头；变频空调压缩机领域有美的、格力、三菱空调、上海海立等行业前几名客户；新能源汽车有国内比亚迪、上汽、北汽、吉利等客户，还有博世集团等汽车行业世界巨头。他指出，稀土永磁材料无处不在，除了应用在专业性较强的场景，还有许多贴近生活的用途，比如扬声器、手机变焦马达、硬盘存储器、箱包磁扣、口红包装磁吸等等。蔡报贵表示，在材料行业有个说法，一个国家的富裕程度，与其人均稀土永磁材料保有量有关，这是非常有道理的。中国作为稀土大国，稀土永磁产量达到全球 80% 以上，因此稀土永磁行业也成为我国在国际上具有战略影响力的产业之一。

问及下一步重点发展的应用领域，蔡报贵认为，应紧密跟随国家政策和产业趋势来选择，比如国家大力鼓励的新能源汽车，以及市场渗透率逐渐上升的变频空调。

从营收来源来看，公司已在主动践行这一思路。2018 年中报显示，来自风力发电以外，包括新能源汽车、变频空调、电梯、机器人等领域的收入占比已超过 70%，其中变频空调的比重已经达到约 35%，而风电则降到市场领域的第二位，成为客户结构优化的明证。蔡报贵表示，从中长期来看，新能源汽车会成为成长空间最大的市场领域。

"我最高兴的就是我们帮客户解决了问题，客户认可我们，一个又一个国际知名的大客户选择我们做供应商。接到客户给我们颁的奖，比如最佳质量奖、信用 5A 级供应商、技术创新奖、优秀供应商奖，那一刻真的非常高兴。"对于创业至今最大的成功，蔡报贵如是说。

扫码观看金力永磁专访视频

第六章
打造民族品牌

"我们公司要成为一家国际知名的公司，同时我们也要让全世界认为这是一个受人尊重的中国企业，因为你在技术上能领先，你的产品质量比人家好，你就能受到尊重。"

40年，从追随者到引领者

"宝武重组实际上有三层意义：第一是积极推进国内钢铁行业供给侧结构性改革；第二是将国企、央企做强做大；第三是打造一批国际级公司，要成为世界范围内占有重要行业地位的企业。"

——宝钢股份原董事长　戴志浩

戴志浩接受全景网专访

40年前，党的十一届三中全会结束的第二天，宝钢在上海打下第一根桩基，39年后随着宝武两大集团重组，旗下宝钢股份（证券代码：600019）在全球上市钢铁企业中粗钢产量排名第三。不过对于代表中国先进钢铁产能的宝钢股份来说，产量从一开始就不是唯一目标。

重组之后的新宝钢股份，不仅将重塑整个中国钢铁行业，还肩负着代表中国钢铁行业在全球竞争中胜出的重任。

砥砺前行　引领行业发展

1977 年，时任冶金部副部长叶志强一行人访问日本时去参观新日铁八幡厂，厚重热轧钢板打造的国产轿车在高速公路上无法跟上日方车队，冒险加速导致抛锚，最后被日方清障车拖走。

当时国内十大钢铁基地，无一能够生产出日方车辆所使用的冷轧板，在十大钢铁基地以外兴建一个全新特大型钢铁基地的种子由此埋下。

1978 年 8 月 12 日，国务院正式批复《上海宝山钢铁总厂计划任务书》，宝钢呱呱坠地，成为新中国成立后钢铁行业第一个里程碑事件。四个月之后，伟大的历史转折——党的十一届三中全会召开，开启了中国改革开放历史新时期。

从十一届三中全会结束第二天打下第一根桩，到 1985 年 9 月 15 日高炉点火投产；从 2000 年宝钢股份成立上市，到 2012 年湛江钢铁项目开工，再到 2016 年重组武钢股份，宝钢就像一名战士栉风沐雨、砥砺前行，成长为中国钢铁产业最杰出的产能代表，为中国经济翻天覆地的变化做出了卓越贡献。

经过 39 年发展，宝钢股份自主研发的新一代汽车高强钢、电工钢、高等级家电用钢、油气管、桥梁用钢、热轧重轨等高端产品处于国际先进水平，多种品种实现全球首发。

对中国钢铁产业来说

宝钢历史图片

曾经是一片空白的高品质汽车用钢，宝钢股份自主攻关实现从零到有，开发出符合欧盟 RoHS 指令并拥有自主知识产权的汽车板产品，为众多汽车品牌提供轻量化材料。

作为钢铁材料重点突破领域之一，2016 年 2 月宝钢第一次生产覆材为 410S 材质的轧制复合板，并实现首单 272 吨出口合同供货。

2016 年宝钢股份产钢 2787.53 万吨，销售商品坯材 2744.93 万吨，其中独有领先产品销量 1453.87 万吨，出口销量 358.07 万吨，全年实现营业总收入 1857 亿元，并当选联合国第一届"可持续发展目标先锋企业"。

宝武重组　推动行业更迭升级

2016 年 9 月，宝钢集团和武钢集团重组落地，标志着中国钢铁产业迎来第二次里程碑事件，而作为两大集团旗下核心资产，武钢股份整体并入宝钢股份是宝武重组重中之重。

对于宝武重组，宝钢股份原董事长戴志浩的第一反应是"意料之外"。

戴志浩表示："虽然感觉两家企业可能要联合，但是没想到这么快，这么早；原本更多认为宝钢和武钢都是未来行业重组中的主体，宝武各自重组别的钢企，而不是宝武之间重组。"不过仔细一想之后，意料之外很快变成了情理之中。

2011 年至 2015 年，整个"十二五"时期中国钢铁产业经历了长达 5 年的持续震荡下跌，整体面临中低端产能严重过剩但高端产能不足、供需错配、效益低下的局面。

新一轮国企改革对国企进行分类管理，钢铁国企被划分为以盈利为目标的充分竞争行业，深化改革主旨在于成立国有资本投资运营公司，代表国家意志参与全球竞争，化解行业中低端产能恶性竞争局面。

实际上，2015 年钢铁行业经历第一个周期底部，部分钢企被拖到奄奄一息，更有一些直接死掉退出，行业整合已经拉开序幕；而在国际市场，2012 年日本新日铁和住友金属合并，印度塔塔出售英国和欧洲业务；英国蒂森克虏伯退出美洲业务；安赛乐米塔尔退出美洲业务，全球范围钢铁行业整合并购浪潮早已开启。

戴志浩表示："宝武重组实际上有三层意义，第一是积极推进国内钢铁行业供给侧结构性改革；第二是将国企、央企做强做大；第三是打造一批国际级公司，要成为世界范围内占有重要行业地位的企业。"

重组后宝钢股份高端钢材市场占有率大幅提升，分析认为包括汽车板、家电板、取向电工钢、无取向电工钢以及镀锡板、镀锌板等产品在内，合并后市场占有率将普遍达到 50% 以上，对下游客户议价能力增强。其中，取向硅钢将达到 80% 甚至 90% 以上，无论是品种、质量还是数量都属全球第一。在汽车板方面，目前宝钢股份已经具备世界第三大汽车板供应能力，随着武钢股份加入，可能会提升至世界第二，成为全球汽车板供应商的核心组成。

同时，合并后宝武集团层面钢铁产量达到 6000 万吨至 7000 万吨之间，全球排名第二，上市公司层面新宝钢股份产能可达到 4600 万吨，全球排名第三，铁矿石需求占全球贸易量 5% 左右，对上游铁矿石等供应商议价能力也将增强。

戴志浩介绍说，宝武合并有很多天然的优势，产品比较相似，文化、发展的战略、优势特长都比较相似，也有合理的战略空间。除此之外，宝武合并还有个更重要的意义，就是寄希望于中国宝武集团未来能代表中国钢铁工业，在世界钢铁工业里面谋求自己的一席之地。所以再回过头来看，宝武整合有它的必要性和必然性。

"钢铁行业里，很多企业都在重组，现状是以省为界逐步调整，每个省都以一个主导企业为龙头进行兼并重组，但钢厂本身有一个消费半径，太大之后就不合理，当一个钢铁企业在一个省从 1000 万吨做到 5000 万吨的时候，它面临的是相互的竞争，缺乏合理的战略布局空间。"

这无意之中给宝武重组带来一大优势：联合以后宝钢股份拥有上海、武汉、南京、湛江四个主要的制造基地，当宝钢股份从 1000 万吨做到 5000 万吨甚至一亿吨的时候，因为全国布点，有合理的战略发展空间，产量和销售半径、服务半径处在一个合理范围，管理上相互有协同、有支撑，在区域服务、客户市场上有合理的半径。

从全球钢铁产业并购历史看，每一个国家和地区的行业大规模整合，都助推这一国家和地区在往后数十年内引领全球钢铁行业。例如：1901 年美国钢铁行业整合，一直到 20 世纪 70 年代美国都占据全球钢铁产量第一；20 世纪 70 年代日本钢铁行业大整合完成，取代美国。

因此业内人士认为，对于整个钢铁产业而言，宝武重组也是一个重大转折。目前国内中低端钢铁产能非常分散，武钢股份整体并入宝钢股份有望产生能够影响整个行业的寡头企业，推动兼并重组步伐加快，加速低端产能退出，行业有望回到有序发展状态。

布局智慧制造　走在时代前沿

钢铁行业作为长流程行业，在自动化应用方面居于各行业前列，但在智慧制造应用方面却不是最领先的。宝钢股份领导人的危机意识，让宝钢再次走在了中国钢铁产业的最前沿，而这种危机意识来自对智慧制造未来的深刻理解。

早在 2015 年，宝钢与西门子建立起联合工作组，共同推进宝钢西门子联合探索工业 4.0 项目。作为该项目排头兵，宝钢"1580 热轧智能车间"率先上线，这是工信部当年钢铁制造业唯一入选的智能制造示范点。

在 1983 年便加入宝钢、几乎陪伴宝钢走过所有风雨和成就的戴志浩看来，智能制造、智慧制造是宝钢未来必走之路，他阐述了自己对智慧制造的理解。

第一，传统制造向智慧制造升级是大势所趋，每个管理者都需要去理解、去思考，自己的企业如何实施智慧制造，如果没有顺应这个趋势，在智慧制造上落后他人，可能为给企业带来灭顶之灾。

第二，随着行业集中度提高、规模扩大，企业管理边际成本会上升。怎么才能让行业集中度提高，又保证企业仍然处于或者接近最佳管理效率？出路就是智慧制造。

第三，宝钢作为城市钢厂，劣势之一在于人工成本。对宝钢来说，克服城市钢厂劳动力成本高的解决方案和出路也是智慧制造，这本来就是历史发展的趋势。

据宝钢股份的规划，1580 智能车间改造共分三个阶段。在第一阶段实现能耗到卷、成本到卷、产线绿色运行，板坯库智能库管及行车无人化运行，生产过程全程集中可视、关键设备状态监控及预测维修。目前，二期工程正在积极筹划中。

扫码观看宝钢股份专访视频

从中国第一到全球最大

"未来我们要把地级市和县级医院的医疗技术水平提高起来，希望 2020 年左右在国内达到 1000 家左右眼科医院。让所有人，无论贫穷、富裕都享有眼健康的权利。"

——爱尔眼科董事长　陈邦

十多年前的中国眼科，还只是属于公立医院里五官科中的一个小科室，很多技术设备都不完善。

而目前，在爱尔眼科（证券代码：300015）的一个市级中心医院，二级科目就有十多个，眼科手术包括屈光手术、白内障手术、眼前段手术和眼后段手术等几大类。

以前偏远一些的乡镇居民想看眼科却找不到地方，需要舟车劳顿地往大城市跑。

而如今，爱尔眼科在全国已经开了 200 家医院，大部分都开在地级、县级区域，开在老百姓的身边。

爱尔眼科董事长陈邦说，"要在 2020 年左右在国内达到 1000 家左右眼科医院，希望所有人，无论贫穷、富裕都享有眼健康的权利"。

陈邦接受全景网专访

2003 年只有 4 名医生的小医院

爱尔眼科成立的契机，来源于陈邦的一次生病住院，"我当主治医生的太太是眼科医生，我跟她说以前在上海接触一个项目，是治疗白内障手术的，效果都非常好。"了解到长沙医院白内障手术缺乏技术设备之后，陈邦决定把这一技术引进过来。

先跟长沙的医院合作，了解行情之后陈邦这个"眼科门外汉"决定自己创业。2000 年，国家推动医疗体制改革，医院开始分为营利性医院和非营利性医院。有了政策的东风，爱尔眼科品牌也由此创立。

2003 年，爱尔眼科拿到长沙医院的工商营业执照。"那时候，我们就一个 1000 平方米的小医院，4 名医生，基本上一名医生一个科室。"回想起当年创业，陈邦很有感慨，"以前很多综合医院，尤其是国有医院，眼科在他们医院里面都是个小科，是不受重视的。"

紧接着，爱尔眼科在长沙、成都、武汉等地几乎同时开了 4 家医院，同时大力招兵买马，为登陆资本市场打下基础。

2009 年，爱尔眼科成为创业板首批 28 家公司之一，资本市场也多了家"眼科第一股"。

从 19 家到 200 家

2017 年 10 月 15 日，西安爱尔眼科开业，标志着爱尔眼科的医院数突破 200 家。而 8 年前上市时，爱尔眼科还只有 19 家连锁医院。按照规划，3 年后爱尔眼科要达到 1000 家医院。

"我们要建这么多医院，不是说一定有个硬指标，而是目前中国这样一个特殊的国情。"陈邦解释，"中国超过 70% 的人口都在地级市以下，只要有人，就有看病的需求，医疗资源都在大城市，地级市和县一级的基层缺医少药是很严重的。"

针对市场需求，爱尔眼科首创了"分级诊疗"商业模式。简单说，就是通过内部资源共享，从中心城市医院到省会城市，到地级市和县的医院，从上到下，提供技术支持、培训。"我们这个模式很好地解决了目前我们国人看眼病的需求，未来我们希望把地级市和县级医院的医疗技术水平提高起来。"

2017 年上半年，仅爱尔眼科上市公司门诊量就高达 224.98 万人次，同比增长 25.90%；手术量 23.25 万例，同比增长 24.49%。

从中国第一到全球最大

如果说 2016 年，爱尔眼科的头衔还只是"中国最大的非公医疗机构"；那么 2017 年，爱尔眼科就已经成为"全球最大眼科集团"。

推动公司国际化的，是来自 2017 年上半年两场"重量级"并购。

2017 年 3 月，爱尔眼科耗资 1800 万美元收购美国 MING WANG（明王）眼科中心 75% 股权；5 个月后，耗资 1.52 亿欧元收购欧洲最大的连锁眼科集团巴伐利亚眼科。爱尔眼科也借此并购，一举成为全球唯一一家拥有中国和欧洲两家上市公司的眼科医疗连锁集团，服务地域覆盖亚、美、欧三大洲，辐射逾 20 亿人口。

"必须承认，欧美还是比较领先的，它的技术、它的管理、它的服务模式。"陈邦说，"全球化收购是为了引进先进技术提升中国医疗机构的技术服务水平，现在中国慢慢进入老龄化，很多 45 岁以上的人都会有老花问题，以前老花眼就是戴老花眼镜而已。现在实际上有更先进的技术，可以通过手术治疗把老花眼治好。"欧洲巴伐利亚眼科集团其老花眼手术在欧洲市场占有率第一，近视手术在德国、西班牙市场占有率第一。

同时，对于半年两起海外并购，陈邦觉得扩张的速度"恰如其分"，近五年的国际化是"有限的国际化"，利用全球资源来支持中国，特别是地级市和县级医院的发展。

五大眼健康生态服务体系

除了分级诊疗、海外并购，爱尔眼科还在打造眼健康服务、科技创新及医疗金融，构建五大眼健康生态服务体系。如今的爱尔眼科，身份已经不仅仅是一家综合性医院。

2017 年 6 月，爱尔眼科成功研发出眼科智能诊断系统，将人工智能与眼科医疗结合，通过智能阅片，准确、量化、及时地对病人眼底影像进行初筛，将有效协助医生的诊断，提高诊断效率。

"我们机器阅片的模式，（准确率）超过了当时谷歌，它只有 90%，我们有 93%。"

该智能诊断系统对于医生资源相对匮乏的地级、县域医院，通过 O2O 的高效远程医疗体系，使基层医院有望逐步接近大医院的诊断水平。

"已经开始在实施了，普及要两三年，让它进一步学习，越来越准确。"陈邦说。

上市八年，爱尔眼科年营收从 6 亿元增长至 40 多亿，每年净利润保持 30% 以上的增速，医生增长至 3000 余人，已经是全球最大的眼科集团，但在陈邦眼里却只有 70 分的成绩，"我觉得我们潜力还巨大，我们还可以做得更好。"

扫码观看爱尔眼科专访视频

用大数据打造无贼天下

"希望基于公司已经搭建的大数据平台的能力、存证能力、计算能力以及人工智能的能力，搭建一个'美亚大脑'平台，将业务延伸至电子合同存证、食品安全等民生领域，实现'用大数据打造无贼天下'的愿景。"

——美亚柏科董事长　滕达

截至 2017 年 6 月份，中国有 7.51 亿网民，平均每人每周上网时间为 26.5 小时，92.1% 的网民在网上使用即时通信，81.1% 的网民利用网络进行搜索，70% 以上的网民从网络获取新闻资讯、视频以及音乐，68% 的网民使用网络进行支付、转账。

互联网科技的发展给我们的生活带来了巨大的便利，但也带来了各种风险：聊天、发朋友圈、买东西、转账、抢火车票、叫外卖，甚至收邮件、叫快车，每一个环节都可能成为不法分子实施违法犯罪活动的机会。

2016 年，全国电信网络诈骗案件同比上升了 51.47%，而 2016 年以来全国警方一共破获了电信网络诈骗案件 11.9 万起，抓获犯罪嫌疑人超过 8.8 万人。在电信网络诈骗案件处理中，抓获犯罪嫌疑人仅仅是开始，要彻底查清楚犯罪事实，关键是获取电子证据。

如果说网络警察是 007，那么那些为执法机构提供取证工具和技术的人，就是 007 背后的 Q 博士。来自厦门的美亚柏科（证券代码：300188），最重要的业务之一便是电子数据取证。

坚持与创新　将偶然变成必然

美亚柏科成立于 1999 年，2002 年在国内率先开发出"计算机取证勘察箱"和"计算机取证专用机"。随后打造了国内第一家电子数据鉴定实验室，2011 年在深交所上市，成为美国 Guidance 之外全球仅有的电子数据取证行业上市企业。

董事长滕达表示："每个企业发展都有最早的起点，我们进入电子数据取证行业其实也源于一个偶然的机会。"

滕达 1996 年开始创业时候，做的是组装电脑等硬件业务，用他自己的话来说，"干遍了所有电脑公司干的活"。由于缺少差异化，PC 硬件市场竞争太激烈，价格不断下跌，企业的利润空间不断缩小。在硬件领域摸索无果后，1998 年滕达开始在软件领域寻找新路子。

凑巧的是，当时发生了一起数据丢失案件，滕达的公司受当地公安部门委托，开发一项关于信息安全的搜索技术。一年多后完成任务时，滕达发现自己填补了国内这一领域的空白，美亚柏科由此诞生，切入电子数据取证这片蓝海。

由于国内电子数据取证起步较晚，很多核心技术都掌握在国外知名取证企业或机构手中，美亚柏科在成立之初主要代理国外的产品。当时国外厂商对中国客户一些特殊需要反应非常慢，代理商处于被动地位，也无法为国内客户提供最好的服务。滕达觉得不能一直受制于国外供应商，于是下决心走自主研发的道路。

通过"代理——消化吸收——自主研发"，美亚柏科在厦门软件园一期的地下车库内，手工敲出了第一代产品，从此国内电子取证行业告别了只能使用外国设备的历史。

尽管"入行"有一定偶然性，但滕达从偶然中看到了一个崭新的市场，抓住机会一干就是十几年。从最早销售系统转型到软件开发，再转为专业的网络安全软件开发；2011年首发上市之后，美亚柏科确定了一个新的战略——大数据；近几年来，美亚柏科又开始布局人工智能，将人工智能融合到电子数据取证产品和服务中。

美亚柏科董事长滕达

坚持与创新让偶然变成了必然。目前美亚柏科已经成为电子数据取证行业的领军企业。2013年，美亚柏科荣登"2013福布斯中国潜力上市公司100强"榜单第39位。2016年，美亚柏科实现营业收入9.98亿元，归属母公司股东净利润1.83亿元。

内外兼修　内生外延做强做大

美亚柏科董事会秘书蔡志评介绍，目前美亚柏科已经建成"四大产品＋四大服务"的业务架构，四大产品包括电子数据取证、视频分析及专项执法装备、网络空间大搜索产品与大数据信息化平台，并在四大产品的技术基础上衍生发展出存证云＋、搜索云＋、数据和信息安全四大服务体系。

在电子取证方面，美亚柏科拥有针对计算机、手机、移动硬盘、U

盘、存储卡等各类存储设备进行取证处理的一系列软硬件产品，其中代表取证软硬件一体化更高水平的取证航母 2016 年成功量产，此外还有取证金刚、恢复大师和手机画像等产品投入使用。

对于电子取证市场未来发展空间，滕达从三个方面分析指出仍然存在巨大发展空间。第一，近几年来电子数据取证已经从公安部门走向其他司法和执法机构，包括检察、工商还有税务、海关以及金融监管机构等行政执法部门，应用领域的扩展为电子数据取证带来巨大的市场。第二，电子取证行业发展初期数据载体主要是电脑硬盘，现在大量数据存储在手机中，未来随着物联网的发展，越来越多生活设备智能化，汽车、电灯、投影机，甚至桌子、椅子都可能记录数据，都会成为电子取证的客体。第三，目前绝大部分电子取证装备布局在市级，少数发达省份可以到县级，全国共有 34 个省级行政区，332 个地级行政区域单位，近 3000 个县级行政区划单位，从渗透率角度看行业还有很大市场空间。

在大数据业务方面，美亚柏科从 2012 年开始发力，通过分析处理互联网大数据，将研究成果应用到多个执法部门开展网络空间安全治理。随着国务院 2015 年正式印发《关于促进大数据发展的行动纲要》，美亚柏科也将大数据技术研究及业务推广列入公司五大发展战略之内。

2015 年，美亚柏科频频出手大数据业务，包括与国家信息中心、社科院等国家队合作，承接政务大数据、经济动态分析、税务大数据、"一带一路"数据库建设等项目，并先后入股大数据分析领域的高科技企业武汉大千、政法行业信息和数据分析领域深耕已久的珠海新德汇，以及在提供涉税分析解决方案的江苏税软，产品体系进一步丰富。

蔡志评介绍，美亚柏科近几年的投资收购都是环绕产业内生增长和外延式拓展进行布局。以珠海新德汇为例，该公司主要从事刑侦信息化数据采集和大数据信息化服务，收购之后与母公司实现了良好的协同效应。2013 年收购当年新德汇净利润约 1000 万元，2016 年已经超过

3900 万元。

2015 年年底美亚柏科发行股份收购江苏税软，切入税务稽查业务。蔡志评表示，收购江苏税软有助美亚柏科更好构建全行业执法能

美亚柏科厦门超级计算中心

力整体解决方案。在收购江苏税软之后，2016 年下半年美亚柏科推出了面向税务稽查机构、附带取证能力的"税政宝"，产品填补了国内市场空白，协同销售增量明显。

在"四大产品 + 四大服务"业务结构基础上，美亚柏科加强数据整合，推出城市公共安全平台，该平台可汇聚全市各单位公共安全数据，提供预防预警、统筹研判、应急处置以及协同调度等服务。目前美亚柏科城市公共安全服务已经在厦门率先落地。

"一带一路"走出去 大数据打造无贼天下

近年来，美亚柏科的产品和服务频繁在国际交流场合亮相。2016年为在杭州举行的 G20 峰会网络安全保驾护航，2017 年 7 月受邀参加国际刑警组织在法国里昂举行的首届"打击网络与金融犯罪高级别对话会议"，2017 年 9 月为金砖国家领导人的厦门会晤提供技术保障。

美亚柏科多次参与公安部对"一带一路"沿线国家执法部门的援助培训，目前已经对"一带一路"沿线国家培训了 40 余期，接待了来自"一带一路"沿线国家中 20 多个国家的 600 多名培训学员。

对于"一带一路"倡议，滕达坦言对企业来说非常"务实"。他表

示："在接触过西方国家和'一带一路'沿线国家之后，我们发现中国企业产品打入西方市场存在很多门槛，而'一带一路'沿线国家的认可和接受程度更高，中国企业往'一带一路'沿线国家拓展其实更加顺利。"

据滕达介绍，美亚柏科最初也是抱着尝试的心态参与公安部对"一带一路"沿线国家执法部门的援助培训，后来在培训中发现公司的技术和产品得到一些东南亚、中亚国家的认可，他们希望在提升本国警察技能的同时能在本国使用美亚柏科的产品，以填补他们国家在这方面的空白。目前部分接受了援助培训的"一带一路"沿线国家已经进入采购相关产品阶段，美亚柏科也实现将产品和服务拓展至这些国家的目标。

蔡志评提到，在 2017 年 9 月 26 日举行的国际刑警组织第八十六届全体大会开幕式上，国家主席习近平宣布在 5 年内，中国政府将采取实际行动支持国际刑警组织，包括支持国际刑警组织在反恐、打击网络犯罪、打击新型有组织犯罪领域每年开展 3 次全球联合行动，成立公安部国际执法学院，为发展中国家培训 2 万名执法人员，为 100 个发展中国家援建升级国际刑警组织通信系统和刑事调查实验室等，美亚柏科作为国内电子取证行业龙头企业、网络空间安全专家，作为中国的一家上市企业，凭借着自身扎实的电子数据取证技术支持能力、过硬的产品

美亚柏科信息安全学院阶梯教室

及服务，以及多年国际警务合作的经历，有责任有实力也愿意更多参与到建立全球安全治理体系的工作当中，为促进人类和平发展的崇高事业贡献一份力量。

只有十几年发展历史的中国电子数据取证行业，伴随着中国经济、社会、科技日新月异而迅速成长，从最初只能被动带来海外厂商的产品，到今天凭借自主研发和创新的产品、服务，可以主动出击开拓海外市场。

展望未来，滕达希望基于公司已经搭建的大数据平台的能力、存证能力、计算能力以及人工智能的能力，搭建一个"美亚大脑"平台，将业务延伸至征信、网络电子身份监管、食品安全等民生领域，实现"用大数据打造无贼天下"的愿景。

扫码观看美亚柏科专访视频

"国际大公司不去的地方，我们会派专车送过去"

"我们潮汕老板做事都比较踏实、专注、能吃苦，最大特点就是敢拼。"

——名臣健康董事长、总经理　陈勤发

作为改革开放后发展最迅速、最早对外放开的行业之一，日化是一个充分竞争的市场化行业。由于资金充足、品牌成熟，外资品牌在日化行业占据优势地位，在联合利华、宝洁的强势竞争下，民族日化品牌在夹缝中生存，像坚毅的种子，发芽、成长、绽放出美丽的花朵。

蒂花之秀就是民族日化品牌中绽放的一朵耀眼的鲜花。"蒂花之秀，青春好朋友"，这句广告词为许多消费者熟知，田震、姚晨、林心如等

陈勤发接受全景网专访

30 多位一线明星曾经为蒂花之秀代言。

一手创造蒂花之秀这个品牌的人就是名臣健康（证券代码：002919）的董事长陈勤发。这是一个勤勉、踏实的潮汕汉子，从 1994 年到现在，他用 23 年的时间将一家日化公司做到 A 股上市，在机遇与挑战并重的中国日化行业中，杀出重围，闯出了属于自己的品牌之路。

26 岁创立日化品牌

陈勤发出生在广东省汕头市澄海县（现为汕头市澄海区）。1987 年，他 19 岁时，在亲戚的介绍下开始做日化产品批发生意。做了 7 年的贸易，他认识了一些日化产品的工程师、原料供应商等，对日化行业有了一定的了解。

1994 年，中国日化行业刚刚起步，生产企业很少，陈勤发认为这是一个创业的好时机。他用多年的积蓄加上一部分借款注册成立了澄海市名臣化妆品有限公司（名臣健康前身），这是广东地区成立最早的日化企业之一。那一年，陈勤发只有 26 岁，谈起创业的勇气，他说："那个时候我们那边的人都比较穷，胆子大，敢拼。"

公司初创就成立了自己的品牌——"美王"，产品包括洗发水、护肤品等。最开始的销售渠道只有广东省内的批发市场，如澄海的中心市场、广州的兴发广场等，最初的销量比较小，最高时候年营收在 100 万元左右。

两年多的经营，公司发展缓慢。陈勤发意识到产品销量小，企业将难以为继，也意识到建立跨省渠道、扩大销量的重要性。1997 年，陈勤发开始在全国各省跑市场，寻找合作的代理商，逐步建立了销售渠道。美王系列产品通过沈阳、临沂、郑州、武汉、成都、义乌等地的批发市场卖到了全国各地，打开了销路，销量逐年提升。

"那时机会比较好，消费者要买东西经常买不到。美王这个品牌打开了，在市场有一点知名度，我们的产品生产出来就能马上卖掉，公司发展比较顺利，规模也开始扩大。"陈勤发回忆说。

直到今天，美王品牌仍然是公司的主打品牌之一。

"蒂花之秀"走向高端

美王一开始定位比较大众，价格只有五六块钱，陈勤发想要打造一个真正叫得响的高端品牌。他跟代理商一起沟通、交流，做了很多市场调查，最后命名为"蒂花之秀"。"快消品的知名度是要靠钱砸出来的，先投入、后产出，要做高端品牌，就要敢拼。"陈勤发说。

"蒂花之秀，青春好朋友"，2001 年这句广告词开始响彻大江南北。蒂花之秀还与《中国好声音》《我不是明星》《中国好歌曲》等热门综艺节目进行广告合作。在飘柔、潘婷、海飞丝雄霸天下的时代，蒂花之秀知名度迅速升温。

2010 年之后，媒体形态越来越多，电视也不像以前那样独占大家的视线。蒂花之秀开始尝试转变品牌战略，从电视广告逐渐转移到路牌广告、高铁广告、网络广告……推广费用也开始向商超渠道转移，蒂花之秀逐渐渗透到家乐福、永辉、人人乐等各大超市。

经过 16 年的沉淀，蒂花之秀已成为中国日化市场的实力品牌之一，产品越来越丰富，涵盖洗发、护发、造型、护肤等多个细分领域。目前，蒂花之秀是名臣健康的主打品牌。

品牌成功推出的背后，是长期的辛勤付出。每一个产品推出后，名臣健康都要去做代理商、消费者调查，了解香型接不接受、功效如何、包装喜不喜欢、销量怎么样？如果一款产品 3 个月没有回头客，那这个产品就要被停掉，"每一个品牌的成功和失败最终都会形成数据化的调查分析报告。"

在日化行业，有一个这样的说法："三分靠生产、七分靠广告。"但陈勤发并不认同，"这是十年前的说法了，现在要让产品说话，要解决消费者的实际问题，产品一定要有针对性和功效性。以前主要靠广告，现在一定要靠技术和研发，这是最重要的。"

名臣健康建立了多部门共同协作的技术创新机制，拥有洗发护发与毛发头皮健康研究室、健康护肤研究室、口腔护理研究室等多个研究室组成的研究中心。2014 年以来，公司每年的研发费用都在 1500 万元左右，超过公司年营收的 3%。目前，公司是国家高新技术企业，拥有多项技术和发明专利；名臣健康检测中心在 2016 年 3 月获得中国合格评定国家认可委员会（CNAS）的认可。

名臣健康研发中心

目前，名臣健康的产品涵盖洗发水、护发素、沐浴露、啫喱水、护肤品等。除了"蒂花之秀""美王"两个主打品牌，公司还推出了"高新康效""依采""绿效"等专注于为特定消费者提供具有特殊功效的针对性产品，如具有去屑、柔顺等功能的洗发水。此外，"利口健"为公司推出的牙膏品牌，"可妮雅"为公司推出的护肤品牌，"金狮"为公司推出的家居护理品牌，"小琦琪"作为儿童品牌，专注于为儿童提供日化产品。

民族日化企业的生存之道

作为改革开放后发展最迅速、最早对外开放的行业之一，日化是一个充分竞争的市场化行业。由于资金充足、品牌成熟，外资品牌在日化行业占据优势地位，在联合利华、宝洁的强势竞争中，民族日化品牌在夹缝中生存。作为上市成功的中国健康护理用品的民族企业，名臣健康有着怎样的生存之道？

"我们也会研究一线品牌的营销模式，但我们肯定不能跟他们一样，我们会寻找自己的营销思路，不会跟国际大公司发生正面冲突。"陈勤发说，"虽然他们比较早进入了中国，占领了高端市场，由于中国市场的消费层次和群体多样化，城镇市场空间广阔，还有很大一部分市场是他们没有触及的，这就是民族日化品牌的发展机会。"

"小城镇、大市场"是名臣健康一直以来的市场战略。从创业伊始，公司就逐步对三、四线城市及乡镇市场精耕细作，逐渐将营销网络全面铺开，并积极拓展一、二线城市的细分市场。目前公司产品已覆盖全国主要省、市及主要乡镇近 3 万家零售网点。

"中国乡镇人口很多，他们都有洗发、护肤的需求。改革开放以来，农村消费能力不断提高，这是一个不容忽视的大市场。"陈勤发说，"乡镇超市、商店，国际公司不去，我们的代理商却会派专车送过去。扎根城镇，是名臣的特色，也是名臣成功的基础。小城镇、大市场，这一块我们一直都不会丢。"

名臣健康一直提倡"情商"，从创业到现在都跟代理商、经销商和消费者拉近距离、搞好感情，让代理商、经销商把名臣健康的产品当做自己家里的产品来卖，陈勤发将这总结为"做生意要先做朋友"。

除了经销模式，名臣健康还尝试"厂对店"批发。2006 年推出的"依采"品牌系列产品，在没有任何广告投入的情况下，曾经创造过上亿元的零售额，这在洗发水营销案例中可以说是前所未有。作为名臣健康首创，这种封闭渠道销售模式后来被很多同行模仿。

"大批发模式下，产品到一个城市后，如果管理不完善，经过层层环节，代理商赚不到钱，零售店也赚不到钱。"陈勤发说，"于是我们寻找一种封闭的渠道，'依采'不投放到批发市场，直接把货给到零售店，没有中间环节，店老板的利润空间就大了许多。大家看到利润，自然感兴趣，就拼命推我们的产品。"

作为民族日化企业，名臣健康还努力寻找产品的差异化。"比如，中国有利用中药和天然草本进行护肤的传统历史文化，'草本'和'汉方'也是我们民族日化企业可以利用的优势之一。"

爱拼才会赢的潮汕商人

潮汕地区有大大小小五六百家日化公司，其中不乏民族日化企业的佼佼者，除了名臣健康，还有尚美、拉芳、雅丽洁、丹姿等等。谈起潮汕商人的共同点，陈勤发说："我们潮汕老板做事都比较踏实、专注、能吃苦，最大特点就是敢拼。"

"2007 年、2008 年经济比较困难的时候，原材料猛涨，很多日化公司都退出来了，但我们还是咬着牙坚持，哪怕没有利润，我们也要坚

2017 年 12 月 18 日，陈勤发在深交所敲响上市钟声

持下去，渡过难关以后就开始好了。做实业很难，那时也有很多人劝我去搞房地产、搞其他行业运作，但我还是选择坚持日化行业。老板不专一、不踏实，企业也是做不大的。"

直到现在，陈勤发依然早出晚归，对公司事务亲力亲为，从产品开发、销售到公司管理他都要做到心中有数。虽然这样比较累，但他觉得为了企业的稳健发展一切付出都很值得。

"我每年都要亲自带队去做市场调研，带着市场、研发、生产的人去一线调查。从东北黑龙江到西北甘肃下面的小县城，我都去过。做企业不辛苦不行的，但如果你喜欢它，这就是一种乐趣。"

公司上市成功后，陈勤发表示自己的责任将会更大。未来公司将加大科技投入和创新力度，全方位打造立体营销网络，全面提升品牌和产品影响力，提升市场盈利能力和企业核心竞争力，把"创民族名牌、做百年企业"作为企业战略，做大做强企业，努力把公司打造成为治理规范、决策科学、品牌卓越的上市公司。

专访过程中，陈勤发说得最多的一句就是"敢拼才会赢"。从小公司发展到现在，名臣健康在民族日化品牌占据一席之地，用了23年时间。2017年12月18日，名臣健康正式登陆中小板。被问及上市后要不要休息一下，他说："我还年轻，刚满50岁，接下来还要大干一场！"

扫码观看名臣健康专访视频

质量比人家好，你就能受到尊重

"你在技术上能领先，你的产品质量比人家好，你就能受到尊重。"

——锐科激光董事长　伍晓峰

智能手机已经成为人们生活的必需品，不过可能较少人知道手机金属外壳背面精致的 logo 是由光纤激光打标制作而成。

应用激光打标技术可以在金属、塑料、玻璃、陶瓷、木材、皮革等多种材料上打出各种文字、符号和图案等，字符大小涵盖毫米级到微米量级，应用范围甚广。而激光打标机的核心部件便是激光器，作为国内

2018 年 6 月 25 日，锐科激光成功登陆创业板

光纤激光器龙头企业，锐科激光（证券代码：300747）用11年逐步实现对国产光纤激光器领域各项空白的填补。2018年公司成功上市，代表着它将走入一条新的发展快车道。

11年专注填补国产光纤激光器空白

众所周知，国内一些高科技产业是在国外产品垄断的背景下，通过引进海外高层次人才和国际先进技术，在国内研发、产业化，逐步实现进口替代的。作为激光加工和增材制造装备核心部件的工业激光器正是这样一个行业。

2007年，激光器领域正从二氧化碳这些传统的化学激光器逐步升级。由于光纤、芯片的技术革命带来了光纤激光器研发的飞速突破，后者在工业应用领域开始被大量使用。但是当时国内大部分光纤激光器源于进口，国外厂家形成垄断形势，且对中国市场销售价格奇高，犹如一张白纸的国产光纤激光器市场亟待开发。

锐科激光创始人、现任副董事长闫大鹏在海外从事过光纤激光器技术的相关工作，彼时，他作为中组部的"千人计划"专家回国创业，与武汉华工激光工程有限责任公司（下称"华工激光"）分别出资3000万元，合作创立了"武汉锐科光纤激光器技术有限责任公司"（即锐科激光前身，下称"锐科有限"），专门从事大功率光纤激光器的元器件及激光器在中国的国产化和产业化研究。

通过团队的努力，锐科有限成功研制出了光纤激光器的原理样机，确保其能够稳定出光。2007年到2010年期间，锐科有限主要开展工程样机的研制和小规模生产，若要进一步实现量产，一是需要进一步提高产品可靠性，二是需要解决光纤、芯片、合束器等核心基础材料和器件的供应，而当时我国恰恰在这一领域比较薄弱。

目前作为锐科激光控股股东的中国航天三江集团有限公司（下称

"航天三江"），同时也是中国航天科工集团有限公司的下属子公司，主要从事国家航天高科技产品的研制。2010年，在锐科有限几款型号的光纤激光器研制成功、技术取得较大突破之时，航天三江看中公司的技术和发展前景，在锐科核心团队的支持下，从锐科有限原有的股东手中收购股份并对其进行增资，由此，锐科有限开始走向实现光纤激光器的规模化生产的发展道路。

11年来，锐科激光先后研制出我国第一台25W脉冲光纤激光器产品，第一台100W、1000W、4000W、6000W和10000W连续光纤激光器产品并形成批量化生产，成为国内第一家专门从事光纤激光器及核心器件研发并实现规模化生产的企业。

华工激光的退让和航天三江的进驻

目前，航天三江对锐科激光的持股比例为45.33%，闫大鹏持股为14.14%，而华工激光持股比例也由最初的50%下降至3.22%。

关于外界对华工激光退让大股东地位的疑问，锐科激光董事长伍晓峰在接受专访时解释说，当时华工激光不仅是股东，同时也是锐科激光的下游客户，但是锐科激光要实现发展则必须将产品销售给其他激光装备企业，而它们多数与华工激光存在行业竞争。

"专家团队与华工科技（即华工科技产业股份有限公司，为华工激光控股股东）进行了充分的沟通和交流，华工科技也比较理解，确实它（锐科激光）在华工科技控股下的成长存在市场拓展瓶颈，它可能就变成了华工科技自产自销，但华工科技单独的市场不足以支撑锐科的发展。通过航天三江对锐科的增资，实现了国有控股这个目的。而且我们收购了华工科技的部分股权，再收购了部分骨干的股权，让他们也得到了较好的回报。但实际上，大家主要的目的还是为了锐科公司及其专家团队的产业发展抱负能够实现。"伍晓峰说。

对于锐科激光和大族激光、华工激光等激光装备企业之间的关系，伍晓峰使用了一个通俗易懂的比喻："激光器相当于航空发动机，锐科是类似做航空发动机的，华工科技和大族激光类似波音、空客。实际上它们是最终的终端用户，是我们锐科的客户，所以我们不会跟它们发生冲突和竞争，当然我们也不能排除这些公司会根据自身发展需要开展激光器的研发。"

伍晓峰认为，航天三江进入锐科激光，除了带来资本，还为它的快速成长提供了一个良好的平台，包括技术人才的引进、牵引技术团队的科技方向、提供航天行业发展的需求以及更多产品应用需求等。

更为重要的是，航天三江的目的是与锐科激光共同成长，由于航天三江专注于高端装备制造，它也希望与专家团队一起把锐科激光做大做强，而不像其他资本，在获益后退出。

当然，伍晓峰也提到了外界对于国企体制对锐科快速的成长可能带来一些制约的顾虑。不过他觉得，大股东、小股东以及公司的创始人、核心骨干等，都有确定的共同目标，即把公司做大做强以期在国际市场立足、推动中国激光设备的核心产业发展，同时给予股东、骨干团队、投资者等良好的回报，以及让客户获利。

"当大家目标高度一致，就可以突破和适应所有的体制、机制，既

伍晓峰接受全景网专访

能保持公司高效务实的运行机制，又能实现按程序规范地进行公司管理，这样就能达到企业运行良好的效果。"对于目前锐科激光的混合所有制发展情况，伍晓峰认为呈现出了比较好的效果。

实践"科技强国、产业报国"梦想

招股书显示，2016 年至 2017 年，锐科激光分别实现营业收入5.23 亿元和 9.52 亿元，增速分别达到 67% 和 82%；实现归母净利润8903.54 万元和 2.77 亿元，增长率更是高达 261% 和 211%。

营业收入和净利润的快速增长，在让人感到惊讶的同时，也存在一丝疑惑。对此，伍晓峰显得胸有成竹。

"激光产业是一个朝阳产业。"他说，第一，光加工时代到来了，带动整个激光行业快速增长，这是有行业背景的。第二，激光产业的核心是光源，不管哪个激光装备制造厂，都要购买光源，所以激光器的增长幅度又高于行业的幅度。

据了解，光纤激光器作为新一代的工业激光器，已广泛应用于激光雕刻、激光打标、激光切割、激光焊接、激光医疗及增材制造等领域，并在汽车、高铁、船舶、飞机等高端装备制造领域需求旺盛。其中，激光加工和增材制造属于新兴制造领域，行业正处于迅速发展阶段。

根据国际咨询公司 Technavio 的预测，全球光纤激光器的销售额将由 2018 年的 19.81 亿美元增加到 2021 年的 28.85 亿美元，年复合增长率为 13.35%。

目前，锐科激光的主要产品为脉冲光纤激光器、连续光纤激光器两大系列，均为自主研发，且设计水平、产品质量与性能整体处于行业先进水平。

在营业收入构成中，近三年来，毛利率为 31.02% 的脉冲光纤激光器收入占比逐年下降，到 2017 年度只占 18.44%，而连续光纤激光器的收入占比逐年提升，到 2017 年度已占据 75.56% 的份额，毛利率则达到 51.12%。

伍晓峰说，国内越来越多的厂商加入到脉冲光纤激光器的生产当中，竞争趋于激烈，公司未来的重点发展还是高功率连续光纤激光器，主要是因为其技术门槛、竞争门槛、利润附加值都更高，这也是过去两年公司利润快速增长的重要原因。目前，国内高功率光纤激光器大部分还是依赖进口，锐科激光志在打破眼下进口高端产品垄断的局面，希望实现从激光装备制造大国向强国的转变。

锐科激光 IPO 募资项目均为利润前景较好、科技含量更高的光纤激光器和半导体激光器。公司发行新股 3200 万股，募集资金 11.19 亿元，其中 5.83 亿元投入大功率光纤激光器开发及产业化项目，5.36 亿元投入中高功率半导体激光器产业化及研发与应用工程中心项目。

从进口替代的角度看，锐科激光冀望通过募投项目的投入和达产，扩大产能，提高国内市场的占有率，同时加大国际市场的开拓。

目前，锐科激光中高功率光纤激光器的市场占有率在国内厂家中处于领先地位，公司主要着眼于全球范围内高端领域的竞争，招股书中列出的主要竞争对手都是国外品牌，如 IPG 公司、Coherent 公司、Trumpf 公司和 nLight 公司等，其中 IPG 公司为全球第一家实现光纤激光器产业化的企业，也是全球最大的光纤激光器生产企业。

伍晓峰坦承，与 IPG 相比，锐科激光目前还存在不小的差距。从公司规模看，IPG 拥有 5000 多位员工，而锐科激光员工 800 多人；在场地、产能、研发投入等方面，锐科激光要追上 IPG 也还需要更多努力。不过他觉得，锐科激光产品的品质、返修率等指标，与 IPG 趋于接近。而中国是世界上最大的激光设备市场，锐科激光也比 IPG 更具市场优势、价格优势，同时在科技人才方面也不落后。

为了成为具有国际竞争力的骨干产业公司，实现产品国内市场占有率第一、国际前三的目标，锐科激光正在全力推进"一二三"建设工程，即建设一个国际一流大功率光纤激光器技术和应用研发中心；建设两个国际先进的大功率光纤激光器和高亮度半导体激光器工艺与测试实验平台；建设三条光纤激光器相关现代化柔性生产线，实现核心技术和产品完全自主可控的目标。

伍晓峰对此充满了信心："我们要把锐科激光打造成为一个我们国家的激光装备制造业核心光源的领头羊，也要成为一家国际知名的公司，同时我们也要让全世界认为这是一个受人尊重的中国企业，因为你在技术上能领先，你的产品质量比人家好，你就能受到尊重。"

他说："目前来看，在公司整个发展过程中，无论是创新也好，产业发展也好，我们'科技强国、产业报国'的梦想正在逐步实现。"

扫码观看锐科激光专访视频

第七章
工匠精神

"能做事和能把事情做好完全是两码事。"

药品关系到千万条人命

"医生可能只管一条人命，但药品却关系到千万条人命。"

——赛隆药业董事长 蔡南桂

创业的原因各有各的不同：有的是想施展自己的专业才能，有的是想实现自己的人生价值，有的是在老工厂危难时力挽狂澜，还有的一开始就有一个上市的大目标……然而，赛隆药业（证券代码：002898）董事长蔡南桂创业的原因却很简单、朴素：只想多赚点钱送孩子去国外留学。

"当时想着赚够200万元就好，够送孩子留学，还能剩下一点钱养

蔡南桂接受全景网专访，他精力充沛，语速极快，非常健谈

老。"如今，蔡南桂的小梦想实现了：2017 年，女儿在美国拿到法学博士学位，儿子也去了美国读大学。

此外，这个小梦想还附送了一个大惊喜：2017 年 9 月他一手创办的赛隆药业成功上市，上市首日蔡南桂直接持股市值接近 10 亿元，远超当初设定的 200 万元的"小目标"。

"丽珠是我的母校"

蔡南桂出生于湖南一个农民家庭，曾祖父是私塾先生。或许是受曾祖父的影响，蔡南桂特别热爱学习。十几岁时，他就考上了湖南中医学院（即现在的湖南中医药大学）中药系。上大学的第一天，他就特别想考研究生、读博士，但他也很清楚，作为农民的儿子，自己没有条件继续深造。不到 20 岁的他一毕业便很懂事地参加了工作，赚钱养家。

蔡南桂毕业后被分配到岳阳制药二厂。20 世纪 80 年代初，大学生不多，蔡南桂很受工厂器重，刚进厂就当上了车间主任。在这里，他将学校里的理论知识和制药实践结合起来，慢慢深入制药领域。

20 世纪 90 年代初，南下风潮正热。岳阳制药二厂要调配一部分人才到珠海支援丽珠医药，蔡南桂是其中一员。

"去珠海之前，我曾经跟着销售人员到广州做一些市场推广的工作，发现广州人每天都可以吃虾，早茶非常好吃，我就很喜欢南方。此外，丽珠当时已经是一个很有名的大国企，是中国医药行业的骄傲，我非常向往。"蔡南桂说，"所以，我就很开心地来到了珠海，加入了丽珠集团。"

1992 年，蔡南桂作为高级人才被引进珠海，拿到中级职称，29 岁便被评为副教授级别的高级工程师。

"那时一般人到珠海需要有边防证，但我当时就有户口本了。记得有一年春节回来，在火车上要查边防证，我就亮出了我的户口本。结果边检人员问，这些都是你的家人吗？我就说，是啊是啊，我身边四五个人都跟着一起过了。我是特别自豪的！"

"90年代初，丽珠就有一亿多元的利润，A股、B股同时上市，走到马路上，只要说是丽珠人，大家都会很羡慕，作为丽珠员工我很自豪！"

蔡南桂最初到丽珠做的是车间主任，分管生产相关事务。"每年春节的时候，我一定要亲自贴完封条才放心下班。节后上班的时候我一定要检查一遍，没有问题，打开封条我才放心。而且我那时还说了一句话，'我提上这个岗位三年没有质量问题，才算是达到我的目标。'后来也确实实现了。"蔡南桂说，"为了搞好工作，我四年没有回家过春节。"

在丽珠工作期间，蔡南桂成长很快，富有进取心的他也一路升职加薪：从部门领导提拔到子公司的副厂长，又从副厂长做到集团质量部长，分管30多家分子公司的产品质量，直接向总裁汇报。

"我抓产品质量非常严格，不能容忍出现一点问题。上大学的时候，老师说过一句话'医生可能只管一条人命，但药品却关系到千万条人命'。一旦一批药品出问题，后果是非常严重的。"

在丽珠的10年，蔡南桂学到了大医药企业的管理理念、模式和架构，对他影响很大。"丽珠是我的'母校'，特别是丽珠第一任董事长徐孝先先生，他的远见卓识和人格魅力十分让我钦佩，我一直把他作为自己的榜样。可以肯定地说，如果没有丽珠，就不会有今天的赛隆，也不会有我的今天。"

为赚钱送子女留学下海创业

说起蔡南桂下海创业的理由，竟是如此简单朴素：想赚点钱送孩子留学。

蔡南桂从小热爱学习，特别羡慕那些上清华、北大，读博士或者留学的。"高中同学就有留德博士，我非常非常羡慕他。但我也知道自己的家庭情况，农民的孩子，没办法。所以我就把希望寄托在子女身上，希望能把孩子培养成博士，送到国外留学。"

虽然已经当上丽珠集团的质量部长，但他的工资只有 3600 元左右，要想送儿女读博、出国，还是非常困难。蔡南桂就跟老婆商量辞职创业，"如果我们能挣够 200 万元就好了，一个孩子需 60 万元左右去国外读书，我们还能剩下几十万元养老。"

他的想法得到了太太的支持，于是，2002 年珠海赛隆生物科技有限公司成立，原来在丽珠的同事蔡赤农（现赛隆药业副董事长、总经理）也加入赛隆，分管销售工作。但公司成立起来了，具体做什么项目却不知道。

"我们没有资金，规模上比不上别人；我们也没有在市场上打拼过，所以也不能从销售干起。制药企业能不能长足发展，还要看核心科技。所以，经过讨论，我们决心从实验室做起，然后又确定了药品的研发方向。"蔡南桂说，"我们几个人就坐在一起喝茶，边喝边聊，慢慢方向就清晰了，就是这杯茶开启了赛隆的征程。"

当时中国药品行业非常特殊，要有 GMP 证书和生产线：首先要有药厂，建设一个药厂再快也要两三年，一条生产线就要千万元资金；药厂建成后要通过审批拿到许可证，这个时候才是正式的药厂了；每一款药品都要到国家药监总局注册报备产品；研发的常规周期要 3 年左右，如果是国外没有的新药最起码要 5 到 7 年。这意味着从开始研发到最终投入市场，最起码要 10 年时间。

但蔡南桂没有选择这种传统模式，而是走国外比较先进的路子：研发药品，持有药品技术，然后找药品生产企业加工生产，这样就不需要建厂了，可以省下一大笔资金，节约时间。

"研发药品必须要有生产线其实是不科学的，建厂过多会导致产能

赛隆药业团队 2005 年创业早期合影

过剩，而且不利于药品研发创新。"蔡南桂说，"虽然那时政策没有明朗，但我觉得这是符合行业发展趋势的，所以我就做了。"

　　和蔡南桂有共识的还有赛隆药业的合作伙伴，山西普德药业的原董事长胡成伟。"他说，我就主要干一件事，就做很大的药厂，做全国最大的生产基地，你们所有的药品品种全都放到我这来生产。"蔡南桂说，"我们一拍即合，就开始做了，这也算是一种缘分吧。虽然当时政策还没有那么明朗，但我们认为这是对的，我们各自发挥自己的长处，然后合作。这是一种很不错的选择。"

　　事实证明蔡南桂这条路是对的。近些年，全国人大已经授权国务院，试点改革药品上市许可持有人制度，广东是试点地区之一。改革之后，新研发的药品委托加工就可以了，不用再建设厂房。

2 款新药带出 2 个小高峰

　　虽然这种委托加工的方式大幅降低药品上市的周期，但药品研发还是需要好几年的时间。直到 2005 年，赛隆药业都没有收入。

"最开始的 4 年真的挺难的，没有收入还要给员工发工资。"蔡南桂说，"当然了，那时的研发成本也没有现在这么高，而且研发是我的强项，工艺、化验……这些我能做的都自己做了，可以少请几个人，我可以不拿工资嘛。"

2005 年，在蔡南桂的带领下，注射用脑蛋白水解物研发成功，并获得生产批件。赛隆药业委托山西普德药业加工生产，目前双方共同持有注射用脑蛋白水解物新药证书。

2006 年，由于药品性能稳定，市场推广力度大，很快在全国畅销，赛隆药业的营收也从几十万元一下子飙升到一千多万元。

"说到这里还有一个笑话。2005 年我们的营收只有几十万元，2006 年年初的时候，蔡赤农总经理在制定年度销售计划的时候说，我们今年的营收目标要达到一千万元，当时没人敢相信。他这么提，我当然很开心，但我心里也没底，从几十万元到一千万元，对我们来说毕竟是一件大事。"蔡南桂说，"结果 2006 年我们的营收真的达到了一千万元，还超额完成了 20%。"

公司的另一款主打药品是 GM1 注射液，这是一种从猪脑髓中提取出的药品，提取纯度达 97% 的单一成分，杂质不能大于 0.5%，技术难度非常高。

"这个品种，从实验室拿出的东西是合格的，没有问题的，但投入到大规模生产，有很多困难需要克服。"蔡南桂回忆说，"为此我倾注了大量的精力，白天黑夜地想解决办法，曾经一度失眠。"

2009 年，GM1 注射液审批通过，赛隆药业与西南药业合作形成了规模生产，光 GM1 注射液一项就给赛隆药业带来上亿元营收。GM1 注射液的成功也带动了注射用脑蛋白水解物的销售，当年的企业总利润达到五六千万元。GM1 注射液的成功研发带出赛隆药业第二个发展小高峰。

目前，赛隆药业已经形成了以脑保护剂为龙头，兼顾消化药和抗生素的业务格局。其中GM1注射液和注射用脑蛋白水解物是由赛隆研发的主导产品，采用第三方合作模式生产。赛隆药业拥有核心技术工艺，由合作方获取生产批文，公司负责合作产品的全国总经销。

此外，赛隆药业还独立研发了GM1原料药、注射用泮托拉唑钠、米力农原料药及注射液等多个药物品种，在神经系统药物、质子泵抑制剂、新型抗生素方面取得一定成绩。

无心插柳启动上市计划

2012年，合作伙伴山西普德药业计划要上市，对赛隆药业进行尽调。普德药业的董事长跟蔡南桂关系特别好，就把券商的朋友介绍给他认识。

"我也想学一些知识，让券商帮忙看看公司有没有问题，对公司健康发展也有好处，就这样起了一个头。"蔡南桂说，"这是典型的开弓没有回头箭。我经常开玩笑说，都是被他们推着上市的。"

2014年到2016年，赛隆药业的营收分别达到1.78亿元、2.37亿元、2.56亿元，归母净利润分别达到2819.08万元、6331.79万元、6124.87万元。经过严苛的IPO审批，2017年9月12日，赛隆药业在深交所敲响上市钟声，正式登陆资本市场。

说起创业成功的经验，蔡南桂毫不犹豫地说"人才"！

"这么多年下来，就算我再有能力，没有那么多精力，我能干成什么？哪一件事情不需要员工一点一点做出来？所以我特别感谢我们的员工。每年年终总结大会，我们管理层都要向员工真诚地90度鞠躬表示感谢。"

"人才不仅要引进来，还要留得住。这跟谈女朋友是一样的，首先要讲诚信，承诺过的要兑现；其次要发自内心地善待员工。"

2017 年 9 月 12 日，蔡南桂在深交所敲响上市钟声

赛隆药业成立了 4 家员工持股平台，分别是珠海横琴新区赛隆聚智投资有限公司、珠海横琴新区赛捷康投资中心（有限合伙）、珠海横琴新区赛博达投资中心（有限合伙）、珠海横琴新区赛普洛投资中心（有限合伙）。从仓管员、司机到管理层均有持股，覆盖生产、研发、后台管理各个条线。公司还在岳阳为员工买了公寓楼，让员工先"安居"再"乐业"。

"上市也有一部分原因是为了更好地引进人才。相对于普通公司，上市公司对人才的吸引力更大一些，员工走出去也更有面子。比如，'丈母娘问，你在哪工作呀？——我在上市公司工作！'这不更有面子？"蔡南桂笑着说。

赛隆药业旗下的长沙赛隆神经节苷脂科技有限公司和华容湘楚生物科技有限公司，分别从事食品、保健食品的生产销售和饮料食品生产销售。虽然目前产品刚刚上市，但饱含着蔡南桂对未来的梦想和期待。

"目前公司的主打药品是面向中老年人的，除了研发生产药品治疗疾病，我还想开发健康的食品、饮料，帮助人们在没有生病的时候预防，提高人们特别是老年人的生活质量。一个是制药，一个是保健食品，这是未来公司发展的两个方向。"

上一个 15 年，蔡南桂为了给孩子赚留学费用创立公司，如今不仅子女学业有成，而且还赠送了一份上市的大礼；下一个 15 年，这个小梦想又会给他带来怎样的惊喜呢？

扫码观看赛隆药业专访视频

安全责任重于泰山

"能做事和能把事情做好完全是两码事。"

——安达维尔董事长、总经理　赵子安

安达维尔（证券代码：300719）成立于 2001 年，为军方、商业航空、通用航空及航空制造企业等用户提供系列化航空产品及相关技术保障的解决方案，综合实力处于行业领先地位。

公司于 2017 年 10 月 13 日获得中国证监会首次公开发行股票的批复，10 月 26 日在全景网路演天下进行路演，就投资者关心的问题进行

安达维尔上市仪式现场

了面对面的交流。2017 年 11 月 9 日，董事长赵子安在深交所敲响了上市宝钟。

专业人做专业事　需求支撑长久发展

赵子安，安达维尔董事长兼总经理，1966 年出生，毕业于北京航空航天大学自动控制系检测技术与仪器专业，曾任职于哈尔滨飞机制造公司、广州某公司。过硬的技术和认真的态度使得他顺利晋升到公司高管的位置上，也算是事业有成，但是赵子安却有一个更大的目标。

"当时从国企出来进入到广州一家企业工作，无论是待遇还是发展都很不错，但是我就是想做一个在航空领域能够发展的属于自己的企业。"

在航空领域，无论是军用还是民用，技术门槛都比较高，如果没有一个强有力的技术团队根本无法在这个领域立足。创业过程虽有很多艰辛，但是越往后走赵子安越觉得发展空间巨大。民用航空方面，国家的运力在逐年增加；通用航空方面，国家的扶持政策频繁出台；军用航空方面，国防建设更是国家发展不可或缺的中流砥柱，航空装备行业在抓紧赶超西方国家。

赵子安接受全景网专访

三个领域的需求让赵子安觉得公司迎来了发展的黄金时代："我是航空专业毕业的，在这个年纪能赶上这样的契机，又身处这个行业，这是很好的机会，加上现在公司在这些领域的市场份额都不大，对于一个民营企业来说，在混改等政策的逐步推进和实施下，未来可拓展的空间里大有可为。"

做好主营业务　坚持多方向发展

安达维尔从飞机维修业务起家，发展到现在已经在航空多个领域站稳脚跟，取得了众多的资质证书，客户涵盖军用航空、商业航空以及通用航空各个领域。随着军民融合上升为国家战略，民营资本进入军品配套市场获得了历史性机遇，将对公司的军品业务开拓起到重要的推动作用。

此外，随着低空空域放开政策的出台，以及我国航空事业快速发展和机载设备维修本地化、国产化的行业发展趋势，未来通航市场将迎来井喷，这也将为公司通用航空机载设备维修、飞机加改装、航材贸易等业务的发展带来增量市场。

凭借着行业领先的技术水平和卓越的创新能力，公司形成了一些明显优势。在技术方面，公司已成功研制抗坠毁生存率达 95% 的座椅技术，达到世界先进水平，公司自主研发的部分测试系统在国内处于领先地位。

在市场方面，军需订单的配套厂家相对固化，由于公司的先发优势，在该细分领域一直处于领先地位，占据较大的市场份额。在资质能力方面，公司机载设备维修业务获得了中国 CAAC、美国 FAA、欧洲 EASA 的维修许可资质，基本覆盖了波音和空客的主要机型。

加大技术研发投入　全方位稳固人才

作为一家技术型的科技创新企业，安达维尔经过十几年的发展，无论是机载设备的维修、检测还是机载产品的设计和研发，都已经做到了行业领先的水平。安达维尔的产品研发制造经历了一个从无到有以及实现技术全面提升的过程，例如直升机抗坠毁座椅、无线电高度表、无线电罗盘、飞机原位测试设备等。

而近几年，安达维尔也在技术的研发上投入了大量的人力、物力和财力，包括这次首发上市募集的资金大部分也是投向技术研发。技术是企业发展的原动力，而人才是提升企业竞争力的软实力，尤其在技术含量很高的航空行业。安达维尔坐落在北京，虽然说人才济济，但是面对跟很多国企竞争的环境，安达维尔在人才引进方面给出了八字箴言：用人所长，高效发展。

"最重要的是要让高水平人才能在公司发挥更大的作用，这就需要公司在企业文化建设方面加大力度，增强人才的稳定性。"

工匠精神体现在每一个员工身上

"能做事和能把事情做好完全是两码事"，这是赵子安最常说的一句话。早在安达维尔创立之初，"工匠精神"就牢牢刻在每个员工的心上，飞机机载设备维修是一个精细的工作，更有一个重于泰山的安全责任。

为了能把这件事做好，安达维尔经常邀请行业内顶尖的工匠级专家给员工培训，用赵子安的话说，这是技术的传承。而现在公司研发生产的抗坠毁座椅更是工匠精神的体现，虽然外表看上去和我们平常在飞机上看到的座椅没太大区别，但是在关键时刻，它是直升机失事之后挽救驾乘人员生命的最后一道防线。

"只有负责任的人、有情怀的人、有工匠精神的人才能把这个事情做好！公司上市后要保证现有业务的提升，无论是技术水平还是销售业绩，后续还要加大研发投入，研制出国家需要的先进的机载产品，加大航空维修保障设备的研发投入，让项目满足国家战略发展的需要，提升企业销售业绩以及利润，给投资者以回报。"这是赵子安对安达维尔的期许。

扫码观看安达维尔专访视频

永不过时的小窑、慢烧

"到西樵山上去喝茶只是一种生活的理想和追求罢了，现实中不可能放下公司的事天天去喝茶。"

——蒙娜丽莎董事长 萧华

中国陶瓷文化源远流长，早在欧洲掌握制瓷技术前的一千多年，中国就已经能制造出相当精美的瓷器。在"南国瓷都"佛山，陶瓷制造在两千多年前就开始出现。各种制瓷工艺不断进步，唐宋时期繁荣发展，明清时期达到巅峰。直至现代，以建装石材为主的佛山陶瓷制品依旧是中国陶瓷版图中举足轻重的一部分。

蒙娜丽莎（证券代码：002918）董事长萧华就是个土生土长的佛山西樵人。68岁的萧华没有真正离开过佛山，普通话中依旧夹杂着清晰可辨的广东话口音。萧华一生与陶瓷为伴。在他看来，瓷砖是一个家幸福的心灵折射，《蒙娜丽莎》则象征着人们对艺术和美好的追求，这正是两者的共通之处。

邂逅一个经典，大多数人只停留在仰视与朝圣，而萧华思考的却是如何为它寻找跨界的延续。

萧华接受全景网专访

中国陶瓷"窑炉大王"

在中国陶瓷界，萧华是一个响当当的名字。他最初为行业所熟知，是因为开创了国产陶瓷窑炉自动化生产的先河。

萧华的人生起点并不高，15 岁辍学养家，种过地、养过鱼、挖过沙、除过草，后来进入村里的五金厂当电焊工人，一干就是 20 多年。

在进入陶瓷行业前，萧华虽然从事的是五金件加工和制造的工作，但接的很多活，包括喷雾塔、釉线、油罐、窑炉等都来自陶瓷厂，他也因此对陶瓷加工设备非常熟悉。萧华笑称，自己的一生基本上都与陶瓷有关系。

20 世纪 90 年代初，萧华所在五金厂兴建的窑炉在市场上已经小有名气，当时西樵陶瓷厂的窑炉基本上由他们兴建。五金厂同时根据市场需求，在窑炉基础上做整线工程，帮助很多企业建设陶瓷生产线，也因此积累了熟练的陶瓷生产线建设工艺。

1983 年，当地一家陶瓷企业从意大利引进了国内第一条全自动化墙地砖生产线。因为合作关系，萧华最早接触到这条自动化辊道窑生产线，并在施工、安装、维修的过程中，逐步熟悉了窑炉的内部结构。

看到国外自动化生产线效率如此之高，周边许多陶瓷厂也想引进，却因为国外设备价格昂贵以及自身外汇限制而无法实现。萧华从中看到了国产自动化窑炉的机会。由于掌握了引进窑炉的技术参数，萧华和五金厂的其他同事很快设计出了国产自动化辊道窑生产线。

"虽然国产窑炉与进口窑炉仍存在一定差距，但当时费用不到进口窑炉的三分之一。因此我们的窑炉备受市场青睐，很快接到各大陶瓷厂订单，并一步步发展壮大。"萧华回忆。

国产自动化辊道窑生产线的普及就如同催化剂，为当时蓬勃发展的国内现代建陶行业注入了强劲的发展动力。萧华也因此被尊称为国内的陶瓷"窑炉大王"。

当"蒙娜丽莎"邂逅中国陶瓷

1998 年，位于西樵的樵东高级墙地砖厂在佛山陶瓷行业中率先实行改制。当时的市领导考虑到萧华对陶瓷机械的熟知以及其在陶瓷行业的影响力，力邀他加盟。1998 年 6 月 17 日，萧华正式入主樵东，担任公司董事长。

其时，全球经济逐渐走出了金融危机的阴霾，国内外市场对于陶瓷产品的需求进一步增加，国内大大小小的陶瓷厂如雨后春笋般涌现。萧华带领的樵东就是其中比较有名的一家。

在陶瓷厂生意红火、行业关注"产量为王"的年代，萧华就意识到了品牌建设的重要性。他非常注重提升陶瓷产品质量和内部管理水平。1999 年，樵东在众多陶瓷厂中积极引进并率先通过了 ISO9002:1994 认证，接下来又陆续通过 ISO9001:2000 和 ISO9001:2008 认证。

"当时我们的出口业务做得非常好，但原来的樵东品牌比较本土化，很难在海外客户中留下深刻印象。在一个阿联酋客户的建议下，我们开始寻求品牌的国际化之路。"萧华说。

1998 年樵东陶瓷新品揭幕式

公司董事张旗康在巴黎罗浮宫参观时灵感一现，想到了用"蒙娜丽莎"作为公司的品牌名。这一想法很快得到了萧华和其他股东的支持。

2000 年，公司成功注册"蒙娜丽莎"品牌。萧华同时变更公司名称，使之与品牌统一。随着樵东陶瓷华丽转身为"蒙娜丽莎"，萧华也带着公司走上了更加国际化和高端化的品牌之路。2001 年，蒙娜丽莎在北京推出第一家专卖店，"前仓后店"的布局开创了陶瓷行业品牌专卖店全新的经营模式。

然而，蒙娜丽莎的中国化之路并非一帆风顺。度过蜜月期后，这位雍容华贵的"西方佳人"开始出现水土不服。

"最困难的时候，现在想想就是我董事长、总经理一身挑的时候。那段时间，我经常加班加点，忍受着巨大的压力，怕业绩做不好，对不起董事会成员和广大员工对我的信任。好在有大家的支持，终于挺过了那段日子。"

对于过去的艰难，萧华并没有用过多的语句来描述。但 2004 年蒙娜丽莎高达 40% 的增长业绩，却绝非萧华简单的一句——"终于挺过了那段日子"可以轻描淡写而过的。

首创节能环保 PP 板

说起陶瓷行业，很多人会将其与环保联系起来。陶瓷生产消耗的燃料、原材料及其加工过程中排放的烟尘都令其面临着严峻的节能减排压力。近年来，受供给侧结构性改革及环保整治的影响，很多陶瓷企业被迫限产停产。有券商人士表示，陶瓷领域的上市企业不多，主要原因在于陶瓷并不是国家鼓励上市的行业。相关部门在审批时会充分考虑项目的可行性，对企业审查都较为严格。

就在行业发展承受各方压力时，萧华却带领着蒙娜丽莎陶瓷在 2017 年 12 月 19 日成功登陆 A 股，在中国陶瓷行业发展史上写下浓墨重彩的一笔。萧华说，这与蒙娜丽莎十多年前就开始推行绿色革命密不可分。

为了让陶瓷生产更加绿色环保，2005 年，蒙娜丽莎开始大型陶瓷薄板的研发生产；2006 年，蒙娜丽莎首块陶瓷薄板成功投产；2007 年，蒙娜丽莎建成国内第一条干法成型陶瓷薄板生产线，并在人民大会堂召开新闻发布会，正式宣布节能陶瓷薄板（PP 板）的诞生。

相关资料显示，蒙娜丽莎的陶瓷薄板不仅将陶瓷生产中的综合能耗降低 85%，节约原料 75%，更有效减少了有害烟尘排放 60% 以上，陶瓷行业长久以来"高污染、高耗能、高消耗"的局面正在被逐步改写。

"一扇房门大小的陶瓷板厚度仅 3.5 毫米，却能承受达 30 毫米的弯折而不致断裂破碎，重量还不到同等面积普通瓷砖的三分之一。"萧华在接受媒体采访时这样介绍这种新型 PP 板。

钱塘江畔的杭州生物医药大厦是国内高层幕墙应用的第一个案例。工程招标期间，甲方以及设计师都推荐使用蒙娜丽莎陶瓷薄板。但由于没有陶瓷薄板建筑应用技术规程、国家行业标准以及施工图集等一系列法规文件，项目在报批时就遭遇很大的阻力，在设计、施工、验收过程中同样存在很大难度。

"当时，甲方、设计师都非常执着，坚持要用蒙娜丽莎的陶瓷薄板来装修这座设计新颖、时尚的高层建筑。为了做好这个项目，公司主动承担主编工作，在国家相关部门的支持下，陶瓷薄板的技术规程和应用图集终于颁布实施，为项目顺利进展扫清了障碍。"萧华回忆。

目前，蒙娜丽莎在国内陶瓷薄板市场占有率上仍处于领先地位。2016年6月，佛山市环保局公布年度企业环境信用评价结果，在纳入环保系统重点检测评价的144家企业当中，只有2家获得绿牌（环保诚信企业），其中一家就是蒙娜丽莎集团，是陶瓷行业唯一的一张市级环保"绿牌"。

萧华说，未来蒙娜丽莎还将通过超大规格陶瓷薄板及陶瓷薄砖生产线的技术改造，在行业内率先实现超大规格陶瓷薄板的规模化生产，从而抢占市场先机；同时通过总部生产基地绿色智能制造升级改造项目的实施，进一步提升清洁生产水平，积累先进节能减排设备的利用经验，巩固公司的绿色制造优势，使公司能够保持与资源环境相协调的发展模式。

工匠精神不会过时

2010年9月，环保部公布《上市公司环境信息披露指南》，陶瓷所在的建材行业被环保部归为16类重点污染行业之一，此类上市公司应当发布年度环境报告，定期披露污染物排放、环境管理等方面的信息，上市之前也需要通过省环保厅的核查。

随着环保政策的趋严和房地产监管的趋紧，陶瓷行业又一次进入了发展寒冬。相关资料显示，"十二五"期间，仅佛山就关停了63家陶瓷企业。而这期间的蒙娜丽莎依旧走得沉稳而坚实。

"这几年，我们一直坚持小窑、慢烧做精品。有好的品牌、好的质量保证，企业在这个冬天活得应该会比别人健康。"蒙娜丽莎总裁萧礼标在"聚变的春天"第二届中国家居建材品牌发展论坛上分享时表示。

萧礼标是萧华的儿子。学工业工程专业的萧礼标大学毕业后进入房地产公司工作。2011年，承载着父亲的期望，萧礼标进入家族企业，一路做到总裁，成为萧华的左膀右臂和蒙娜丽莎的代言人。

"他跟我们这一代人相比，视野更开阔、思维更活跃。接手总裁这两年来，企业的技术改造和转型升级步伐明显加快。这两年是蒙娜丽莎发展史上最好的时刻，销值、利润、税收连创历史新高。"萧华对于儿子的表现赞赏有加。

在萧礼标身上，既有年轻一代对科技创新和技术改进的不懈追求，也有老一辈对传统工艺和精耕细作的执着坚守。萧礼标说，小窑、慢烧的生产方式并不代表着生产效率的落后，反而是一种工匠精神的体现。

"什么样的窑炉最适合生产高品质的产品，我们就建设什么样的窑炉。我们会坚持高端路线，精品策略，注重价值创新。蒙娜丽莎有好几位'大城工匠'，这很好地体现了蒙娜丽莎是一家有着'工匠精神'的企业。"（注：大城工匠，是佛山市对突出贡献高技能人才进行的表彰。）

在蒙娜丽莎，节能环保同样需要精耕细作。近年来，蒙娜丽莎的产品从仿古到抛釉，从瓷片到小地砖再到薄板，结构不断复杂化，但在环保技术上的精耕细作却没有丝毫懈怠。2015年，蒙娜丽莎与另外两家公司共同完成的"陶瓷行业烟气多种污染物协同控制技术与装备"项目通过新产品新技术鉴定，并获得清华大学环境科学与工程系专家组的一致认可。

多年来，萧华都有一个梦想，把蒙娜丽莎做成百年企业。

多年来，萧华也有一个理想，退休后每天到西樵山上喝茶。

如今，蒙娜丽莎成功上市。当被问到"梦想何时为理想让步时"，

萧华（右）与萧礼标在蒙娜丽莎上市仪式上的合影

萧华笑言："到西樵山上去喝茶只是一种生活的理想和追求罢了，现实中不可能放下公司的事天天去喝茶。"

年近七旬的萧华依旧不减当年的雄心壮志和满腔干劲。他说，公司新上市，要按照招股说明书的承诺，尽快开展一系列工作，使蒙娜丽莎在生产、研发、营销等方面迈上一个新的台阶。

只选择世界一流的客户

"想做世界第一就要选择一流的客户。唯有一流的客户，你才能够接受很多的挑战，尤其在技术上的挑战。"

——鹏鼎控股董事长、首席执行官　沈庆芳

在琳琅满目的电子产品充斥着人们生活的今天，作为电子产品核心部件的 PCB 行业在中国也随着宏观经济和上游电子行业的快速发展而逐渐壮大。鹏鼎控股（证券代码：002938）在快速发展近 20 年之后，终于迎来行业全球市场占有率第一以及成功登陆资本市场的双丰收。

鹏鼎控股董事长、CEO 沈庆芳是一位台湾商人，他将 80% 的时间

鹏鼎控股 2018 年 9 月 18 日登陆 A 股

花在大陆，用 14 年的"专心、专注、专职"完成了阶段使命，并将带领公司踏上新的征程。

沈庆芳毕业后从事金融行业，因缘际会跨界到了 PCB 行业，至今也有 20 年左右。1999 年至 2004 年，沈庆芳担任耀文电子工业股份有限公司财务总监、总经理，

沈庆芳接受全景网专访

该公司当时在台湾也属于技术顶尖、排名前三的 PCB 企业。2005 年进入鹏鼎控股任职至今，沈庆芳对这个产业投入了极大的精力，进行深入透彻的研究，谈起相关话题也总是头头是道，被笑称是"流淌着电路板血液"。

抓住 PCB 行业随中国经济崛起的契机

作为承载电子元器件并连接电路的桥梁，PCB 被称为"电子产品之母"，其在电子产品中的重要地位不言而喻。

鹏鼎控股的前身富葵精密组件（深圳）有限公司成立于 1999 年，并于 2017 年经过股份制改革以及更名，成为现在的鹏鼎控股，其生产的 PCB 产品主要应用于通信电子、消费电子及计算机等行业。

2000 年时，全球 PCB 产值 70% 以上分布在美洲（主要是北美）、欧洲及日本等地区，中国 PCB 产业的产值仅占全球总产值的 6% 左右，进入 21 世纪以来，PCB 产业重心不断向亚洲地区转移。在 2005 年沈庆芳接手鹏鼎控股时，全球 PCB 产业的市场格局已发生较大的变化，中国在全球的市场份额上升至 23% 左右，PCB 行业在中国的发展趋势

已然十分明显。

不过，在那个 PCB 小企业遍地开花的时代，行业缺乏上规模的高端 PCB 产品制造商。出身财务并在 PCB 行业浸淫多年的沈庆芳对其发展前景作出了敏锐判断：中国 PCB 行业的市场份额将会进一步扩大，应立足高端 PCB 的生产制造。

2006 年，尽管鹏鼎还未拥有自己真正意义上的工厂，只是租用了一个厂房，但公司制定了"多点过河，一步到位"的策略，同步推进深圳、淮安、曹口、秦皇岛厂区的建设，沈庆芳已经自信地提出把"世界第一"作为公司的目标。

想做世界第一谈何容易？沈庆芳认为最重要的便是打好基本功。一是严格的自我要求。作为领导严于律己、以身作则且无私无我。按表操课，沈庆芳将这个原则率先在自己身上落实：他坚持每周工作六天，每天早上 7：40 到岗上班，14 年来没有迟到过一次，晚上约 6：30 离开公司，吃完饭回到家 8 点，9 点钟休息。沈庆芳说，自己不应酬不去娱乐场所，"我的工作就是我的生活"。

二是要有"企业的灵魂"。对公司的使命、愿景、价值观作出准确的定位。2008 年美国次贷危机之后，全球 PCB 产业经历了一年的下滑，但机会给了已经做好准备的鹏鼎，"多点过河，一步到位"的发展策略使鹏鼎及时把握住了产业反弹的机遇，一路快速成长起来。

三是建设企业文化。沈庆芳认为，企业文化最重要，"打天下"是一件事情，"治理天下"更重要，治理好才能做到永续经营。

四是人才的培养。鹏鼎奉行"没有'台干'、'陆干'，只有能干、不能干"的理念，每年招募大陆本科生逾一千人，坚持本地化、年轻化的经营，目前公司 99% 员工来自大陆。

2010 年左右，鹏鼎的收入规模已稳定在每年增长 20 亿元到 30 亿元，沈庆芳说，这是在"按表操课、有计划地推动事业发展"基础上的成果，而非盲目追求快速增长。

对于大陆经济发展路线的潜心研究，使得沈庆芳也非常认同国家实施的五年经济计划。对于他来说，"有目标、有方向、有策略，才能去执行"。目前鹏鼎控股已经处于该公司第三个五年计划的尾声，但两年前沈庆芳已经提出了第四个五年计划。

如今，亚洲地区的 PCB 产值已接近全球的 90%，尤以中国和东南亚地区增长最快，鹏鼎也受益于当时 PCB 产业的蓬勃发展，在 2013 年成为全球第二大生产厂商，并在 2017 年跃居为世界第一。

只选择全球一流的客户

作为一家高端的 PCB 生产厂商，鹏鼎坚持成为全球顶尖企业的合作伙伴。"想做世界第一就要选择一流的客户。"沈庆芳认为，"唯有一流的客户，你才能够接受很多的挑战，尤其在技术上的挑战。"

吸引一流客户的秘诀之一，在于有一套成熟的内部管理制度，沈庆芳称之为"五力（竞争力）分析"。一是能够及时满足客户需求；二是工艺技术满足客户需求；三是品质达到客户需求；四是弹性配合企业产出；五是价格竞争力。五力结合而获得客户信任，使鹏鼎与下游厂商能够维持长久且稳固的商业合作伙伴关系。

PCB 产业多围绕下游产业集中地区配套建设，鹏鼎也不例外，其厂区分布体现了公司以客户为核心的原则，甚至展现了整个中国通信电子行业的发展变迁。

鹏鼎控股始建于深圳，但是 2007 年至 2009 年的手机生产大本营在北方地区，诺基亚、索尼、爱立信位于北京，三星、摩托罗拉位于天津，为了能给这些企业就近供货，除了在深圳本部，鹏鼎紧接着选择在华北秦皇岛建厂，之后便是在华东淮安等地，搭配客户的供需关系来制定战略布局。

但是商场如战场，除了在速度、效率上对客户的配合，技术的创新、研发更是重中之重，目前鹏鼎取得国内外专利共计 582 项，每年投入的研发经费约占营业收入的 4%。

不同于过去完全听从客户要求进行产品制造的模式，鹏鼎通过与客户合作研发、参与先期产品的开发、设计、融合，并与供应链厂商合作以及配备研发管理团队，从新材料、新产品、新制程、新设备和新技术等多个方面投入研发，进而对客户的产品开发与设计形成引导，以帮助客户降低成本、理顺制造流程、把握市场趋势及抓住新产品商机，而一般的厂商不容易做到这一点。

2005 年至 2007 年，当时的手机行业领头羊摩托罗拉已是鹏鼎的重要客户。沈庆芳印象最深刻的是，2007 年 3 月 5 日，诺基亚采购负责人来到公司深圳总部，感叹于工厂设备、管理等的现代化程度，鹏鼎一举赢得诺基亚的青睐，顺理成章成为其供应商。

业务上的精益求精并非鹏鼎的唯一选择，强烈的社会责任心、对环保的高度重视也使客户对鹏鼎另眼相待。

PCB 产业普遍存在污染严重的情况，但在沈庆芳看来，"不能说它是污染的，因为你不处理才是污染的，环保是可以处理的"。作为一个

环保处理——废水从源头依特性分为 25 类以上

农家子弟，沈庆芳坦言十分向往青山绿水的环境，渴望在 65 岁退休以后过着陶渊明那样的生活，然而 30 多岁时他便发现家乡环境随着台湾工业的发展而遭到污染，"我就下定决心，如果环保做不好，这个

产业宁可不做。"

沈庆芳自加入鹏鼎起就在环保上进行高投入，尽管当初他受到了一些质疑，但在如今大陆提倡绿色发展的时刻，他多年的坚持让公司在环保上具备了较大优势，也赢得了肯定。2017 年、2018 年，公司和子公司相继获评工信部第一批全国"绿色工厂示范企业"；在苹果公司最新发布的《供应商责任 2018 年进展报告》中，鹏鼎被指出是"一家环保意识和举措超群的供应商"。沈庆芳对此自豪地表示，"每个国际大企业对环保都很重视，因此我更能赢得客户的信任"。

目前鹏鼎的产品主要应用于通信电子，产品迭代、功能发展日新月异，鹏鼎的另一个重要秘诀便是紧跟大势。

"跟上趋势、跟上潮流。"沈庆芳不断强调其重要性，"只要两年跟不上行业的潮流和趋势，就会被淘汰，要一直紧追不舍，当前做得好并不代表下一阶段可以松懈。"鹏鼎与客户团队会提前布局未来 3 年可能出现的产品与技术，技术负责人被要求每 3 个月便要与客户共同探讨行业最新的发展趋势。

上市只是"大学毕业"

上市融资，普遍被认为企业已经发展到一定的成熟阶段，可以接受公众的审阅，相关业务也上了轨道。沈庆芳表示，成功进入资本市场，一方面，融资扩产将增强公司的技术实力，拉开公司与同行业的差距，保证公司的行业龙头地位；另一方面，也有利于公司更加本土化，让大陆员工分享公司发展所带来的收益，多元化的激励方式也将吸引和留住更多本地人才。

上市前，鹏鼎一直专注于修炼内功，上市后，公司计划利用资本市场，将内生发展与外延发展相结合，A 股资本市场将为公司未来进行并购重组等资本运作提供平台，公司也将积极利用资本市场进行产业链整合，带动 PCB 产业整体竞争力的提升。

"以前为什么不做并购？因为我认为并购最大的困难就是企业文化的融合，企业文化不能融合的时候，并购大部分都是失败的，所以当我还没有兵强马壮的时候，我不敢。"沈庆芳说，"对我来说公司现在才是大学毕业生，上市后才真正要踏入社会。"

他希望，这次上市能够帮助鹏鼎在 PCB 关联的产业链中，寻找到合适的并购目标，拓展产业链。尽管公司目前全球市场占有率已经达到 6.1%，但放眼全球，企业尚存在较大的成长空间。

对于并购重组的目的，沈庆芳说，并不在于"大鱼吃小鱼"，"因为这个产业 2500 家企业，再怎么吃也吃不完。我们要做到的应该是产业链的完整布局，对以后的发展更有帮助的，是把缺口补足。利用上市的机会扩展实力，将我们技术或者其他方面还没有做到的部分，通过兼并收购来补足，应该是这样的走法。"跟过去一样，沈庆芳对于上市之后要走的路，目标非常明确。

鹏鼎控股本次的募投项目，依旧是做大做强通信电子的配套 PCB，而对于目前 PCB 下游方兴未艾的热门行业之一汽车电子，沈庆芳也在积极地推进，产品已经应用在特斯拉、松下等客户的部分汽车电子产品上。

谈到 2016 年才逐渐进入汽车电子领域，沈庆芳也有自己的考虑。财务出身使得他对公司的财务情况有着非同一般的关注，"我先看公司现金流量有多少，有多少钱我再做多少事情，所以我管公司的时候，按照财务三原则：安全第一、流动第二、获利第三，我一定先注重公司的安全性。"

与手机电路板不同的是，汽车电路板的质量直接关系到人的生命安全，汽车电子产品进入门槛相对较高，给一家厂商供应汽车板，通常需要攻坚 3 年。"一个板子给客户，他可能要实验几万次、几十万次以后，才会同意把订单给你，虽然技术门槛并不是特别高，但他要测验你的产品品质能不能达到他的要求，所以他认证很严谨。汽车板我们可以做，但以前我们因为资源有限，不可能什么都做。"

由于汽车电子占整车成本的比例不断提升，一旦经车厂认证，只要能够维持产品质量，就有较好的客户黏性，可以带来稳定的营收增长。"汽车电子业务现在开始显现效益，它的业绩一定会慢慢往上爬，也许再过上几年，可能我们在这个领域也可以引领风骚。"沈庆芳笑称。

实际上，PCB 产品广泛应用于通信电子、消费电子、计算机、汽车电子、工业控制、医疗器械、国防及航空航天等领域，是现代电子信息产品中不可或缺的电子元器件。沈庆芳所提到的成长空间，不仅来自通信电子领域的版图扩大，更多的也将是产品下游范围的拓展。

"比如说现在做心脏支架，需要电路板承载其 IC 元件，它才可以工作；以及以后可能发生变化的生活形态，如显示生活信息的洗手间镜子后面可能是个透明的电路板，这都是未来的趋势，是我们要发展的。随着人类生活的必需品做出调整，我们也会随之调整，掌握一流的工艺技术，将基础打好，就可以一步一步地前进。"

扫码观看鹏鼎控股专访视频

第八章
企业家责任

"我们从来不敢把企业的财富视为己有，我们小心翼翼地掌管好，然后让它回到它应该去的地方，比如说我们的扶贫，就是它应该去的地方。"

让企业创造的财富回归本源

"一个企业的价值就是创造财富，服务社会，然后推进社会进步，我觉得这是我们扶贫深层次的动力。"

——牧原股份董事长、总经理　秦英林

25年前，一个刚毕业没多久的年轻人，辞掉城里的工作，四处凑钱买了22头母猪，开启了创业之路。

如今一年出栏量超过600万头。

2012年，上市前夕，一家生猪养殖公司披露年度净利润3亿多元，不少人感慨，养猪还能挣这么多钱。

如今，3亿多元只是一年净利润的零头。

这个年轻人就是秦英林，这家公司就是牧原股份（证券代码：002714）。

2017年，牧原股份实现营业收入100.42亿元，同比增长79.14%；实现净利润23.66亿元。业绩喜人，不过董事长秦英林在想的，却是另外一件事。

牧原股份董事长、总经理　秦英林

价值所在

见到秦英林的时候，他正风尘仆仆地从一个会议上赶过来，说到公司业绩好，他却话锋一转："像我们上市公司发展那么快，下面还有很多的贫困人口，生活在贫困线上。"牧原为什么对扶贫工作这么执着？秦英林说："我们从来不敢把企业的财富视为己有，我们小心翼翼地掌管好，然后让它回到它应该去的地方，比如说我们的扶贫，就是它应该去的地方。"

"扶贫做好了，促进了我们的发展，促进了我们的主业的发展，这是相辅相成的。一个企业的价值就是创造财富，服务社会，然后推进社会进步，我觉得这是我们扶贫深层次的动力。"

五年完成 200 亿元扶贫投资

规模大了，钱赚多了，秦英林最想做的就是让钱体现出它的价值，让投资产生更好的社会效益。牧原股份披露，要在未来五年内对国家级、省级贫困县完成 200 亿元的扶贫投资，要让 20 万户 60 万人口实现脱贫。这个 200 亿元是依据什么标准制定的？

"这个也是水到渠成的事情。"秦英林介绍，"因为我们现在有70多家子公司，分布在全国的十多个省份，有40多个国家级和省级的贫困县，这样一来，我们的投资就能够水到渠成，帮助这些贫困地区的人口就业、增收，这是我们能做到的。"

目前牧原在全国75个县设有子公司，包括河南内乡、山东曹县、内蒙古奈曼等49个国家级、省级贫困县。说到扶贫投资的成本，秦英林介绍，相比一般投资，扶贫投资的成本会高

牧原股份的员工在扶贫现场

一点。"在不影响我们主营业务的前提下，我们来做扶贫，我觉得这个没有放弃主业跑偏，同时又促进了我们的发展，因为我们在当地投资，地方政府欢迎，老百姓欢迎；这个时候，我们获得了支持，这样我们发展就快了，包括银行的支持，没有喧宾夺主，放弃主业。所以我们也受益，群众也受益。"

"5+"扶贫模式

在扶贫对象上，牧原更关注那些因病，或者是因体能的残疾，或者是因智力上的残疾，而没有劳动能力的群体。

由牧原联合内乡县政府及国开行河南省分行等金融机构创新性实施资产收益扶贫，建立起"政府 + 银行 + 龙头企业 + 合作社 + 贫困户"的"5+"资产收益扶贫模式。引入共享经济理念，实现了优势资源与龙头企业等方面的有效嫁接，多方共赢。目前这个模式由内乡向全国推

广，仅仅一年时间就使 48284 个建档立卡贫困户实现脱贫。

牧原股份的一个养猪场

扶贫更要扶智

目前，牧原累计在全国 10 个省的 49 个贫困县完成扶贫投资 174.8 亿元，直接带动 17956 个贫困人口用工，人均工资年收入 5 万元左右。对于扶贫工作未来发展的重点，秦英林认为，要放在教育方面。

"现在这个扶贫是解决了一个当下的问题，从源头来说还是要扶智，从智力方面、教育方面来扶贫，让全国更多的年轻人接受更好的教育。我们期望是这样，在我们当地，让所有的小学生都能够接受良好的教育，从师资配备到教育资源都要提升，包括学生的住宿。计划是在内乡县做一个全覆盖，我们计划一年拿 5000 万元，县里面再拿一部分钱，把一个县的小学教育全部做好。我们的目标是让完成九年义务教育之后，还能接受高中教育，职业教育也可以，这样结合到一起的时候，他参加工作时的知识结构是明显不一样的，包括思维方式，我觉得这个更长远、更有价值。"

自 2008 年起，牧原累计捐助 2137 万元，精准资助内乡、唐河、社旗等地的 7230 名贫困学生圆了大学梦。不管是扶贫还是公益，秦英林认为都是水到渠成的事。"首先我觉得我们是农业企业，和农民贴得比较近，这是一个自身的特点。另外一点，我觉得，扶贫做好了，促进了我们的发展，促进了我们的主业的发展，这是相辅相成的。如果我们只顾企业发展，把扶贫放到一边，也没有人跳出来指责，但是我们失去了很多机会，如合作机会、发展机会。因为我们到一个地方去发展，需要地方政府的支持，需要民众的支持，这个时候民众的支持和政府的支持，也是一份力量。所以我觉得，是顺其自然、水到渠成的事。"

2014 年 1 月，秦英林（前排左）在上市现场

把猪养好回馈投资人

2014 年 1 月 28 日，牧原股份登陆资本市场。上市第一天收盘市值超过 80 亿元，这让很多投资者感觉不可思议。能够借力资本市场，秦英林在感慨幸运之余，更感觉到了肩上的责任。"在资本市场能够用资本来支持企业发展，这个太有利了。如果没能在资本市场有一席之地，银行不让贷款了，我们的信用就没有那么高了，这个时候，我们所有的发展只能靠原始的滚动，那会非常慢。所以，我们公司发展到现

在，享受了资本市场的力量，它就担负着更多的责任了。"

说到市值管理，秦英林表现得很淡然，"我们现在有的力量就是养猪、干活，把猪养好，把规模做大。实际上投资者都特聪明，所以说我们也不用去特别关注，我们关注自己把猪养好，让投资者投了有所值，就好了。"

扫码观看牧原股份专访视频

公益与利润的平衡之道

"未来华大要把握住技术的门槛，又要让老百姓都做得起基因检测，华大追求'相对合理利润，使社会价值最大化'。"

——华大基因 CEO 尹烨

2017 年，深圳盐田，华大基因（证券代码：300676）总部。七楼展览大厅，参观到访的人群最钟爱合影留念的背景：华大发表在 *Nature, Science* 等国际顶尖学术杂志上的论文封面墙。大家直观感受到华大"科研"的力量。

很多人也对华大基因上市仪式记忆犹新，董事长汪建、CEO 尹烨以及华大高管团队都站在一旁，由"一群特殊的人"敲钟。他们有华大基因的员工——"唐宝宝"（唐氏综合征）代表、受益华大基因检测的代表，以及关爱关怀罕见病和残障群体的代表。

华大基因 CEO 尹烨介绍了华大基因这样做的意义，"这是敲响生命行业进入资本舞台的钟声，也希望是敲响由基因引起的这些疾病的丧钟，跟这些疾病说再见。"

作为国内基因检测行业的老大，华大基因一直强调自己的使命感，尹烨说："未来华大要把握住技术的门槛，又要让老百姓都做得起基因

华大基因请六位特殊人士敲响上市钟

检测，华大追求'相对合理利润，使社会价值最大化'。"

华大基因这几年一直极力倡导和推动生命经济发展，尹烨说："生命经济就是未来，华大基因代表未来。"

龙头企业基因测序服务能力居全球第一

1999 年，华大基因因完成人类基因组计划 1% 任务而成立，科研起家。2003 年抗击 SARS ，华大团队以 72 小时的神奇速度成功破译 SARS 病毒全基因组序列，尹烨当时就是技术研发人员之一。他说："这原本是一个科研团队半年才能干完的，华大三天就干完了。"华大研制出 SARS 检测试剂盒，随即向全国防治非典指挥部免费捐献 30 万人份。

尹烨还回忆，拿到批文当天，华大门外聚集了很多等着买试剂盒的人，试剂盒也因此被炒到了 1 万元 / 人份。"一个盒子 96 人份，一个盒子就可以卖 96 万元，当时最高的时候喊到这个价钱，因为这是可以救命的东西。我们开了个会，汪董就说了一句，'这是国难财，任何人不能卖，就得捐国家'。"

2007 年前的华大基因，身份是一家科研机构，2007 年南迁深圳后，正式开始做产业。"来深圳做了第一个中国人的基因组'炎黄计划'，国人基因组的差异可能给非常多的产业带来历史发展机遇。建一个华大的平台，然后做一些服务，这就是我们商业模式的开始。"华大开始为科学家、医院、研究所、药厂、种子公司等提供科研服务。

华大基因目前是全球最大的基因测序公司，同时拥有最大的数据库，其基因技术已应用到英国、澳大利亚、西班牙等 100 多个国家和地区的 3000 多家医院或单位，占据全球近 50% 的测序市场份额。

2010 年，华大基因直接采购（美国）Illumina 的 128 台测序仪，由此变成全世界最大的基因组学中心。2013 年 3 月，华大基因迈出对公司发展尤为重要的一步：收购全美第三大测序仪公司、纳斯达克上市公司 Complete Genomics，并推出了拥有完全自主知识产权的高通量测序仪，打通基因测序上下游产业链。

上述的动作对华大基因的发展意义深远，"必须掌握上游，工具必须便宜，价格便宜到一定程度，我们就可以把这个市场做得很大。"

在有了自己的工具和武器之后，华大的业务由科研基因测序拓展向临床领域——先天性遗传疾病筛查延伸，比如有一项华大基因称之为"无创产前基因检测"。用尹烨的话来说，"市场需求天然存在，但这个市场天然不存在，在那个时间点，我们抓住了。"

"市场先去创新探索，政策为创新去保驾护航。无创产前基因检测在推向市场的时候，因为是全新的东西，市场方面遇到不少障碍。"尹烨回忆，"太多障碍了，大家都不信，比如今天说无创产前基因检测，大家都明白了，抽一管血就知道结果了。7 年前讲这个故事，很多妇幼专家说，'你开玩笑吧，怎么可能呢？'所以，你就要不断地去做临床实验来证明它是对的。"

高通量基因检测临床应用服务在 2014 年一度被政策叫停；政策放行之后，华大基因这块业务连续高速增长。

华大近几年生育健康类服务（无创产前基因检测为主）的收入占总营收比重逐年上升。生育健康类服务包括无创胎儿染色体非整倍体异常检测、新生儿耳聋基因检测、新生儿遗传代谢病筛查和单基因病检测等基因检测项目。招股书显示，从 2014 年至 2016 年，其营业收入分别为 3.57 亿元、5.68 亿元和 9.29 亿元，占华大总营收比例从 31.71% 增长到了 54.62%。

华大推动了基因检测行业的发展，近五年来，基因检测以更高的测序通量、更高的检测精度、更加平民化的检测费用，开始加速走进人们的生活。据相关机构测算，2016 年中国基因检测市场规模约为 60 亿元，是 2012 年的 5 倍多，年复合增长率超过 50%，位居全球前列。尹烨说，这是"政、产、学、研、资、媒联合作用的一个结果"。

值得注意的是，2016 年 9 月，由华大承担运营的深圳国家基因库正式投入运行，这是中国唯一一个基因库，也是继美国、日本和英国之后全球第四个国家级基因库，也是目前为止世界最大的基因库。

基因检测下一个热点是精准医疗领域

无创产前检测市场是目前基因检测行业最商业化，也是竞争最激烈的领域，这个市场是否已经逼近天花板？尹烨回应，还有非常大的增长空间，"中国一年有 1700 万新生儿，各种各样的出生缺陷有相当大的比例是遗传造成的。目前全国无创产检的覆盖率也就是 20% 左右，即不足 300 万人。"

对于越来越多的同行竞争和追赶，尹烨强调，华大对这块市场最看重的不是赚多少钱，而是强调普惠百姓。尹烨也毫不讳言，华大之所以牛，这是很重要的一点。"华大 2013 年买 CG 的测序仪，然后一点点开始推进，到今天，基本上自己的武器装备、各种队伍都准备好了，所以任何人都会对标华大，反过来讲，华大不需要对标任何人。"

华大基因董事长汪建在公司上市仪式上指出，目前华大累计完成了 200 多万例无创产前检测，检出了 1.5 万多"唐氏胎儿"，准确率在 99% 以上，还完成了上百万例耳聋相关基因筛查，几十万例的遗传性基因病排查，200 多万例妇女宫颈癌 HPV 病毒分型检测，600 多万例的肿瘤标志物筛查。这些数字后面都显现出巨大社会和经济效益。

还是以无创产前基因检测为例，在日本要约 1 万元人民币，在美国、新加坡要约 6640 元人民币，在欧洲要约 4700 元人民币，在马来西亚要约 3000 元人民币，在香港要 6000 元人民币。目前在深圳只要参与生育保险，无创产前基因检测就可以免费（市政府民生项目 300 元 + 生育保险 555 元）。

基因检测目前最大的市场应用是产前检测，业内人士普遍认为下一个领域是精准医疗。目前大部分药物都是为一般病人设计的，治疗方案都是"一刀切"。所有的病人都用同一种药物，其结果就是治疗方案对一些人有效而对另一些人无效。精准医疗倡导一把钥匙开一把锁，以基因测序为基础，通过大数据样本库的建立和生物信息学方法，预防、诊断疾病，实现"同病异治"和"异病同治"，大幅度提高医疗有效性。

从基因检测到生命经济　与志同道合的股东同行

以汪建为首的华大基因倡导"生命经济，以人为本"的观点。注重生命健康的理念在华大随处可见，办公楼的电梯口摆着体重秤，电梯门贴着爬楼梯的建议，每层楼梯口贴着爬楼所消耗的卡路里，办公室旁边是一组组的健身器材。

尹烨说："每个人都想活得更健康，华大就要先行实践。而以人为本的生命经济，是一种新经济形态，生命经济永远不会有过剩的说法。

尹烨接受全景网专访

一个真正的资源节约型和环境友好型的社会，在我看来，是生命经济的未来。而华大是当仁不让的倡导者及先行者。"

华大基因的使命是"基因科技造福人类"。

华大基因 2017 年 7 月 14 日上市，作为国内基因检测行业的老大，备受市场关注。

"现在，很多普通老百姓也知道华大是干什么的，华大知名度大了，"尹烨谈及华大上市带来的好处时笑言，"我现在经常也会被认出来。"

对于资本市场投资者的关注，尹烨表示，希望投资者、股东是与华大志同道合的，看好的是华大基因的长期价值。

目前，A 股有不到 10 家基因检测相关的上市公司。尹烨说："长期来看，这个板块一定会更快、更好地去发展。"

华大基因一直强调自己的使命感，作为一家企业，如何平衡社会利益和企业利润？尹烨说："先把握住技术的门槛，先保证毛利率足够高，让老百姓都做得起，在这个过程中华大一定能够在获得相对合理的利润的同时，使社会价值最大化，这是华大的公益和利润的平衡之道。"

一组数字对比：1990 年，人类基因组计划启动，解开人体约 2.5 万个基因、30 亿个碱基对的序列，耗资 38 亿美元，耗时 13 年。

2017 年，深圳，个人基因组测序只需花费 4000 元和两天的时间。

华大基因已与阿里云共同发布"2020 计划"。到 2020 年，人们用 2000 元，在 24 小时内可为 23 对染色体进行全测序，以实现更全面的健康检查和疾病诊疗。

扫码观看华大基因专访视频

小城市的飞行大生意

　　"这是一个非常有意义的事情，我们现在叫做'三网通'，即打通通用航线和支线、干线之间的网络，将为我们打造旅游、冷链、物流供应等一系列服务的核心能力。"

——华夏航空董事长　胡晓军

　　对于一个经常出差或者旅游的大城市白领，可能还没有几个人坐过华夏航空（证券代码：002928）的飞机，但是打开机票软件，为自己从枢纽城市到小城市甚至县域城镇购买机票的时候，你大概看到的就是华夏航空的班机。这个扎根支线航空业、面向中小城市和县域城镇的航空公司，在历时 12 年对支线航空网络的运营和拓展后，如今走到资本市场的殿堂，敲响深交所的宝钟，成了支线航空第一股。

　　而创办这家企业，带领这家企业登陆资本市场的董事长胡晓军，也再次回到了他曾奋斗多年的深圳。早在 1988 年的时候，胡晓军研究生毕业后就来到了当时的创业热土深圳，工作了 11 年之后，前往北京创业，并于 2006 年在贵阳创立了华夏航空，从零开始，干起了当年在国内乏人问津的支线航空业务，成了少数探索者之一。

　　12 年后，如今的华夏航空已经是一家营收达 34.48 亿元，净利润

胡晓军接受全景网专访

达 3.74 亿元，业绩增速连续两年实现超过 35%（2017 年全年数据，来自公司招股书）的支线航空领军企业，形成了以贵阳、重庆、西安、呼和浩特和大连五大运营基地为核心的网络。

穷乡僻壤也可以做航空公司

"当时铜仁机场托管给了我们，我们做市场调研的时候就发现，在这么一个西部省份的偏远城市，也一样有不少的航空出行需求，当时就觉得支线航空是一个大有可为的市场。"谈起当年创办华夏航空的决定时，胡晓军的想法很简单，在这样的地方开航线，既能挣钱又能为偏远地区创造社会效益，两全其美，何乐而不为。

已是航空业资深行家的胡晓军对支线航空有着自己的独特见解，这从当初华夏航空的定位，以及运营地区和航线的独树一帜即可看出。在华夏航空成立前后出现的民营航空公司，几乎清一色以东部地区大城市为基地，并通过早期运营支线网络再切换至干线运营为主的发展途径，但是由于航道资源的紧张，最终"上岸"形成稳定行业地位的，却屈指可数。

而华夏航空选择了截然不同的道路。12 年来，这家公司始终坚持着做支线航线的定位，不断地在中西部拓展自己的航线网络，同时通过业内最为开放的合作体系，与国内几乎所有的主流航司建立了稳定的业务合作关系，通过积极的运营，在自身机队规模和航线覆盖仍在成长的情况下，就支撑起了一个覆盖全国各地、拥有 80 多条航线和数量超 2000 个的航空产品矩阵。

铺砌县域的空中高速公路

一支 35 架的机队，其中 32 架还是庞巴迪 CRJ900 支线飞机，却拥有 80 多条航线（96% 是支线航线），覆盖全国各级航点的 2000 多个航空产品，这是怎么做到的？一切还要从华夏航空的诸多独特性讲起，从它的一切仿佛异类一般的经营战略讲起。

独特性一：地域差 + 发展差，刚性市场需求下心无旁骛地拓展支线网络。按照胡晓军的理论，偏远及县域地区与大城市间的出行互动从动机上看，除了单纯地域差别因素外，一个更重要的因素是出于"发展差"，这包括偏远地区的人们通过航线的连接前往更发达地区寻找各种机会或更好的公共服务的需求，以及大城市里的人们到偏远地区便捷的旅游、休闲和消费的需求。正因为有这种刚需的存在，华夏航空选择去

2014 年的庞巴迪客机采购签约仪式照片，右一为胡晓军

培育这一部分几乎鲜有开发的市场，既避开了和市面上所有主流航司的竞争，更为偏远地区及小城市带来了巨大的交通便利。

独特性二：扎根支线服务中小城市，自己的机队不寻求飞干线。对于很多新兴的民营航司而言，有一个超大城市作为核心基地构建航线网络，努力争取干线航线几乎是必由之路。但是华夏航空起家的贵州，却是一个偏居西部，诸多方面难与东部大城市相提并论的地方，即使这样，他们也始终坚持只做支线。

谈起为什么只选择支线的定位，胡晓军有自己的法宝，但是对于支线航点的覆盖、支线网络的运营提升，他却视为核心战略。如今的华夏航空已经实现对支线航点接近40%的占有率，但是胡晓军希望这个数字至少到60%以上。他说，支线市场的开拓仍然在路上。

独特性三：不怕竞争，放开怀抱寻求合作，干支结合，轻资产重运营，小投入撬起大产品线。这就是胡晓军的法宝。对于高铁网的冲击和干线航司的竞争，胡晓军并不担心。他表示，高铁的确会对部分已有航线网络造成一定的替代效应，但是就像当年航空和普通铁路的竞争，二者最终实现了市场平衡下的共存，因此公司航线也将会和高铁达成新的市场平衡，甚至从高铁带来的便利中寻找建立新航线的机会，获得自身的成长空间。

华夏航空产业链研究中心暨
飞行训练中心奠基仪式

与干线同行的关系方面，华夏航空在支线市场中稳固的行业地位，使得它与其他航空公司在打通干支航线网络环节的业务上有着极佳的互补空间，因此更多出现的是合作关系。

由此华夏航空依靠三十几架飞机支撑上述规模产品矩阵的秘诀被解开。充分运营的支线网络、较高的行业壁垒是他们放开和所有航司的合作而不惧竞争的底气所在，而这个广泛合作格局的构成，使得干线航司拥有了支线航线的座位，也反过来让华夏航空获得了干线航线的座位，是典型的双赢格局。这种航司间的运力融通和商业化合作，目前主要表现为航班的代码共享以及"一票到达目的地"的产品整合体验。

由于这种以"座位"为单位而非航空器数量为单位的运营方法使得航空公司得以最大化地开发已有的运力资源，因此也避免了自己进入对方航线领域之后需要重新投入大量资源的初始成本。对这种商业运营方式轻车熟路的华夏航空，也得以实现航空行业中拥有数量最多的商业合作，并实现了运营效率最大程度的提升。

通达到通融　通融贯天下

在初识华夏航空的出差者，或者曾经的潜在投资者眼里，华夏航空看起来像一个朴素的山里娃，默默地运营着小地方的航线，没有耀眼的成长速度，也尚未达到足以吸引公众关注的规模。但是这12年里，它那些在大城市里曾经焰火般灿烂的同行们，却鲜有几个可以步履稳健地走到今天。而始终飞行在支线上的华夏航空，却在今天代表着整个细分市场，自信地站在资本市场的舞台上。

用胡晓军的话说，补上中国立体交通网的薄弱环节，构筑深入县域或边远地区的通达性乃至通融性，就是他们最大的使命。

对使命的坚守，也使他们成了交通闭塞地区政府最为得力的合作伙伴。从诞生的时候开始，华夏航空航线所及之处，都受到了当地政府的欢迎，尤其是在它作为运营中心基地的贵州、重庆、陕西和内蒙古，都成为政府采购航空运力的最重要供应商。

华夏航空维修机库

说起交通闭塞地区向华夏航空采购运力的举动，也不时会招来外行的许多不解。其中最经典的疑问莫过于，一个小地方开个四排甚至六排八排的航线，一架飞机上座率低起来连30%都不到，这不是浪费资源吗？往往这个时候，胡晓军都免不了要解释一番。

其实作为前期投入最小、效果最显著也是最便捷的交通方式，航空对于交通闭塞地区通达性的提升和出行方式供给侧升级有着非常重要的作用。胡晓军介绍道，国内主要城市间的航空通达性是平均出行时间6小时，而偏远地区的平均出行时间则超过了14小时。

如何减少偏远地区的平均出行时间，就成了交通通达性提升的核心，这里面还涉及让消费者培养新的出行习惯的问题。要实现这一切的改变，只能首先在供给侧实现真实的服务提供。

这就如同到省城的公路，到底是要建二车道的省道，还是要建四车道高速的区别，但是无论如何，必须先要修路。只有这些支线航线实实在在地持续运营，偏远地区的"空中高速公路"才算是真正地铺成。但是这些航线在一开始甚至很长的一段时间内，可能都难以在商业上实现可持续，这个时候就需要政府对运力进行采购，来实现航路的持续。这就如同政府修公路铁路时向建设单位招标一样，华夏航空作为唯一扎根支线市场的航空服务供应商，在面临政府采购运力及提供基础航空公共服务的时候自然拥有先天优势。

打造偏远地区立体交通入口

展望未来，胡晓军对华夏航空的寄望除了继续努力提升航点覆盖率，还有建立更进一步连接起小城市及边远地区间的通用航线（即支线航线中更基层一级的航线，又称通勤航线），打通人和物的空中流动通道，将网络延伸至离偏远地区老百姓家门口更近的地方。

"这是一个非常有意义的事情，我们现在叫做'三网通'，即打通通用航线和支线、干线之间的网络，将为我们打造旅游、冷链、物流供应等一系列服务的核心能力。"胡晓军介绍。而这一切的愿景，跟当下正在向新零售、乡村振兴积极进军的 BATJ（指百度、阿里巴巴、腾讯、京东）对比，形成了另一番有趣的景象。

这个另一番景象中的华夏航空，不但可以从航线网络的运营上获得盈利，更可以从胡晓军口中由此衍生出的一系列重点产品和服务，如旅游、冷链、物流等等，获得自己的入口地位，从中拓展出更多的业务线。目前华夏航空的整合产品线上，已经实现航线目的地旅游类（涵盖行游娱购各方面）等非航空业务入口。

扫码观看华夏航空专访视频

第九章
铁打的营盘铁打的兵

"像很多外派的管理者，来了匆匆忙忙两三年，没有留下什么东西。但是我既然来到了这个地方，那就好好把这个公司给发展起来。"

军民融合先驱者半个世纪的坚守

"360 行里面，我们算是危险性比较高的一行，但是我们能管好。"

——新余国科董事长　金卫平

在我国军事技术及军工行业飞速发展的当下，军民融合在习近平主席作为国家战略提出之后出现了跨越式的发展，许多军工企业纷纷响应中央号召开始拥抱广阔的民用市场，向未来军工行业实现"军民互动、军民相互转化"的深度融合阶段大步进军。而就在这轰轰烈烈的军民融合大潮拉开帷幕之际，从老一代军工企业江西钢丝厂转型而来的江西新余国科科技股份有限公司也通过首次公开发行上市的方式，再次走到时代潮流的最前沿。

现在的新余国科（证券代码：300722）成立于 2008 年 5 月 5 日，由始创于 1965 年的老牌地方军工企业江西钢丝厂改制而来。

改制之后成立的新余国科除了继承了原江西钢丝厂的军用火工品业务外，还通过自身的军工技术优势和军品制造经验成功拓展了人工影响天气装备等新业务，成了江西省第一批军民融合企业之一，也成了军工企业用实践拥抱"军民融合"的一个成功典范。作为最早进入人工影响天气领域的企业之一，如今的新余国科已经是一个拥有 20 多年人工影

金卫平接受全景网
专访

响天气（下面简称"人影"）专业装备研发、生产、销售经验的老牌厂
家，在国内的气象市场上拥有重要的地位。

　　作为见证江西钢丝厂一步步成长为今天的上市公司——新余国科
的"老国科人"，现任董事长金卫平接受采访时平静中透着喜悦。他
早在 1983 年 8 月大学毕业的时候就来到了江西钢丝厂，负责生产经
营工作，并于 2002 年初成为厂长。他一边着力解决改制后的遗留问
题，一边带领着这个从大山中出来的老厂子逐渐蜕变为一个盈利模式
清晰的现代企业。

拥抱新科技的人影工程

　　作为影响农业及生产方面的重要领域，新中国在 1958 年便开始了
自己的人影事业，但是直到 20 世纪 90 年代，人影装备行业才开始生
根发芽。这些新生的人影装备制造企业中，就有在 1990 年刚刚搬迁到
新余的江西钢丝厂。

　　"人工影响天气这个行业的产品当时刚刚起步，2008 年成立新余国
科有限公司之后，我们建立了新的企业制度，抓住了当时人工影响天气
事业发展的契机，一步一步成长并享有今天的市场地位。"总结起新余

国科的人影装备事业，金卫平如是说。

在一般人的印象中，人工影响天气不外乎上天播撒碘化银催雨而已。殊不知在如何监测天气、选取区域、监控影响效果等一系列的问题中蕴藏着各类技术。而这些年来新余国科所做的工作，正是让这个在过去只能用笨重的机电一体化装备进行复杂操作才能实现的事情变得简单轻松。如今的人影系统所集成的最新科技成果，早已经从20世纪90年代的水平拉出几个代差。

如果说过去的人影装备只是一台难操作的笨重机器，那么现在一套完整的人影装备是什么样的呢？

事实上，现在的人影装备集成了大量现代的通信技术、卫星定位技术、地理信息系统、自动化控制技术、计算机软件技术，是一种高度信息化、物联网化的装备体系。十年磨一剑的新余国科，在产品核心部件和环节不仅实现自主研发，也紧跟着科技发展的最新成果。

过去的人影作业，无非就是单一的机器操作、火箭发射。而如今的人影技术，涵盖了专业的天气条件预测、预警、监控、判别；综合各种条件之后做出作业条件选择、作业方式选择。然后才是核心的火箭发射（如今还有飞机播撒等更多作业方式）作业环节，这个环节还包含了自动检测、自动控制和数据反馈，最后环节才是后期效果评估。除此之外，新余国科还建立了产品及材料的储存、运输和全寿命监督的完整链条和体系，实现整个流程管理全覆盖，确保安全和可控。

车载自动发射架

老军工人五十载坚守

50 年的积淀和传承，对于任何一个企业而言都非易事，尤其还是数十年如一日的默默坚守和付出。

即使对于科班出身的老资格技术骨干金卫平而言，回忆自己的职业生涯时也不免慨叹。"我们的前辈，包括比我们更早期的老一辈科技人员和知识分子，他们的精神感染了我们。"

江西钢丝厂整体搬迁前的老厂房，位于安福县山区

金卫平觉得，促使自己坚持默默付出的力量，除了源自前辈们的榜样力量、企业长期形成的奉献文化，更是来自自己对这份事业的钟情。

如何吸引并留住人才，在厂子搬迁之前一直非常艰难。但正因为留住人才不易，才让新余国科在经历艰苦奋斗岁月的大浪淘沙后，留下了一批不怕困难、愿意坚守、敢于牺牲和付出的骨干队伍。这批骨干队伍秉持着老军工的精神，感染着一代又一代的科研中坚和技术人员。除此之外，和谐的内部关系、到位的激励机

老钢丝厂时期技术人员合影（前排左三为金卫平）

制、管理层的身体力行和精心培养后备力量，都让他们成功地把一代代年轻的技术人员留在了公司，形成了一个包含不同层次又和谐协作的科技团队。

新余国科于 2017 年 11 月 10 日在创业板上市。对金卫平来说，这将让他们的人才队伍建设如虎添翼。"上市以后，公司的知名度会越来越高，对人才的吸附效应也将越来越强，日后我们将注重于引进高端人才，特别是对行业发展有支撑引领作用的人才。"金卫平展望。

安全生产无小事

"360 行里面，我们算是危险性比较高的一行，但是我们能管好。"讲到安全生产这个至关重要的基础保障时，金卫平的笑容轻松又充满自信。的确，在扎实的安全纪录和完善到不放过一个细节的安全生产保障体系面前，他的自信底气十足。

那安全生产如何做到万无一失的防控？

金卫平的锦囊里有六条措施：第一，要提高安全意识，特别是要提高全员的安全意识；第二，构建完善的安全生产管理体系，包括安全标准化体系；第三，加大投入，利用本身安全条件的改善，特别是运用最新科技手段，包括机械手和无人流水线，在风险较高的流程和工序中代替人力，大幅减少生产人员的风险暴露；第四，强化安全教育和培训；第五，严格实施安全检查、督察和巡查，及时发现隐患并加以排除；第六，全流程各个环节的管控，从原材料的组织到加工，到研究开发，再到生产过程，到产品的运输，最后到产品的使用，通过一轮又一轮螺旋上升式的安全管控，来实现安全防控各个环节的紧密衔接。

转型升级，努力开拓国内外市场

随着全球气候变暖，世界各地气象灾害频发，我国幅员辽阔，因此面临的气象环境极为复杂，农业、生态、社会生活各个方面都极易受到气象灾害的影响。人工影响天气作为人类影响天气和减少气象灾害的主要技术手段得到了广泛的应用。

这些年来的新余国科，在充分开拓国内人影市场的同时，时刻没有停下转型升级的脚步。通过近10年来不断实施技术升级和改造，新余国科成了国家第一批工业化和信息化融合深度示范的企业，也获得了国家关于信息化提升的技术改造项目。与此同时，公司在生产环节中大量引入了数控设备、智能制造设备和信息化控制系统，极大地提升了管理和质量控制水平。

谈起当下"一带一路"倡议和中国企业"走出去"的时代大背景，金卫平也表达了公司日后进军海外市场的坚定信心和对海外市场挖掘潜力的看好，"在非洲、亚洲、南美及中东地区，气象灾害还是比较频发的，他们更急需人影技术去应对持续的干旱问题。目前我们跟国际上的合作主要是科研和技术合作，随着'一带一路'倡议的推进，未来我们将自身产品和服务推向世界市场完全有可能。"

扫码观看新余国科专访视频

没有终点的马拉松

> "不管你是在公司从事什么样的工作，对内对外一定要遵守规则，遵守团队协作以及有坚毅的精神去克服各种困难，勇往直前。这是我们的要求，也是正在努力塑造的中新赛克的企业特质。"
>
> ——中新赛克总经理　凌东胜

凌东胜不喜欢突出个人，他说只有阵地战的时候才需要个人英雄主义，在大多数时候需要的都是团队协作精神。2016 年在朋友介绍下接触赛艇后，凌东胜深深地喜欢上了这项真正体现团队精神的"No-name sport"（无名者的运动）。

"赛艇比赛解说员在解说比赛时，会说到这个队、那个队，一般不会说哪个选手表现得很好，哪个选手表现得差。因为赛艇最吸引人的是 8 人单桨比赛，8 个划桨手，再加上一个舵手，总共 9 个人，只有协同一致才能保证这艘赛艇维持在一个比较快的速度前进。"

凌东胜平常缓解工作压力的方式是跑步。他每年会在中新赛克（证券代码：002912）内部举办迷你马拉松赛，在深圳 IPO 路演期间，也不忘沿着深圳湾来一场十多公里的晨跑。

体育运动需要遵守相应的规则，马拉松强调以坚韧的毅力超越自

我，赛艇则更关注团队精
神。凌东胜不仅热衷这些
体育项目，还把体育精神
的六个字"规则、团队、
坚毅"带进了中新赛克。

凌东胜热衷赛艇运动

"不管你是在公司从事
什么样的工作，对内对外
一定要遵守规则，遵守团
队协作以及有坚毅的精神
去克服各种困难，勇往直
前。这是我们的要求，也
是正在努力塑造的中新赛克的企业特质。"他说。

"我是合格的产品经理"

说起中新赛克的创立和崛起，就不得不提到其曾经的母公司中兴通
讯。作为全球领先的综合通信解决方案提供商和中国最大的通信设备上
市公司，中兴通讯培养了无数中国通信行业的人才。凌东胜的职业生涯
就是从中兴通讯开始的。

凌东胜大学学的是自动控制专业。1996 年，研究生毕业的他误打
误撞进入了当时最热门的通信行业，此后就一直在中兴通讯从事与产品
开发相关的工作。从基层的技术员到项目经理、产品系统部部长、产品
总经理再到国际市场副总经理，凌东胜用 10 年的时间，走出了一道平
稳却不乏亮点的上升曲线。

看似一路青云直上的背后是不计成本的积累与付出。据凌东胜回
忆，在中兴通讯做产品经理期间，白天要开会和处理各种日常事务，晚
上加班到两三点是常态。

2003 年，中兴通讯看到了网络可视化等新兴领域的市场机会，加上合作单位提出相关业务需求，便成立子公司——深圳市中兴特种设备有限公司（下称"中兴特种"），来负责开发网络可视化新产品及提供相关解决方案。网络可视化系统是一种网络领域的智能系统，连接网络，并为其他智能系统提供本地或云端数据接口。

2006 年，业务和管理水平在中兴通讯中名列前茅的凌东胜被委任为中兴特种的总经理。

"您觉得当时选择您担任中兴特种的总经理原因是什么？"

"我当时算是一个比较合格的产品经理。"

"为什么您只用'合格'这两个字？"

"因为我不喜欢给自己评价那么高。"

凌东胜不仅对自己的评价措词谦虚谨慎，谈及企业的发展时也习惯用"还行""还可以"之类的词汇。

不过这个谦逊而不张扬的企业掌舵人，做起业务来可一点都不低调。

履职当年，凌东胜带领中兴特种推出了 2 个 10G 网络链路接口 + 24 个 GE 分流接口的高密度业务单板和高端 14 槽位机架式宽带网产品，占据了网络可视化基础架构产品市场的先发地位。

脱离中兴通讯体系

中兴特种成立之初，国内网络可视化市场主要面向具体的运营商和行业客户。同类对手也都是中小规模的国内厂家，市场竞争并不激烈。

但随着互联网、移动互联网和物联网的发展，网络用户数量及计算设备数量快速增加，网络数据流量亦呈现爆炸式增长的趋势。在宽带网、移动网技术不断更新换代和网络基础设施升级扩容的同时，各行各业对信息安全、数据价值挖掘等创新业务的需求显得更加迫切，对网络可视化产品的性能以及单设备处理容量也提出了更高的要求。

"以前我们只需要处理一个1000兆流量的端口，后面发展到10G、40G，到现在我们处理一个端口是100G的流量，当然我们还在跟进更大容量端口的研发。"凌东胜介绍。

尽管市场环境不断变化，但凭借自身的技术优势和中兴通讯多年的业务拓展基础，中兴特种顺利通过多轮招标，成为国内外电信运营商以及政府管理部门的供应商，并逐渐成长为网络可视化基础构架产品领域有影响力的企业。

中兴特种时期的技术员进行研发

2012年，为了更好聚焦核心业务的全球化拓展，中兴通讯提出了"瘦身计划"。当年，中兴通讯相继转让三家控股子公司的股权，其中包括将中兴特种68%的股权转让给深圳市创新投资集团有限公司（下称"深创投"）以及其他基金和自然人。股权转让后，深创投以41.6%的持股比例成为中兴特种的大股东。

"原来大股东是个业务单位，对业务会更了解，对市场会更了解，相应的管理和支撑会稍微多一点；大股东是个投资者的话，他们在资本市场有一定的经验，但是具体的业务经营，主要是靠管理团队。"凌东胜说。

2013 年，中兴特种进行名称变更。深圳市中新赛克科技有限责任公司（下称"中新赛克"）正式登上历史舞台。

拓展亚非网络信息安全市场

中新赛克的"去中兴化"道路走得并不轻松。

尽管成立之初就开始独立面对市场，但中新赛克在海外市场方面对中兴通讯存在着一定程度的依赖。脱离中兴体系后，凌东胜和他的团队最先感受到的变化就来自海外市场。2014 年和 2015 年，中新赛克主要面向海外市场的网络内容安全产品销售额出现不同程度的下滑。

"我们的服务对象一个是政府部门，第二个是运营商。到亚洲和非洲一些国家，尤其是非洲国家，你人生路不熟的，怎样去找到他们，怎么样让他们重新认可中新赛克，到最后他愿意跟你签单。签完单以后还没有完成，到他愿意给你付款，这是一个漫长的过程。"

海外市场的网络内容安全产品合同金额一般较大，目标国家对网络与信息安全系统建设的需求、建设内容、建设进度情况各不相同，项目周期甚至会长达 3 年。在参与建设的国家数量有限的情况下，大额合同的获取、执行及验收在各年度呈现变化，这导致中新赛克的网络内容安全产品合同额和产品收入均存在波动。凌东胜透露，这种波动幅度有时候会很大。

市场拓展和经营的困难并没有打消凌东胜进军海外市场的信念。经过市场调研，凌东胜发现，随着亚太和非洲等地区信息技术不断发展以及该区域网络犯罪、恐怖活动越发猖獗，网络安全相关产品及解决方案将成为刚需。而目前该地区的国家大多缺乏研发网络安全产品的能力和经验。近年来，依托中国的"一带一路"倡议，上述地区与中国的经贸合作日渐广泛，这让中国企业在与其他对手竞争时更具优势。

基于市场调研结果，再综合企业内部情况，凌东胜判断，中新赛克完全有积淀，也有能力从这块尚未分食的市场蛋糕中分得一块。

"中新赛克经过十几年的积累，有一支懂海外市场、语言也非常好的团队。这个团队包括售前、售后、研发。一般的公司打造这样的团队，我觉得需要相当长的时间。内外因素相结合，海外市场肯定是我们要先去拓展的。"他说。

中新赛克的海外拓展战略分两步走：一方面寻求与其他有海外系统集成能力和销售渠道的国内企业、海外系统集成商合作，另一方面扩大自身海外销售团队规模。2012 年至 2016 年，中新赛克海外市场销售团队人数由 24 人增加至 37 人，同时在海外目标市场国家设置了销售片区，覆盖东亚、南亚、北非、东非、南非等多个目标市场，辐射周边国家，提高对最终用户的直接覆盖和服务能力。

随着海外销售渠道建设的成效逐渐显现，2016 年中新赛克网络内容安全产品收入大幅提升，全年实现收入 5527.35 万元，其中 95.58%的收入来自向海外客户直接销售的网络内容安全产品及服务。

聚焦大数据运营行业定制

中新赛克的业务板块由网络可视化、网络内容安全和大数据运营三部分组成。经过 10 多年的持续经营和不断创新，目前中新赛克已形成从数据提取、数据融合计算到数据应用的全面布局，同时实现了用户对所需网络流量数据的探测和事件响应的闭环架构，即帮助用户不断挖掘隐藏在数据内部有价值信息的同时，又能够根据用户对事件响应需要，协助用户维护信息安全。相比同行企业，其产品布局更加全面。

从营收来看，中新赛克目前网络可视化业务占比九成多。而网络内容安全和大数据运营占比仍较小，有较大的成长空间。凌东胜表示，除了着重海外市场的网络内容安全领域，大数据运营也是公司接下来将重点拓展的板块。

凌东胜借用英文单词 Probe，来解析中新赛克在大数据运营产品发展上的规划。

Probe，中文为探针，是一种轻细而灵活的金属探测器，广泛运用于生物、物理、考古等领域的深度科研环节。"我们力图做各个行业（大数据应用）的探针，来满足不同行业的需求。先围绕数据采集、处理和分析等方向不断扎深、扎实，然后根据不同行业的需求做定制化产品和解决方案。"

目前，中新赛克在大数据运营上初步涉足了教育、电力和金融等行业。

"我们现在做教育行业的大数据主要有两个方向：第一个是现在国内大数据人才非常紧缺，需要相关实验系统给学生使用。我们配合教材，提供大数据实验平台。第二个就是我们做了大数据自动建模系统。很多教师手里面有很多大数据，以前有两个办法做数据分析，一是交给大数据专业人士，另一个是自己学习分析算法来处理数据。我们现在是提供一整套的自动建模的工具，拿到数据以后可以很快建立大数据分析的模型。"

在 2017 年 5 月举行的中国国际大数据产业博览会上，中新赛克与来自美国硅谷的全球超融合基础架构开创者 Nutanix 签署大数据方面的合作协议。双方将在业务整合、市场营销和产业推动等多个领域开展合作，将大数据转化为生产力，为企业、为客户提供更多新数据洞察力、数据生产力、商业创新力。

2013 年更名时，凌东胜和团队首先给企业起了个英文名——Sinovatio。Sino 代表"中国"，innovatio 则是拉丁文"创新"的意思。中新赛克则是由 Sinovatio 音译加上安全概念而来。

之所以选择拉丁文 innovatio，而不是更为大众熟知的英文 innovation，凌东胜表示，原因在于单词的发音。Innovation 的发音是降调，而 Innovatio 的发音是升调，是向上的弧线，寓意公司长年保持良好的上升态势。

凌东胜在深交所敲响上市宝钟

2014 年到 2016 年，中新赛克交出的成绩单也确如其名，分别实现营业收入 2.64 亿元、2.92 亿元和 3.43 亿元；净利润分别为 7833.65 万元、8824.05 万元、1.01 亿元。2017 年上半年公司实现营业收入 1.64 亿元，净利润 3587.08 万元。

2017 年 11 月 21 日，中新赛克在深交所中小板上市，公司发展也翻开新的篇章，凌东胜将带领团队继续描绘属于公司的"向上弧线"。

扫码观看中新赛克专访视频

一位国企外籍董事长的中国梦

"我自己见证了中国高速发展的情况，也见证了中国在不断进步，不断提升，我应该会将这份工作做到退休，我将完成我的历史使命。"

——德赛西威董事长　陈春霖

20 多年的光阴，带领着一家当年的外资来料加工厂，一步一步地走过，从小到大，从合资到国企的蜕变过程，对于陈春霖来说，一切都过渡得很自然。这位新加坡籍的资深职业经理人也带着这家公司，从一个单纯从事汽车部件生产加工的工厂，成长为一个集研发、生产、销售和品牌为一体的汽车电子龙头企业。这家企业就是 2017 年 12 月 26 日

陈春霖接受全景网专访

登陆深交所中小板的德赛西威（证券代码：002920），而带领团队见证整个过程的陈春霖，也成为上市国企中罕见的外籍董事长。

抛开物联网、无人驾驶、大数据、工业4.0等这些如今炙手可热的市场概念，细看德赛西威的发展演进史，会发现背后有一个始终力求独立自主的技术团队。正是他们的坚持，才让一个小小的加工厂，穿越改革开放的30余年，成就如今的规模。德赛西威的主要产品包括车载信息娱乐系统、车载空调控制器、驾驶信息显示系统、车用显示系统和智能驾驶辅助系统等，为用户提供卫星导航、无线通信、信息娱乐、车载移动互联、驾驶信息、汽车空调控制及智能驾驶辅助等多种产品和服务，客户涵盖大众、马自达、长城、通用、广汽、上汽和蔚来等国内外各大车企。

老牌外资电子厂诞生记

德赛西威前身是1986年在惠州设立的外资厂中欧电子工业有限公司。当年作为改革开放排头兵的广东吸引了大批外资企业前来设厂，而飞利浦和惠州国资委参股的合资公司中欧电子就是其中一个为"吃螃蟹"而创立的企业。早期的中欧电子主要从事以来料加工为主、以出口为导向的汽车电子产品制造业务，即成立之始就定位于全球汽车零部件产业链的一个重要环节。而这一个定位，让这家公司的团队，从组建之初就拥有了全球化的基因。

当时中国的汽车工业，尚处于早期阶段，从事后来看，这种定位和投入极具有战略眼光。在这之后的1992年、1994年和1996年，中欧电子控股股东，隶属于飞利浦的惠山电子连续对公司进行数百万美元级别的增资。到了1999年，中欧电子首次更换大股东，德国公司曼内斯曼威迪欧成为控股方，2001年曼内斯曼威迪欧被西门子收购，西门子开始全面介入企业的战略管理，并在2002年1月，把中欧电子改名为西门子威迪欧（惠州）。

陈春霖也在大股东的更替中找到了企业加速壮大的方向。其实早在 1994 年，陈春霖在新加坡飞利浦工作时，经常到中国，特别是珠三角出差。作为一个华文学

陈春霖（中）1998 年赴任中欧电子总经理时主持活动的留影

校出来的中国通，陈春霖在经历了 4 年的往返出差之后很快适应并融入了中国的环境，并在 1998 年被曼内斯曼威迪欧正式指派到中欧电子担任总经理。

兢兢业业成就行业领军者

中欧电子被曼内斯曼威迪欧收购，再到曼内斯曼威迪欧被西门子收购，陈春霖名义上也从飞利浦的人，变成了西门子中国区控股企业的 CEO。但是对他而言，一切似乎没有什么变化，因为他的事业，依然是经营这一家汽车电子公司。

然而很多人没想到，当陈春霖开始执掌这个将让他为之奋斗 20 年的公司时，他签的也不过是一个典型的"2+1"合同，即三年合同期满，他就会被派回新加坡。但是陈春霖很清楚自己想要的是什么，所以三年合同的期限到了之后，他选择了留下来。"当时我来的时候，其实就想，像很多外派的管理者，来了两三年，匆匆忙忙，没有留下什么东西。但是我既然来到了这个地方，那就好好把这个公司给发展起来。" 陈春霖回忆自己留在中国的原因时说道。

2002 年，新股东西门子威迪欧的出现和经营思路的调整让原来的中欧电子迎来了爆发式增长。当时正值中国汽车市场大发展时期，公司在完成调整后承接了新加坡及匈牙利工厂关闭后转移过来的大量订单，加上陈春霖团队对国际市场的开拓，公司产值从 1998 年就处于业界前列的 2 亿元，以几何级速度成长到 2003 年的 10 亿元，出口量也获得翻倍增长，自此一举奠定在国内市场的领军者地位。此后公司在经历了短暂两年的市场降温后，进入了稳定增长阶段。

但是这长达四五年的超速增长并没有让陈春霖就此放松。早在 1999 年，他就已经向德国威迪欧总部提出要求，建立一支专业的研发队伍。这支研发队伍在建立之初，无论是总体素质和人员配比，都远远超出了在飞利浦时代那个加工厂仅有十几人的小团队，更重要的是，这个团队的出现让公司的经营格局产生了质的飞跃。可以说，企业在研发上的独立自主，是陈春霖在一开始就确定下来的核心战略。

随着公司业务的飞速发展，这支研发队伍也在陈春霖的带领下不断提升、壮大。在 2010 年公司外资股份被收购的时候，研发队伍已经达到 300 多人的规模，研发销售比超过 7%，高于同行，之后在新加坡设立了一个前期研发中心，紧跟国外汽车电子领域的最新成果。而这一切的努力，都没有因为公司股权的变动受到影响或导致人员流失，整个研发团队和版图被完整传承到了今天的德赛西威。

从合资到国资　蜕变中上下求索

2007 年，西门子将汽车电子整体出售给德国的大陆集团，而新股东大陆集团希望能够全资控股惠州这间经营如日中天的公司，大陆集团和德赛工业就合资企业的未来走向了谈判桌。经过两年多的拉锯战，最终德赛工业奇迹般地实现了大反转，反向收购了外方股东手中的股份并对公司实现了绝对控股。德赛西威自此步入了国企的新阶段，成为国内首屈一指的汽车电子企业，陈春霖也成为中国本土汽车电子企业中的首位外籍董事长。

双方股东在收购与反收购中激烈博弈的时候，陈春霖深感时间宝贵，这段日子他带领团队讨论最多的就是未来的发展路线。德赛工业收购外资股份以后，德赛西威将如何适应新的内外部环境，继续保持销售增长和市场领先地位，成为外界主要的担忧。在这个关键时刻，陈春霖向公司全体员工提出了"二次创业"的要求，并针对公司的新形势制定了从国际本土化到本土国际化的全新战略，在巩固国内市场地位的基础上，重新起航，大力拓展国际市场。

这个新战略提出的背后，是陈春霖对公司未来满满的信心，更有对团队保持国际视野和国际水平的热切期盼："我要求的国际化是我们所思考的不局限于中国人的思维，我们要多融合国外不同的思维，这样我们才能成为一个不可复制的独特企业。"而这充足的信心和憧憬，离不开控股公司德赛工业的充分信任、放权和支持。这一次股权的变更中，不但陈春霖的整个团队没有人员流失，他们的自主度还得到了大幅提升，没有了以前的束缚，发展起来自然就更得心应手。

凭借核心研发团队的攻关，德赛西威除了开拓出驾驶信息显示系统这个新的产品线外，更在积极推进智能辅助驾驶系统（ADAS）的研发。国际业务的开发也突飞猛进，德赛西威相继成功进入日本马自达、德国大众集团、美国卡特彼勒等著名公司的全球供应链，加上对东南亚、中东和俄罗斯客户的销售，德赛西威的外销规模已经占到公司整体销售的20%左右。同时，配合国家"一带一路"倡议，德赛西威已经为中国车企向东南亚、中东和欧洲市场的开拓准备好了配套条件。"虽然我们转身变为民族品牌，但我们还要以真正的实力去巩固我们在国外市场的影响力。"陈春霖说。

智能时代的深度实践者

纵观德赛西威的整个成长史，除了言出必行想到做到，陈春霖团队在紧跟国际制造业最前沿技术更新方面也是不遗余力。在这之中，最有代表性的就是高度智能化的自动生产线引入，以及在大数据运用、数据联网融通方面冲在行业最前头的实践。

"工业 4.0 不只是搞一两条自动化生产线那么简单，关键在于打通信息孤岛。"陈春霖在 2016 年云栖大会广东分会上演讲时就曾经这样讲述他所认知的工业 4.0。在德赛西威近 20 亿元的 IPO 募资中，将有超过 6 亿元用于新的智能工厂建设项目。而智能化的生产线，以及物联网信息化时代的新产品开发，都是陈春霖团队通过最新技术应用打开汽车电子新蓝海的着力点。

对于智能车联网时代的产品研发，陈春霖认为需要保持一个开放的心态，而不是闭门造车。"智能化和车联网的概念是车厂、互联网服务商、通信服务商等产业链结合各方共同努力去实现的，不是一家说了算，它一定是一个大联盟。"对于智能车联网时代的到来，陈春霖对于整个产业有着更大格局的期待和独到的判断。另外，德赛西威在智能驾驶领域已经进行了较为全面的部署，在感知、决策、控制各个领域投入资源的同时，也正在与合作伙伴一起积极探索从 L2 到 L5 的技术实现之路。

访谈中，聊起自己跟中国的缘分，以及一直留在中国的决定，陈春霖饱含深情："我自己见证了中国高速发展的情况，也见证了中国在不断进步，不断提升，我应该会将这份工作做到退休，我将完成我的历史使命。"

谈起自己这么多年工作的动力，陈春霖说在 2010 年公司实现自主的时候，他就跟公司员工说自己有一个中华民族梦。这个梦想有两重含义：第一重是自己带领的德赛西威做强做大，在国际市场有一席之地；

2017 年 12 月 26 日，陈春霖在深交所敲响上市钟声

第二重则是将团队里的成员，带上人生事业的新台阶。尤其说起第二重的含义时，陈春霖笑称自己已经是"桃李满天下"，言语间充满自豪："无论如何，我身上流的还是炎黄子孙的血液！"

扫码观看德赛西威专访视频

第十章
美丽中国的愿景

"科技让自然和人达到和谐的统一，既保证现代的生活节奏，又有青山绿水，这就是我心中的美丽中国。"

将金色阳光化作无穷的事业

"引领中国光伏企业走出去或许只是一个全新的起点。因为对于致力'将金色的阳光化作无穷的事业'的太阳能人来说，这个探索没有终点。"

——太阳能董事长　曹华斌

2009 年 9 月 30 日，新中国成立 60 周年的前一天。

中国第一个 10 兆瓦级大型荒漠式光伏发电站——中节能尚德石嘴山 50 兆瓦太阳能光伏电站一期项目在宁夏石嘴山并网投产，向祖国 60 周年国庆献上了一份节能环保和新能源领域具有里程碑意义的厚礼。

贺兰山脚下的亘古荒漠上，37000 多块淡蓝色的多晶硅电池板尽情敞开怀抱迎接阳光，接

曹华斌接受全景网专访

受大自然的馈赠。而此时，距离中国节能投资公司成立太阳能事业部仅过去 3 个月的时间，距离中节能太阳能科技有限公司（以下简称"太阳能科技"，太阳能公司前身）注册成立也仅过了不到 20 天。

中节能尚德石嘴山 50 兆瓦太阳能光伏电站一期 10 兆瓦项目作为国内光伏发电领域的先行者和探索者，太阳能（证券代码：000591）公司自成立之初就确立了"让发电更加绿色"的发展定位。从一开始小额亏损到如今盈利过亿元，8 年时间过去，太阳能公司已成为目前国内单一装机规模最大的光伏发电运营商之一。

中国的太阳能资源十分丰富。相关统计资料显示，中国的年均太阳能辐射量为 1050—2450 千瓦时 / 平方米，与美国类似，优于欧洲和日本等地区。在新疆、西藏、宁夏、甘肃等地，年均光照量达到 3000 小时以上，在发展光伏产业上具有非常好的先天条件。然而，光伏并网发电成本约为火电等常规电源的数倍，在中短期内与传统电力相比较并无优势，加之技术条件有限，太阳能利用又存在能量密度低、不稳定、难存储、效率低等弱点，2009 年之前中国光伏发电产业都没有得到正式发展。

"当年中国的太阳能应用还没有开始，还在探索过程中。国家想发展太阳能发电，于是在国内市场探讨怎样走这个路。那时候国家做了几个示范项目，都是我们做的。"曹华斌回忆说。

作为国内最早专注于兆瓦级太阳能光伏发电的企业之一，太阳能探索建设了很多中国光伏产业发展史上具有里程碑式意义的项目，包括宁夏石嘴山 10 兆瓦荒漠光伏电站、武汉高铁站 2.2 兆瓦屋顶光伏电站、江苏射阳 20 兆瓦滩涂光伏电站、江苏东台 60 兆瓦滩涂光伏电站和上海虹桥高铁站 6.68 兆瓦屋顶光伏电站等。其中，上海虹桥高铁站屋顶光伏电站是国内第一个屋顶电站，也被誉为当时全球最大的单体建筑光伏一体化项目。

中节能上海京沪高铁虹桥客运站 6.68 兆瓦屋顶光伏并网发电项目

"我们每年都按照国家太阳能发电的战略要求和规划来发展太阳能的产业，而且都是走在前面，也赢得了比较多的指标。"谈起太阳能早年的发展历程，曹华斌觉得用"抢占先机"一词来概括最为合适。

在建设"资源节约型、环境友好型社会"的国家战略背景下，太阳能公司与地方政府、铁道、民航部门等通力合作，在光伏建筑一体化、大规模荒漠式太阳能发电、风光互补发电、太阳能利用规划等方面迅速发展。

截至 2015 年底，太阳能公司已在甘肃、青海、宁夏、新疆、内蒙古、江苏、上海等 18 个省区市建设了太阳能电站项目，当年实现营业收入 36.3 亿元，净利润 4.73 亿元，公司总资产达到 227.37 亿元。

借壳上市　投资优质发电资产

光伏发电是重资产行业，资金需求量大、回收周期较长。在电站装机总规模迅速增长的同时，太阳能公司也一度由于电站建设投资增加所带来借款而显得"囊中羞涩"。公开数据显示，2015年底太阳能资产负债率一度达到73%。

对此，曹华斌心中早有预料，也已经想好了应对之策。"太阳能这几年的发展，正是按照上市公司规范和资本市场要求来打造。从2013年开始，我们就准备IPO。后来为加速上市进程，我们改成借壳，2015年底成功借壳上市。"

2015年12月，原桐君阁（000591）重大资产重组事项获得中国证监会的批文。原桐君阁以全部资产负债（估值4.85亿元）与原太阳能科技全体股东持有的太阳能科技全部股份（作价85.19亿元）进行置换，差额部分以11.06元/股向原太阳能科技16名股东定增7.26亿股购买。与此同时，公司以13元/股，定增不超3.66亿股，配套募资47.58亿元全部用于光伏项目建设。太阳能成功实现借壳上市。

在曹华斌看来，太阳能的产业链，尤其是前端的硅料、拉棒、切片等加工工艺方面较为复杂，介入成本比较高。太阳能借壳上市后的发展重点仍然主要放在太阳能发电领域，有少量的电池和组件生产。除自主开发投资外，并购优质的标的，也是快速实现发电业务规模化发展的有效途径。

曹华斌在接受媒体公开采访时曾表示："公司作为上市公司，对收购的每一个标的的规范性要求非常严格。现在我们每一次收购都是要有4个第三方中介机构分别进行技术、法律、评估、审计等工作。"

2017年3月15日，太阳能公司发布公告，为扩大电站规模，拟以2.03亿元收购嘉善舒能新能源科技有限公司100%的股权，后者持有嘉善县陶庄镇夏墓荡70兆瓦渔光互补光伏发电项目。达产后预计年均营业收入5704万元、年均净利润1952.37万元。曹华斌表示，未来在产业并购方面，太阳能公司还将探索更多的方向和路径。

多种光伏电站运营模式

"太阳能发电,现在主要是模式,模式突出。我们应用的模式现在有很多,例如和农业、渔业、牧业应用结合起来。"曹华斌说。

目前,太阳能公司已经在全国多个省份建设起光伏农业科技项目。通过棚顶光伏发电、棚下农业种植,将城镇化、农业现代化和新农村建设有机结合,带动传统农业向更加环保、高效、综合的生产方式转变。

中节能汉川光伏农业大棚并网发电项目

太阳能公司同时针对国内中东部地区滩涂海岸线较长的特点,探索了滩涂光伏电站"风光渔互补"等创新发电模式,既解决了用地用电问题,又带来其他的经济效益。

"滩涂有的面积比较大,而且比较平,我们在施工过程中基本上是保持原来的样子,有的租给合作伙伴,有的自己养鱼虾。现在我们和行业内比较知名的企业合作,产生了一定的效益;我们也自己探索,相信未来在这个方向上会做得更好。"曹华斌表示。

紧跟国家"一带一路"的倡议,目前太阳能公司已经开始了沿线的太阳能业务规划。太阳能公司在巴基斯坦、孟加拉国等"一带一路"沿线国家都有项目在做前期工作。

　　而对于曹华斌和太阳能公司团队来说，引领中国光伏企业走出去或许只是一个全新的起点。因为对于致力于"将金色的阳光化作无穷的事业"的太阳能人来说，这个探索没有终点。

扫码观看太阳能专访视频

从膜法治水到综合性环保供应商

"如果说你有灵魂，你就有创新的思想，没有灵魂的人是很难有创新的，这就是对于有灵魂的我们的一个理解。碧水源是为创新而活着的一家企业，我们一切都是为了创新。"

——碧水源原常务副总裁、CFO、董秘 何愿平

"中国缺水缺得很厉害，怎么能够把污水变成资源，怎么能够把处理后的水变成 II 类、III 类，我们根据这个思路来进行创新。"碧水源（证券代码：300070）原常务副总裁、CFO、董秘何愿平说。

作为国内环保领域的水务龙头企业，碧水源每年生产再生水 70 亿吨，相当于一条中等规模河流的水量。

水是生命之源，面对我国水资源稀缺且污染严重的现状，水污染防治由"无害化"转向"资源化"，无疑意义重

何愿平接受全景网专访

大。碧水源正坚持用自主研发的膜技术，解决中国"水少、水脏、饮水不安全"三大问题，以及为城市生态环境建设提供整体解决方案。在环保领域，公司想要做的还有更多。

把污水变成资源

作为全球 13 个人均水资源最贫乏的国家之一，我国人均拥有的淡水资源是世界平均水平的 1/4。全国有 400 多座城市缺水，南方是水质性缺水，就是说水挺多的，但水质不好，北方是资源性缺水，很多地方连污水都没有。

与此同时，资料显示，全国有近 50% 的河段、90% 以上城市水域受到不同程度的污染，且污染呈现从河流蔓延到近海，从地表延伸到地下，从一般污染扩展到有毒有害污染物，形成了点源与面源污染共存、生活污染和工业排放叠加、新老污染与二次污染相互复合的态势，加剧了水资源短缺，直接危及了老百姓饮水安全，约有 3 亿人无法获得安全饮水。

"所以我国环境的形势，水危机的形势是非常严峻的。"提起我国的水资源现状，何愿平显得忧心忡忡，"我们国家北方地区不能够依赖于调水，调水不可能持续，也不可能长久，它是靠天吃饭的。我们不能够保证自然界不能发生什么，这种风险的防范是一个极大的挑战，所以用技术，把水资源能够做到循环，我们就可以不依赖于调水，我们不靠天吃饭。我们有技术创新，能够解决中国的水危机问题，这是一个正确的道路，也是未来摆在我们国家面前的一个重大挑战，碧水源主要是希望能够为国家解决这些问题做一些事情。"

这家由归国学者于 2001 年创办的高新技术企业，正坚持以自主研发的膜技术，解决中国"水少、水脏、饮水不安全"三大问题，以及为城市生态环境建设提供整体解决方案。

何愿平介绍，相比传统的污水处理方式，膜处理方式最大的优势，第一是出水水质特别好，传统的办法处理出来的水是把污染物减少，出来的还是微污染水，而碧水源处理出来的水就变成资源，碧水源的膜技术能够把水污染的问题和水资源短缺的问题一起解决。第二，膜技术能够省地，省一半以上的地。第三，能够比较好地实施自动化。

碧水源是在水处理领域产业链布局最全的一家环保公司，是国内唯一一家集全系列膜材料研发、全系列膜与设备制造、膜工艺应用于一体的企业，可以将污水通过自主创新的"MBR+DF"技术直接达到地表水Ⅱ类或Ⅲ类，是国内唯一拥有该技术并完成大规模工程应用的环保企业。

"因为中国缺水缺得很厉害，怎么能够把污水变成资源，怎么能够把处理后的水变成Ⅱ类、Ⅲ类，我们根据这个思路来进行创新。我们一直在做这方面的工作，基本上也实现了大规模的工业化，这个完成以后，能解决我们国家，特别是北方，包括这次雄安遇到的问题。我们的一个感觉就是手里有技术，对于企业来说心里不发慌，这就是公司发展的理念。"何愿平说。

强大的技术实力和产品制造、业务运营能力，使碧水源近年来在生态环境保护领域屡有建树，频频承建国家级重点工程，成为我国提升区域性整体环境质量的重要力量。公司参与了首都水系、海河流域、太湖流域、滇池流域、洱海流域、巢湖流域、南水北调丹江口水源保护地等多个水环境敏感地区的治理。

目前，碧水源已建成膜法水处理工程

国家大剧院景观水工程

数千项、国家水环境重点治理工程数百个，占中国膜法水处理市场份额的 70% 以上；每天处理总规模近 2000 万吨，占水处理行业总量的近10%；每年为国家新增高品质再生水超过 70 亿吨，相当于再生了一条河流。

为创新而活着

2010 年，碧水源在深交所创业板挂牌上市。登陆资本市场后，公司取得了长足发展。相比上市前（2009 年）营收 3.14 亿元、净利润1.07 亿元的业绩，2016 年，公司营业收入达到 88.92 亿元，净利润达18.5 亿元，7 年间营收规模增长了逾 27 倍。

2017 年，公司业绩继续保持上升态势，前三季度实现营业收入 54.06 亿元，同比增长 68.67%；实现净利润 7.41 亿元，同比增长68.65%。

"其实我们公司主要是依靠技术创新，在没上市之前规模比较小，那个时候整个国家的环保政策没有这么严，在这几年我们抓住了这个机会；第二借助了上市公司这个着力点；第三，上市以后，我们开发了更多的创新，扩大了我们的应用，我们的环保业务从北京向全国，乃至世界上其他国家延伸，我们市场不停地做大，技术创新在不停地升级，所以带来了整个公司收入大幅的增长。"对于公司成长的秘诀，何愿平这样总结。

高增长离不开技术进步，碧水源对技术创新方面非常重视。公司每年将归属母公司净利润的 10% 投入技术研发。公司研发类人才近 1000人，拥有近 500 项专利技术，多次获得国家科学技术进步二等奖，同时还承担了多项国家级课题。

公司在年报等公告中多次提及，"立志成为一家有灵魂的领军创新型环保企业"。

对此，何愿平解释："我觉得有灵魂就有创新，创新有技术创新、模式创新、管理创新，如果说你有灵魂，你就有创新的思想，没有灵魂的人是很难有创新的，这就是对于有灵魂的我们的一个理解。碧水源是为创新而活着的一家企业，我们一切都是为了创新。"

"我们为雄安准备好了"

2017年4月1日，中共中央、国务院印发通知，决定设立河北雄安新区。雄安新区成为继深圳经济特区和上海浦东新区之后又一具有全国意义的新区。

党的十九大报告提出，高起点规划、高标准建设雄安新区。面对这一要求，环保企业如何参与新区建设成为热议的话题。

碧水源作为首批12家中关村企业之一，与雄安新区签署战略合作框架协议，率先入驻雄安中关村科技产业基地。碧水源正围绕雄安新区的生态环境建设规划进行系列布局，包括采用公司独有的双膜新水源技术建设污水深度资源化示范工程等，积极助力雄安新区打造优美生态环境，构建蓝绿交织、清新明亮、水城共融的生态城市。

"雄安什么都不缺，就是缺水。目前来说，碧水源已经为雄安准备

中关村与雄安新区签共建协议，碧水源成首批进驻雄安的中关村企业

好了，我们所有的技术已经非常成熟，也很经济实惠，没有任何问题。"何愿平信心满满。

"如果说我们的技术在雄安能够得到全面的应用，对于我们黄河以北所有的城市建设都是一个非常大的示范效应，自然而然会对我们的技术有一个特别大的推广作用。因为用我们这个技术真正解决了雄安缺水的问题。"

何愿平称："2008 年的奥运会，对于碧水源的发展有非常大的推动作用。这一次雄安的建设，看能不能推动碧水源的第二次腾飞，所以我们对雄安这一次的建设非常看好。"

除了布局雄安新区建设，碧水源还积极扩展产业链。2017 年以来，碧水源动作不断，收购北京良业环境 70% 股权，进入生态照明领域；全资收购冀环公司、定州京城环保，进军危废行业，并布局京津冀市场；近期完成参股德青源、中兴仪器两项投资，进一步开拓农村环保市场，进军生态农业和环保监测领域。

"未来，我们希望碧水源成为一个综合性的环保供应商，不单单是做水。因为碧水源过去很专一，就是在膜处理上我们做得非常好，也非常多，但是考虑到公司要成长，所以我们也在其他的行业里面，像危险废物、环境监测、工业废物的循环利用，整个大的环保领域进行布局。"

"过去我们是做一个特色菜，现在要做一桌菜，大家都来用，既要追求高度，还要追求宽度。"何愿平说。

扫码观看碧水源专访视频

秸秆的华丽变身

"三聚环保立志成为世界上领先的绿色能源化学品公司，现在在这个行业里，世界上还没有巨头！"

——三聚环保总裁　林科

思路转变带来 7 年 60 倍增长

"三聚环保刚上市的时候，我认为我们公司是一个非常一般的公司。"三聚环保（证券代码：300072）总裁林科说。但是为什么会在短短 7 年的时间，公司营业收入增长了近 60 倍呢？原因就在于经营思路的转变。从最开始的只提供催化剂，到以催化剂为核心开发系统的技术方案，再到配套专有装备，这样不仅是催化剂和材料的性能大幅提升，同时，公司的业务量也有几何级的增长。

企业生存和快速成长都绕不开技术，技术要过硬并且要迅速迭代。用林科的话说："现在企业发展和过去几十年前已经不一样了，因为技术更新换代的速度非常快，对企业来说，不仅需要研发速度快，而且转换成生产力、产品的速度也要非常快。"所以，三聚环保一直坚持技术创新，而且在技术研发上敢于投入人力、物力和财力，坚持"两条腿"

林科接受全景网专访

走路，一方面抓住自身的特长深入研究，将技术做到世界顶尖水平；另一方面，鼓励技术团队走出去，和全世界范围内的同行以及科研院所展开定期的交流与学习。

同时，在技术交流的过程中更强调"跨界"，三聚环保的专家团队非常多元，煤变油专家、炼油专家、生物质能源专家，以及研究催化剂、材料、设备、先进涂层的各个方面的专家。在林科的办公室，他自己的办公桌几乎不用，用得最多的桌子反而是旁边的会议桌。就是这样的跨界融合才让三聚环保研究出很多具有突破性的科研成果。

走出去让世界看到

技术"走出去"之后，海外市场看到了三聚环保的技术，三聚环保也看到了更为广阔的海外市场。因为在天然气净化材料里面世界领先的地位，三聚环保在休斯敦成立了全资子公司，积极拓展海外市场。在美国德克萨斯州的页岩气开采中，三聚环保提供了一站式服务，设备、材料、定期服务全部由公司提供。页岩气的开采，美国本土的公司也有技术，也有设备，为什么三聚环保能脱颖而出呢？原因就在于三聚环保一直强调的技术创新。

页岩气开采出来需要脱硫，一般来说每个月都需要更换一次材料，而三聚环保就能做到半年更换一次，所以就留给公司很大的利润空间。另外，三聚环保特有的 MCT 悬浮床技术，在中国国内做了示范之后，引起了世界上的广泛关注，美国、俄罗斯等很多国家都提出他们的需求，和三聚环保进行交流和互动，其中不乏需要这样技术的，这也是中国大型炼油技术首次被外国人接受。

绿色发展精准扶贫反哺社会

"绿色发展战略"是林科在采访时一直强调的，除了围绕在以催化剂为核心开发各种系统的技术解决方案以及工艺配套的专有装备，三聚环保也首次将触角伸向了农业。

秸秆一直是困扰着各地政府以及农民的大问题，按照传统的方式，农民都是在地里直接焚烧秸秆，但是秸秆燃烧后带来的环境污染问题非常大，所以国家明令禁止秸秆焚烧。可是，数量巨大的秸

三聚环保炭基复合肥

秆怎么处理呢？三聚环保利用自身的技术优势走出了一条可行并且双赢的道路，那就是围绕生物质做文章。

首先，农民将收集的秸秆送到三聚环保指定的回收点，然后三聚环保利用独有的技术把生物质做成碳材料，最后把碳材料做成炭基复合肥，用这种材料跟氮磷钾结合生产了新一代的肥料。这种肥料有很强的优势：第一，实现二氧化碳减排；第二，碳还田之后，保水保墒；第三，改良长期因为使用农药化肥导致退化的土壤，粮食得到增产，从本质上

保证了老百姓"入口"的安全，从而带来更多的社会效益。

　　未来，三聚环保还将继续加大对秸秆的回收，因为在三聚环保的绿色发展战略中，这是一个非常重要的基础。一方面，大量秸秆的回收解决了当地秸秆焚烧的难题，使碳还田，改良长期被农药化肥侵蚀的土地，解决食品安全问题；另一方面，三聚环保特有的 MCT 悬浮床技术在中国乃至全世界都享有盛誉，收集的秸秆能够在 20 分钟到半小时液化成生物质能源，而这种生物质能源几乎可以替代传统石油。

　　现在，我国石油对外的依存度超过 60%、奔 70%，随着时代的发展，石油对外的依存度可能会达到 80% 或者更高，同时这种传统黑色能源又会给环境带来更多的二氧化碳排放，而生物质能源就很好地解决了这个问题。无疑，这一块市场是巨大的。

　　所以，对于三聚环保来说，大力发展生物质能源是两个产业的布局，一方面，秸秆收集之后碳化制成炭基复合肥，另一方面，可以用 MCT 悬浮床技术将生物质液化成生物质油。目前三聚环保正在向全国推进他们的战略——在中国建立一个最大的生物质资源运营体系，这也可能是中国乃至世界上最大的生物质项目。

　　林科表示："在未来，生物质能源的业务将在上市公司业务中的比例大幅提升，达到 50% 以上。同时，三聚环保将在这方面技术上持续性地投入，立志成为世界上领先的绿色能源化学品公司，现在在这个行业里，世界上还没有巨头！"

扫码观看三聚环保专访视频

做中国的"牧羊人"

"生态无国界。美丽中国还远远不够，还要有美丽全球，让美丽中国引领全球的美丽。"

——铁汉生态副总裁、首席生态专家　刘德荣

一个乍暖初寒的冬日下午，走进位于深圳红荔西路农科商务办公楼的铁汉生态（证券代码：300197）公司，钢筋水泥建筑立刻换作了眼前的、满目不同深浅浓淡绿意的办公环境——布满绿植的立体景观墙上，一抹淡红淡紫点缀其间，似乎正迫不及待地向每一个来访者展示铁汉生态关于生态技术与景观艺术水乳交融的每一寸脉络和肌理！

在绿植与绿藤椅构筑的会客区内，我们开始了对铁汉生态副总裁、首席生态专家刘德荣的专访。从业 34 年的刘德荣自称是深圳园林行业的"老人家"。而这个"老"，绝不仅仅体现在时间的跨度上。作为深南大道、滨海大道、北环路等深圳主要景观大道的设计主持人，"裸露坡面液压喷播强制绿化研究"等生态修复课题研究主持人……他在生态园林行业有很多引以为傲的个人履历。这也正是创业板第一只生态概念股——铁汉生态想极力向我们展现的行业专业度与洞察力。

一个小时的时间里，刘德荣谈生态点面观、谈刘水董事长的生态情

刘德荣接受全景网专访

怀、谈阿拉善、谈自己的城市农民情结，也谈铁汉生态的美丽中国梦。刘德荣说："生态无国界！美丽中国还远远不够，还要有美丽全球，让美丽中国引领全球的美丽。"这是铁汉生态公司的努力方向。

　　而就在 2016 年，铁汉生态将发展定位由"全国生态环境建设的领军企业"改为"全球生态环境建设的领军企业"，其在生态领域的战略决心可见一斑。

中国"牧羊人"的生态情怀

　　"生态"一词最早源于古希腊文字，原意是住所或栖息地。后来，生态的内涵在国外历经多次演进，并由德国生物学家海克尔最早提出了生态学（Ecology）的概念。19 世纪 30 年代，武汉大学植物学先驱张挺教授将生态学一词翻译成中文，正式将生态学引入中国。

　　现代生态学，指的是一切生物的生存状态、生物之间以及生物与环境之间环环相扣的关系。而将生物与环境之间这层千丝万缕的关系逐渐厘清又重新糅合，提升整合成能实际应用的系统技术，再具体运用到生态环境的修复和治理中去，却历经了数代中国环保人的探寻和摸索。至今日，铁汉生态继续在实践。

1988 年，一个叫刘水的客家男孩走进北京大学求学，选择的专业是当时在中国刚刚起步的环境学。大学期间，刘水有幸拜读了法国作家让·焦诺的短篇小说《种树的男人》：一个普通的法国乡下牧羊人，每天坚持种 100 颗种子，花了近 40 年的时间，在荒芜的高地上创造了一片广阔无垠的绿色森林。因为环境的变化，那个地方吸引了一万多名外地人到此定居，后来更发展成了国际著名的旅游胜地——普罗旺斯。

"这种不求回报、满怀仁爱、拥抱自然的情怀，一直激励我奋力向前，跌跌撞撞却无比坚定地奋斗在中国生态环保事业的前线。"刘水曾在无数个公开的场合谈及《种树的男人》在自己心中埋下的生态种子，"当初那份单纯的热爱已经变成我今天肩上沉甸甸的责任，当初那份粗浅的认知也已经升华成我对生态文明的一种景仰、敬畏和毕生的追求。"

"思路决定出路。在很久之前，强调生态的观念可能就已经在刘水董事长的脑海里产生。但具体怎么实施，这要跟社会的需求、系统的技术、市场的运作还有团队的建设等一系列因素整合到一起，才有成功实施的可能。机遇最终被刘董抓住了！"刘德荣在接受全景网专访时表示。

2001 年，随着经济发展带来的环境问题逐渐凸显以及社会环保意识日渐提高，刘水意识到时机成熟了。他辞去了安逸的公务员工作，和几位志同道合的同事一起，成立深圳市铁汉园林绿化有限公司（"铁汉生态"前身）。

尽管归属园林绿化板块，但是铁汉生态在具体业务上来说却是以生态修复起家。公司创业初期主攻生态修复业务板块，主营园林绿化、边坡绿化。2003 年，铁汉生态从 30 家实力企业中脱颖而出，中标了总价 5000 多万元的广州南沙采石场复绿工程。刘水对此回忆道，"磨剑数年，甫一出手，就一鸣惊人，轰动整个广东园林市场。"

通过观念创新、技术创新和实践创新，铁汉生态在抗逆植物培育、土壤修复、矿山修复、沙漠化与荒漠化治理、水生态修复等在内的生态修复领域，逐步形成了具有核心竞争力的生态修复技术体系。2011年，铁汉生态已从主营业务单一的生态修复领域龙头成为少数具备生态修复及园林绿化领域复合施工优势的公司。

率先打造生态产业链

生态环境中的各要素环环相扣，组成一个开放的闭环系统。生态修复涉及诸多因子、很多变量，既要顾及生态系统，又要考虑生态链，用一道复杂的函数题来形容也不为过。国外有的生态修复试验还要建立

广州南沙采石场复绿工程前后对比

数学模型，通过大量跟踪、对比实验来推进。因此具体到每个生态修复的个案，在初始阶段就进行整体的系统规划非常有必要。

然而，在刘水创业后很长的一段时间内，国内生态修复行业的企业基本都专注于自身的专业领域。一个大型项目经常由不同细分行业的施工队伍来完成，相互之间的关联性并不强。

"种树，它只是一个点，是绿化中的一环，或是生态修复中的一个点。像我们以前做园林工程，就是按传统把各自所掌握的关于私家、皇家园林等内涵或知识融合到园林建设项目里。但园林里涉及生态环境整

合与修复，像涉及水，如水体的净化、水系的治理，特别是其中的生态链整合，如怎么为水下的、地面的动物提供栖息地；为人提供足够的阳光、干净的空气、舒适的空间等，甚至用地内产生的各种废弃物如树枝修剪等产出物应怎么去处理，很多没有去思考。"长年耕耘在园林绿化一线的刘德荣，心里很清楚过去生态修复模式存在的问题。

2009 年，铁汉生态完成改制，并于 2011 年 3 月 29 日在深交所挂牌上市，成为创业板首家上市的生态环境建设专业公司。在资本市场获得更广阔的成长空间后，铁汉生态开始专注打造产业链，把现有独立分散的生态环节串联起来，为客户提供生态修复和生态环境建设整体解决方案。

铁汉生态上市时刻

"把整个产业链打通需要很多技术的支撑，还有市场的认可。我们从公司上市之后，就更重视与生态有关的产业链构建，将概念上、理论上的生态内容提炼成相应的技术体系去实施。现在我们有很多技术积累，有各种人才储备，对于每个项目都会从生态高度去想办法获得最大社会效益、生态效益和经济效益。"刘德荣说。

近年来，在国家大力扶持之下，PPP 项目正在加快步伐推进至多个领域，其中生态环保 PPP 更在已发布的国家、省、市各级 PPP 项目总量中占据明显分量。铁汉生态提前几年布局的生态产业链不得不说非常具有前瞻性。

2014 年，铁汉生态成立 PPP 模式小组，加快了新商业模式的探索和转变。公司新设立生态金融中心，引入产业基金、银行、非银机构等，增加了融资渠道，同时降低了自身现金流的负担。这一转变有效提高了铁汉生态承接 PPP 项目的中标成效。

铁汉生态同时通过收购星河园林、深圳山艺、锦源环保、盖雅环境等专业企业，逐步形成了包括生态修复、生态景观、生态环保、生态旅游的全产业链服务体系，并形成了集策划、规划、设计、研发、施工、苗木生产及资源循环利用为一体的完整产业链。

阿拉善的沙漠治理新路

在铁汉生态，流行着这样两句话——"优秀的研发人员来自田间地头"，"接地气的创新才有生命力"。翻山越岭、蹲守地头，是铁汉研发人员的日常写照。

"以前我们在城市做农业的、园林的项目，感觉是城市农民，受文化的影响，感觉这个很辛苦。实际上，辛苦不辛苦只是一种个人心理感觉！我们做这一行的，有这种情结或者情怀，对辛苦则是另外一种解释。"刘德荣在接受采访时这样表示。

在环境恶劣的内蒙古阿拉善沙漠地区，就长期驻扎着铁汉生态的研究团队。近年来，铁汉生态与阿拉善生态基金会密切合作，在给予资金捐赠的同时，派遣公司研发人员长期驻扎当地，探寻沙漠治理方法和经验，并利用与北大、北林大、中科院等高校院所建立的产学研平台，系统开展了黑果枸杞和地被菊等沙地旱生植物的引种驯化和繁育生产工作，建立了沙地旱生植物试验示范基地。

铁汉生态董事长刘水在阿拉善地区

"植物是生态修复的排头兵。所有的生态修复如果不利用好当地植物作为修复的先锋植物是很难做好的。现在我们已经收集了一些当地植物，并初选了40多个品种于当地基地内进行繁育，为我们将来的生态修复特别是国家的'一带一路'倡议中的生态建设走出了扎实的一步。"刘德荣解释说。

董事长刘水也两度亲赴阿拉善地区进行项目考察。刘水表示，铁汉生态是最早进入国内生态修复和环境建设领域的企业之一，治理沙漠、造福西北责无旁贷。接下来在继续开展已有研究工作、完善试验示范基地建设的同时，要进一步加深与阿拉善生态基金会以及当地政府、公司的合作，因地制宜深入开展特色沙生经济植物的研究和开发，尽快形成规模效应和产业链条，走出一条生态保护与沙生植物的产业化开发相结合、生态效益与经济效益并重的生态治理沙漠新路。此项目荣获阿拉善基金会"十大绿色功勋奖"，正是对铁汉生态在阿拉善地区长期关注和投入的最好肯定。

立体绿化墙，是欧美发达国家近年来兴起的室内绿化潮流。通过屋顶和墙面绿化施工，让混凝土大厦变成绿色森林氧吧。铁汉生态在立体绿化上同样有很多创新研发。其自主研发专利——移动式模块化垂直绿化技术最近刚运用于深圳城管办公楼 192 平方米的立体绿化项目。

刘德荣说，阿拉善地区以及不少北方地区，冬天室内温度超过20℃。在室内进行立体绿化，改善居住环境，也是优化当地整体生态环境水平的另一途径。目前，铁汉生态已经专门成立子公司，将多年立体绿化研发的成果，整合成相应系统，结合当地的植物选种和育苗，开始在当地尝试立体绿化的推广。

或许对于刘水和铁汉生态来说，阿拉善就像另一个普罗旺斯。曾经荒无人烟的法国高地在牧羊人的努力下变成森林、花海和闻名世界的旅游胜地；我们是否也可以期待如今的阿拉善沙漠地区在几代中国"牧羊人"的努力下，几十年甚至几百年后也会长出奇迹？

扫码观看铁汉生态专访视频

用"高科技 + 苦脏累"换绿水青山

"想回到过去那种原生态的环境难免过于理想化。但我们可以利用现代的技术和设备，提高生态环境的承受能力，把它扩展到原来的 10 倍、20 倍，甚至上百倍。"

——高能环境副董事长　刘泽军

提起垃圾处理、危废处理处置、土壤修复，你眼前浮现的一定是脏乱差的环境中工人们忙碌的身影。然而，为这些领域提供系统服务的高能环境（证券代码：603588）却是一个不折不扣的高新技术企业，拥有一支高学历的科研队伍和百余项技术专利。每年高能环境的专家学者、高级技术人员都要深入污染一线勘察，给出解决方案，治理污染，恢复自然本来的面貌，甚至将污染区变成当地的景点。他们用"高科技"

高能环境副董事长刘泽军

和"苦脏累"换取美丽中国的绿水青山。

2017 年 12 月 18 日，在阿拉善生态基金会主办的第六届"生态文明·阿拉善对话"上，高能环境入选中证阿拉善生态主题 100 指数的样本股，并依靠 26 年来在环保产业的发展及在生态文明建设和履行社会责任方面的良好表现，荣获首届生态文明"绿色功勋"奖。

恢复大自然本来的面貌

高能环境是国内最早专业从事环境污染防治技术研究和应用的高新技术企业之一，拥有 20 多年的专业技术与项目建设服务经验，成功实施了 800 多项国内外大型环保工程。尤其在环境修复领域，公司近 5 年已承接了 60 多项专业修复工程项目，业务领域涵盖含铬、铅、镉、锌、砷等重金属污染场地修复和含石油烃、苯系物、含氯有机溶剂、有机氯农药等有机物污染场地修复。

在诸多项目中，高能环境副董事长刘泽军印象最深刻的是腾格里沙漠污染修复应急项目。

腾格里沙漠污染案是 4 年前引发全社会关注的热点事件。2014 年 9 月 6 日，有媒体报道，内蒙古自治区腾格里沙漠腹地部分地区出现排污池。当地牧民反映，一些工厂将未经处理的废水排入池内，让其自然蒸发，然后用铲车铲出黏稠的沉淀物，直接埋在沙漠里。一时间"腾格里沙漠腹地现巨型排污

腾格里沙漠污染区治理前

池"引爆舆情，被社会各界广泛关注。2014 年 12 月，习近平总书记作出重要批示，国务院专门成立督察组，敦促腾格里工业园区进行大规模整改。

高能环境作为环保行业的标杆企业，在这场应急污染治理中挺身而出，承担了 5900 平方米旧工业区废弃地污染地下水治理和约 15 公顷的芒硝湖场区地表水和地下水治理。

"这个项目涉及地表工业污水治理、地下水处理，还有一些其他的不明污染物。沙漠生态环境很脆弱，要对大量的污染地表水和地下水进行治理，并做好治理过程中的全过程环境管理，防止产生二次污染……"刘泽军说，"此外，这个事件引发全社会的关注，需要在短时间内改善污染环境，时间紧、任务重，对我们来说是一个巨大的挑战。"

高能环境接到任务后，马上组织相关部门，深入腾格里沙漠腹地进行现场勘查，在治污现场驻扎了经验丰富的技术团队和施工团队，不到 2 个月时间，建成了一套可以对整个芒硝湖的污染地表水和地下水进行治理的抽出—处理系统，有效治理修复污染水体。

同样程度的污染，在美国需要 8 到 10 年才能处理完毕，但高能环境在短短一年内将上百万吨的地表水、地下水处理到基本达标。后期，高能环境又通过其他配套工程措施和自然修复措施对污染区进行进一步修复。目前，该污染区已经修复完毕，恢复到沙漠生态的本来面貌。

将垃圾处理场变成生态环保公园

2017 年上半年，公司荣获"2017 杰出绿色贡献奖""2016 年度公益践行奖"等多个奖项，治理污染给高能环境带来很多奖项和荣誉，但最令高能环境人感到骄傲的是对环境本身的保护。

"提到垃圾场，你们一定会觉得又脏又臭，但实际上经过正规处理后的垃圾场并非如此。我们承建的苏州七子山垃圾填埋场新建、改扩容工程，就是一个很好的例子，该项目曾获评'全国市政金杯示范工程'。"刘泽军介绍。

七子山老垃圾填埋场于 1993 年建成并运营，由于经济社会高速发展，生活垃圾越来越多，2003 年填埋场就开始超负荷运营，场内臭气熏天，蚊虫滋生。

2007 年七子山垃圾填埋场一期工程启动，高能环境承接了该项目，在国内首次采用全寿命生态设计理念，将填埋作业与环境技术、岩土技术有机结合，有效解决了填埋场的堆高填埋、软土地基的不均匀沉降对库区防渗衬垫系统的影响等问题。2009 年，在高能环境的治理下，七子山垃圾填埋场老场完成封场，累计填埋垃圾约 780 万吨。

对于高速发展的苏州来说，垃圾处理处置是个刚需，但在寸土寸金的苏州新建填埋场不太现实。2012 年，高能环境项目团队经过勘测、评估，决定在七子山垃圾填埋场原位扩建。

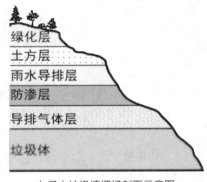

七子山垃圾填埋场剖面示意图

新垃圾填埋场建设在原垃圾填埋场上部，新增库容 800 万立方米，有效地降低了土地开发成本，提高了资源利用率。为了确保垃圾堆体的稳定性，高能环境采用了延展性较好的 LLDPE（线性低密度聚乙烯）土工膜，有效降低了不均匀沉降造成的安全隐患；在施工方面，采用了国际先进焊接设备与焊接技术，并让国际焊接工程师对每一道焊缝严格按照规定进行检测，从施工设备与人员上双重保障施工质量。

这是我国填埋场建设史上第一个严格意义上的竖向扩容（Piggyback）工程，具有山谷型填埋和平原型填埋的综合特性，是国内类似填埋场改扩建工程的范例。此后，高能环境又对该填埋场实施了生态封场工程，在垃圾填埋场的上面建成了一套立体的生态系统。如果你把镜头拉长，俯瞰七子山，就会惊喜地发现，在曾经的垃圾场上居然有一只由灌木组成的"绿凤凰"。目前，生态修复项目全部建设完成，高约 30 米的堆体上覆盖着郁郁葱葱的植被，七子山垃圾填埋场成为一个总面积约 11.4 万平方米的生态环保公园。

修复后的七子山垃圾填埋场，左下为灌木组成的"绿凤凰"

"我们现在去苏州，不是去看苏州园林，而是去七子山垃圾场，现在它是个环境卫生教育基地，也是当地的人文景点。我们通过科技，用'苦脏累'的实干把'脏乱差'的垃圾填埋场变成一个风景优美的生态公园，我觉得非常有成就感，非常自豪。"刘泽军说。

科技和人才是后盾

成功的环保项目背后离不开高科技的支持。为了保障研发的开展和创新的力度，高能环境每年将营业收入 3% 以上用于科技研发。公司还针对具体项目开展技术研发和应用落地，实现科技成果转化，带动企业和行业的科技进步与创新。

　　此外，高能环境还与国内外知名的科研院所及环保企业建立长期战略合作关系，拥有国家企业技术中心、危废技术中心、工业固废处置联合实验室和工业废水处理技术研发中心，并获批成立中关村科技园区海淀区博士后工作站及院士专家工作站，还培养了一批经验丰富、获得国内国际认证的高级技师。目前，高能环境拥有 168 项专利技术和 10 项软件著作权，主、参编 45 项国家、行业标准及技术规范。

　　"科技是环境治理的后盾。比如腾格里沙漠污染修复应急项目，涉及污水、废渣等多个方面，沙漠生态环境脆弱，还要防止二次污染，这就需要多项过硬的环保技术并行，才能有效综合治理。如果公司没有这个综合的科技实力，我们没有办法完成这个项目。"刘泽军解释。

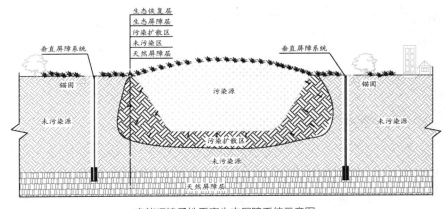

高能环境柔性垂直生态屏障系统示意图

　　"治理污染就好像给人做手术一样，人体生病后，要先阻隔防控，阻止疾病扩大蔓延，然后再做进一步治疗。这跟我们的柔性垂直生态屏障技术异曲同工，这种技术可以防止污染的扩散和蔓延，目前全世界只有两三家公司有这种技术。"

　　"治理污染最重要的一点就是不能造成二次污染，我们的原位热脱附技术可以做到这一点。场地被有机物特别是农药污染了之后，老方法是把被污染的土壤挖出来运走，这样就会存在环境二次污染的风险。但利用原位热脱附技术可以在原地通过电加热的方式把有毒有害的污染物处理掉，而且不会对空气、环境造成二次污染。"

高能环境的主营业务涵盖可持续环境修复、生活垃圾全产业链综合处理、危险废弃物处理处置等板块，具体细分领域涉及土壤修复、地下水修复、危废医废处理处置、工业废水处理、污泥处置、垃圾焚烧发电、安全填埋等，这些项目遍布全国，不管是青藏高原还是戈壁沙漠，只要出现了污染，项目人员都要驻扎一线，与废水、废渣、污泥相伴。而公司人员都是高科技精英，又脏又累的工作如何留住人才？

刘泽军说，事业留人、平台留人是高能环境的人才理念。环保技术包含多种专业，有化学、化工、环保、土壤甚至岩土力学，事业留人是指让员工最大限度发挥自己的专业技能，有一个学习和上升的通道，帮助员工实现自己的价值。平台留人是指除了提供比较有竞争力的薪酬待遇之外，公司还开放股权激励，用合伙人制度留住人才。

"其实大家能走到环保行业，都有共同的社会责任感，进入这个行业都有思想准备。"刘泽军感慨。

2017 年前三季度，高能环境实现营收 15.20 亿元，比上年同期增长 71.19%；实现净利润 1.29 亿元，比上年同期增长 71.89%。2017 年 12 月，高能环境入选中证阿拉善生态主题 100 指数的样本股，并依靠 26 年来在环保产业的发展及在生态文明建设和履行社会责任方面的良好表现，荣获首届生态文明"绿色功勋"奖。可以说，高能环境是社会效益和经济效益兼得的典范。

"作为环保类上市公司，我们不得不思考如何平衡社会效益和经济效益。首先，一定要保证社会效益，现在都在推行环境项目终身责任制，不仅是项目完成的时候验收合格，还要对子孙后代负责。"刘泽军说，"环保公司想赚大钱不容易，但我们还是能保证正常的经济效益，这是因为我们的技术过硬，95% 的项目没有返工，避免人力、物力的浪费，这是对股东负责。"

　　谈及心目中的美丽中国，刘泽军十分怀念小时候的蓝天白云、绿水青山。"现在生活方式跟以前不同，人口、工业、自然环境需要承担的比以前多得多，想回到过去那种原生态的环境难免过于理想化。"他说，"但我们可以利用现代的技术和设备，提高生态环境的承受能力，把它扩展到原来的 10 倍、20 倍，甚至上百倍。科技让自然和人达到和谐的统一，既保证现代的生活节奏，又有青山绿水，这就是我心中的美丽中国。"

扫码观看高能环境专访视频

特别鸣谢

作为全景网分享知识、服务资本市场的新尝试，一年多以前，"约见资本人"系列图书第一辑《约见资本人——58家上市公司创始人亲述创业之路》出版后好评如潮，令全景网人大受鼓舞。这给了我们坚持下去的信心和决心。

从内蒙古到云南，从河南乡村的养猪场到深圳的基因研究室……近一年多来，全景网采访团队走遍大半个中国，采访了近百家上市公司的董事长、总经理等高管，得来数百万字的采访速记稿、逾千张原始图片，后又查阅了大量的文献、影像、公告、行业数据等资料，经过撰写、编辑、反复确认及审阅，最终凝聚成您手上这本沉甸甸的书稿。可以说，本书的付梓离不开百余位全景人及全景人朋友的心血和汗水。在此，我们致以特别鸣谢！

包括但不限于以下人员在本书出版过程中做出了重要贡献，在此一并致谢：

陈龙、邰艳梅、朱文娟、樊晓丹、周卓、郭轶、高航、杨丽娜、宋晨光、丘彬、张原、佟牧、陈靓、唐海鹰、张敏、郑佳、漆思瑶、李甦、李珈薰、高德猛、何宇、张明远、魏小莉、陈辉、张乐妮、刘冠、王大和、韩予婷、周丹、唐凰、刘艳、陈浩鑫、邢怡、郭洋、赵牧原、王梓博、李楠、王安平、朱虹、时黛、沈丹、张寅、姜继营、王晓昀、涂蔚宏、彭艳、张小青、刘亚楠、赵晓敏、李双江、刘超、周蓓、巫乐定、曹馨文、谢婉雯、蔺怡琛、陈聪、陈静楸、刘民江、李仕刚……

《约见资本人Ⅱ》编辑部

2019年7月 于深圳